DIE BENEDIKTUSREGEL lateinisch-deutsch

AUSCUL
TAOFILI
PRAECEPTAMAGI
STRIETINCLINAAU
REMCORDISTUIET
ADMONITIONEM
PIIPATRISLIBENTer
EXCIPEETEFFICA
CITERCONPLEUT
ADEUMPEROBOE
DIENTIAELABORE
REDEASAQUOPER
INOBOEDIENTIAE
DESIDIAMRECES
SERAS · ADTEERGO
NUNCMIHISERMO
DIRIGETURQUIS
QUISABRENUNTI
ANSPROPRIISUO

LUNTATIBUSDNONPo
UEROREGIMILITAtu
RUSFORTISSIMA
ATQUEPRAECLARA
ARMAADSUMIS · IN
PRIMISUTQUIDQd
AGENDUMINCHO
ASBONUMABEOPER
FICIINSTANTISSI
MAORATIONEDE
POSCAS · UTQUINor
IAMINFILIORUM
DIGNATUSESTNU
MEROCONPUTARE
NONDEBEATALIQUan
DODEMALISACTIB;
NOSTRI ... SCON
TRISTARI · ITAENI
EIOMNITEMPORE
DEBONISSUISINNo
BISPARENDUMEST
UTNONSOLUMIRA

DIE BENEDIKTUS-REGEL

REGEL LATEINISCH-DEUTSCH

Herausgegeben von

P. BASILIUS STEIDLE OSB

3. Auflage

BEURONER KUNSTVERLAG BEURON

Titelbild: Codex von Oxford (Oxoniensis), Bodleian Library Hatton 48, geschrieben in England um 700/710, die älteste Handschrift der Regel St. Benedikts, die wir besitzen (vgl. Vorwort S. 5; Einleitung S. 35, 39, 41–50).

© Beuroner Kunstverlag GmbH, Beuron 1978.
Alle Rechte vorbehalten. Printed in Germany.
Satz und Druck: Beuroner Kunstverlag, D-7792 Beuron.
ISBN 3 87071 023 3

VORWORT

Die überaus wohlwollende Aufnahme der zweiten überarbeiteten Auflage gab Mut, sofort eine dritte mit einigen Verbesserungen zu wagen. Wir bieten sie wieder zunächst allen an, denen die Regel Benedikts im Kloster und in der Welt Lebensnorm ist, dann allen, die eher gelehrtes Interesse an diesem wichtigen Dokument spätantiker Sprache, monastischer Frömmigkeit und Geistesgeschichte haben.

Der Regeltext ist auf den – trotz aller Problematik – allgemein anerkannten Textzeugen, den Codex 914 der Stiftsbibliothek von St. Gallen aufgebaut. Das ist der Grund, warum sich unser Text so gut wie nicht von dem anderer neuerer Regelausgaben unterscheidet.

Was Benedikt wörtlich aus der sog. Magister-Regel entnommen hat, ist fett, das Eigengut Benedikts ist mager gedruckt (vgl. Vorwort, Kap. 1–2; 4–7). Im lateinischen Text sind die wörtlichen biblischen und patristisch-monastischen Zitate, in der Übersetzung nur die biblischen durch *Kursivschrift* hervorgehoben.

In der Einleitung legen wir kurz die heute diskutierte, noch *nicht endgültig* beantwortete Frage vor: Welche von den beiden grundlegenden Regel-Handschriften bietet uns den *ursprünglichen* Text der Regel Benedikts, der schon erwähnte Codex Sangallensis oder der Codex von Oxford (Bodleian Library, Hatton 48)? Der Codex von St. Gallen bietet einen *längeren* Regel-Prolog (1–50), der Codex von Oxford einen *kürzeren* (1–39). Wie die grundsätzlich beendete Regula Benedicti-Regula Magistri-Kontroverse, so wird auch diese alte, aber *neu* gestellte Frage nach vorurteilsloser Forschung ihre Antwort finden.

Wegen der heute anerkannten Wichtigkeit des Codex von Oxford haben wir seine vom Codex Sangallensis abweichenden Lesarten und Interpolationen in den Variantenapparat aufgenommen. Geben wir aus bestimmten Gründen einer Lesart des Codex Oxoniensis den Vorzug, so steht die Lesart des Sangallensis im Apparat.

Auf öfters geäußerten Wunsch hin haben wir außer den biblischen Hinweisen auch wichtigere monastisch-patristische im Zitatenapparat vermerkt. Um den konkreten Fundort eines Zitats feststellen zu können, fügen wir im Anschluß an die Einleitung Quellen- und Literaturhinweise bei.

Das ausgiebige Sachverzeichnis kommt einem Kommentar nahe. Die neue Übersetzung ist mehr dem deutschen Sprachempfinden angepaßt, doch hoffentlich nicht weniger sinngemäß. Wir danken P. Odo Haggenmüller für seine Hilfe.

Trotz mehr als 20jähriger eigener intensiver Beschäftigung mit der Regel Benedikts, verdanken wir besonders den Forschern französischer Zunge reichste Anregungen. Wir nennen vor allem den Benediktiner A. de Vogüé aus der Abtei La Pierre-qui-vire und die Belgier Prof. F. Masai (Brüssel) und den Trappisten E. Manning (Rochefort). Elisabeth Jeckel danken wir für großzügige materielle Unterstützung.

Die Regelforschung ist heute bohrender, kritischer und vorurteilsloser als früher. Die Größe und Bedeutung Benedikts und seiner Regel sind durch die neueren Diskussionen nicht verkleinert, wohl aber klarer geworden. Möge der Blüte der gelehrten Regelforschung eine neue Blüte monastischer Praxis folgen. Das benediktinische Mönchtum wird sich trotz Anpassung an die neue Zeit immer wieder neu an der Regel Benedikts ausrichten müssen, wenn es die lebendige und fruchtbare Verbindung mit dem Ursprung und der Quelle nicht verlieren will.

Basilius Steidle O.S.B.

EINLEITUNG

Papst Gregor der Große († 604) schrieb zwischen Juni 593 und
Oktober 594 die berühmten vier Bücher der *Dialoge*. Die drei ersten
Bücher erzählen in bunter Folge Wunder vor allem italischer Got-
tesmänner. Der Papst will zeigen, daß nicht nur der Orient und
Gallien, sondern auch »sein Italien« Wundertäter und Heilige be-
sitzt. Das vierte Buch »will den Beweis erbringen, daß die Seele
nach dem Tod fortlebt« (Dial. 3,38). Das ganze zweite Buch ist den
Wundern und dem äußeren *Leben* des Gottesmannes Benedikt ge-
widmet. Dieser Umstand zeigt, daß der Papst dem hl. Benedikt
unter den italischen Heiligen und Wundertätern eine Sonderstellung zuweist.

Doch will Gregor keine eigentliche Biographie schreiben noch ein
Charakterbild Benedikts zeichnen, sondern »zum Lobpreis des Er-
lösers einige von den Wundern des ehrwürdigen Mannes Benedikt
erzählen« (Dial. 1,12). Dieses zweite Buch ist die älteste und einzige
Quelle für unser Wissen um das äußere Leben des Mönchsvaters
und der erste Zeuge für dessen Regel.

DAS LEBEN ST. BENEDIKTS

Es ist merkwürdig, daß wegen des Fehlens zuverlässiger zeitgenös-
sischer Quellen das äußere Leben des großen Mannes, der durch
seine Regel, d. h. durch die Klöster, die seine Regel beobachteten,
einer der hervorragenden Lehrer und Erzieher des christlichen

Abendlandes, besonders der jungen germanischen Völker, und für Zahllose geistlicher Führer wurde, in etwa im Dunkel der Geschichte bleibt.

Nach Gregors Bericht stammte Benedikt, Sohn freier Eltern, aus der Gegend von Nursia (Norcia) im umbrischen Apennin. »Er wurde zum Studium nach Rom geschickt«. Doch zog er sich bald, vom sittenlosen Treiben der Weltstadt angewidert, beseelt vom Verlangen, »Gott allein zu gefallen«, zunächst in die Einsamkeit der Sabiner Berge von Enfide (Affile), dann ins romantische Tal des Anio (Aniene) bei *Sublacus* (Subiaco), etwa 80 km östlich von Rom, zurück. Nach drei Jahren streng eremitischen Lebens scharten sich um den jungen Asketen Schüler, und er wurde Lehrer und Vater einer Mönchskolonie von zwölf Klöstern. Aus der Erzählung des Papstes wird der tiefere Grund, warum Benedikt das Aniotal verließ und nach *Montecassino*, etwa 140 km südlich von Rom, übersiedelte, nicht sichtbar. Die Annahme, Benedikt habe sich in Subiaco zur Idee des Klösterverbandes im Sinn des Pachomius († um 347) bekannt und sei in Montecassino zur Idee des autonomen Einzelklosters im Sinn seiner eigenen Regel übergegangen, hat in der Erzählung Gregors keine sichere Stütze.

Wie Subiaco, so sah nun auch Montecassino in den Wundern des Gottesmannes herrliche Beweise der Gottesfreundschaft Benedikts. Für den wunderfreudigen Papst selbst bedeuten die Wunder, die er mit großer Kunst erzählt, himmlischen Trost und Hoffnung auf göttliche Hilfe in den trostlosen Wirren seiner Zeit.

Die herkömmlichen Daten im Leben Benedikts, Geburt um 480, Aufenthalt in Rom um 500, Übersiedlung nach Montecassino um 529, Tod um 547, sind Mutmaßungen. Wegen des Fehlens von Quellen können wir im Leben Benedikts keine genauen Daten angeben. Weil der Papst den Bischof Sabinus († um 566) von Canusium (Canosa) in Apulien und den Ostgotenkönig Totila († 552) nennt, sind wir in der Lage, Benedikt in die allgemeine Geschichte einzuordnen: Bischof Sabinus pflegte den Gottesmann öfters auf Montecassino zu besuchen (Dial. 2,15). Er nahm im Jahre 531 an einer römischen Synode teil und war 536/37 als päpstlicher Legat in Konstantinopel (Mansi 8,739ff. 877ff.). Sabinus kam wohl nach dem 17. Dezember 546 zu Benedikt und unterhielt sich mit ihm »über den Einzug des Königs Totila in Rom und den Untergang der Stadt«. Man nimmt an, daß Totila am 17. Dezember 546 Rom einnahm. Totilas Besuch auf Montecassino, von dem der Papst berichtet (Dial. 2,14f.), von dem aber die zeitgenössischen Historiker Jordanis (um 551) und Prokopius († 562) in ihrer »Gotengeschichte« schweigen, fand wohl in der zweiten Hälfte des Jahres 546 statt. Wenn man am 21. März als dem angeblichen Todestag Benedikts festhalten will, so kommt als frühester Termin für den Heimgang des Gottesmannes der 21. März 547 in Frage. Weil aber Benedikt in seiner Regel die sog. »Väter-Sprüche«, die der römische Diakon Pelagius, seit 556 Papst, in der Zeit zwischen 526 und 556 ins Lateinische übersetzte, zweimal zitiert (RB 18,25; 40,6), kann man den Todestag Benedikts bis gegen 560 offenlassen.

Wenn Benedikt Priester gewesen wäre, so hätte der Papst das kaum verschwiegen. Ebenso hätte er mitgeteilt, wenn er von Beziehungen Benedikts zur römischen Kurie gewußt hätte. Die Fragen, ob Benedikt die klassische lateinische Literatur kannte oder gar Griechisch verstand, dürfen wohl eher verneint werden. Die Regel erlaubt kaum gültige Rückschlüsse auf den Bildungsstand Benedikts.

DIE REGEL ST. BENEDIKTS (RB)

»Der Gottesmann glänzte neben den vielen Wundern, durch die er in der Welt berühmt wurde, ebenso auch durch das Wort seiner Lehre. Er schrieb nämlich für Mönche eine *Regel* (monachorum Regulam), ausgezeichnet durch weise Mäßigung und verständliche Rede (discretione praecipuam et sermone luculentam). Wer sein Tugend-Leben (mores vitamque) kennenlernen will, kann in der Unterweisung der Regel alles finden, was er als Lehrer selbst übte;

denn der heilige Mann konnte unmöglich anders lehren als er lebte«
(Dial. 2,36).

Das hohe antik-rhetorische Lob, das Papst Gregor hier summarisch ausspricht, ändert nichts an der Tatsache, daß er, um 540 geboren, seit 590 Papst, sowohl das äußere Leben als auch die Regel
Benedikts nur vom Hörensagen kannte. Daß der Papst auch die
RB nur vom Hörensagen, also nicht aus früherer persönlicher Beobachtung kannte, zeigt u. a. der Umstand, daß der Papst die Regel, die er so rühmt, in seiner ausgedehnten Korrespondenz, die
einen überwältigenden Eindruck von seiner amtlichen Tätigkeit
vermittelt, nie erwähnt, von ihr schweigt, ja bisweilen gegen sie
entscheidet, obwohl sich eine ausdrückliche Empfehlung öfters
geradezu aufdrängt. Doch hat das erwähnte römisch-päpstliche
Lob neben den inneren Vorzügen wesentlich dazu beigetragen, daß
die RB im Verlauf des 7. und 8. Jahrhunderts bei den jungen aufstrebenden Völkern der Angelsachsen und Franken als »römische
Regel« – Benedikt selbst als »römischer Abt« – Eingang fand und
sich, wenn auch nicht so rasch und triumphal, wie die frühere benediktinische Geschichtsschreibung annahm, im Abendland verbreitete, zunächst in der Verbindung mit der Regel Kolumbans
(† 615), und schließlich, wenigstens grundsätzlich und theoretisch,
doch wohl immer in Verbindung mit überkommenen »Gewohnheiten«, zur allgemein gültigen Regel Englands und des Frankenreiches wurde. *Fr. Prinz* versuchte 1965 in seinem bedeutenden
Werk »Frühes Mönchtum im Frankenreich« (Das altgallische
Mönchtum bis 590. Das irofränkische Mönchtum und das angelsächsische karolingische Mönchtum) den Ausbreitungsweg der
RB aufzudecken.

Papst Gregor schweigt über *Ort* und *Zeit* der Abfassung der
Regel. Er sagt kein Wort über die *Quellen*, kein Wort über etwaige
Redaktionen der Regel. Wir dürfen annehmen, daß die Regel nicht
in *einem* Zug niedergeschrieben wurde, sondern erst im Verlauf von
Jahren eine vorläufige und schließlich eine endgültige Fassung bekam. Es ist anzunehmen, daß Benedikt schon in Subiaco grund-

legende Erkenntnisse und Erfahrungen des cönobitischen Lebens sammelte. Die Ansicht, daß die »ursprüngliche« RB mit Kapitel 66,8 schloß, daß also die Kapitel 67–72 »Nachträge« und »Ergänzungen« seien, hat in den RB-Hss keine Stütze: es gibt keine RB-Hs ohne diese angeblichen »Nachträge«. Doch wird *heute*, wie im Abschnitt *Textgeschichte der RB* näher ausgeführt wird, allen Ernstes wieder die These verteidigt, die vor 94 Jahren der Mettener Mönch *E. Schmidt* und vor 79 Jahren der bekannte Philologe *E. Wölfflin* vorgetragen hatten. Beide Regelforscher haben vor allem aus der Tatsache, daß älteste und beste RB-Hss ein *kurzes* Vorwort (Vers 1–39), andere aber ein *langes* (Vers 1–50) haben, gefolgert, daß Benedikt wenigstens *zwei* Text-Rezensionen der Regel veranstaltet habe. Der Münchener Philologe *L. Traube* († 1907), der »König der Philologen« (K. Hallinger), wies diese These in seiner berühmten *Textgeschichte der Regula S. Benedicti* als absurd zurück.

Papst Gregor scheint vorauszusetzen, daß Benedikt *Autodidakt* war, d. h., daß er nie »unter Regel und Abt diente« (RB 1,2). Es war alter monastischer Brauch, daß der angehende Mönch zuerst die Elementar-Schule, d. i. das cönobitische Leben im Kloster, absolvierte. Dann erst war er imstande, als Eremit zu leben, geistlicher Lehrer von Schülern oder gar Gründer einer klösterlichen Schule zu werden (vgl. RB Vw 45) und eine Regel zu schreiben.

Gregor schweigt darüber, *wo* und durch *wen* Benedikt die literarischen Quellen seiner Regel kennenlernte. Von diesen Quellen wird unten die Rede sein.

Der Papst berichtet zwar von keinem Besuch des Gottesmannes in einem fremden Kloster. Doch erzählt er, daß der Diakon Servandus, Abt eines benachbarten kampanischen Klosters, öfters den Gottesmann besuchte, mit ihm geistliche Gespräche führte und Zeuge der herrlichen kosmischen Vision war (Dial. 2,35). Wie Servandus mag mancher Abt den berühmten Gottesmann von Montecassino besucht haben. Wir denken an Abt *Eugippius* († nach 533), Kenner St. Augustins, vom Kloster Lucullanum bei Neapel. Daß

Bischof Sabinus von Canusium in Apulien »sehr oft zum Diener Gottes« Benedikt kam, haben wir schon oben vermerkt. Sabinus, der gute Beziehungen zur römischen Kurie hatte, war wie kaum ein anderer in der Lage, dem Gottesmann zuverlässige »kirchliche« Informationen zu vermitteln.

Benedikt setzt in seiner *Regel* rege Beziehungen des Klosters zur Außenwelt voraus. Er schreibt ein eigenes Gast-Kapitel (RB 53). Er widmet der »Aufnahme von *fremden Mönchen*« das Kapitel 61. Unter dem »monachus peregrinus«, der »von weither« kommt, kann ein frommer Pilger-Mönch, der eine Wallfahrt macht, oder ein unsteter Wander-Mönch – verächtlich »Gyrovage« genannt (vgl. RB 1,10–11; RM 1,13–74) – verstanden werden. Benedikt mahnt den Abt, in jedem einzelnen Fall zu prüfen, ob nicht ein solcher monachus peregrinus durch wichtige Informationen oder durch sachliche Kritik nützlich sein kann (vgl. RB 61,4). Es ist ohne weiteres möglich, daß Benedikt durch klerikale Gäste über aktuelle kirchliche, durch Äbte und monachi peregrini über monastische Fragen, z. B. über *neue* monastische Ideen, Bräuche, Riten, über Mönchsregeln, Klöster, Synoden usw. informiert wurde. So ist es nicht abwegig anzunehmen, daß Benedikt über das blühende *südgallische* Mönchtum, d. h. über das Inselkloster *Lérins* und die burgundischen *Juraklöster* informiert war. Es ist möglich, daß Benedikt durch Abt Eugippius von Lucullanum mit der *Regel Augustins* und des *Magisters* (RM) bekannt gemacht wurde. Diese zwei Regeln haben, wie wir unten näher ausführen werden, die Regel Benedikts wesentlich bestimmt.

Die RB setzt voraus, daß sie in *örtlich* getrennten Klöstern beobachtet wird (vgl. RB 40,5.8; 48,7; 55,1–4; 64,4; 65,14; 73,1). Nach dem Bericht Gregors gründete Benedikt von Montecassino aus in *Terracina* (südlich von Rom) ein Kloster, in dem er – im Widerspruch zu RB 65 – einen »Zweiten«, heute »Prior« genannt, einsetzte (Dial. 2,22).

Nach übereinstimmender Meinung ist die »Mönchsregel«, von der der Papst redet (Dial. 2,36), identisch mit der Regel, die in fast zahllosen Handschriften dem hl. Benedikt zugeschrieben wird. Der französische Benediktiner *J. Froger* (Solesmes) steht seit 1954 mit seiner Meinung allein, daß die sog. RB um 625 in Südgallien entstanden sei – dort wird sie (außerhalb Italiens) tatsächlich um 625 zum erstenmal erwähnt –, während die oben genannte Regula Magistri das Werk Benedikts sei (Rev. Asc. et Myst. 30 [1954] 285–288).

DIE QUELLEN DER RB

Der englische Abt *C. Butler* († 1934) sammelte als erster systematisch die *biblischen* und *patristisch-monastischen* Quellen der RB und veröffentlichte sie im »Quellenverzeichnis« seiner »kritisch-praktischen Ausgabe« der RB (1935³). Er war der Ansicht, in der Frage nach den Quellen der RB das letzte Wort gesprochen zu haben, so daß es vielleicht nur noch einer »Nachlese« bedürfe.

Wir werden unten sehen, wie sehr er sich hierin geirrt hat.

Die Hl. Schrift

Unter den Quellen der RB nimmt die Hl. Schrift eine Sonderstellung ein. Nach ältester monastischer Auffassung ist die Bibel das *Wort* Gottes und offenbart als solches den *Willen Gottes*, den ja der Mönch unbedingt erfüllen will. Auf die Frage eines Mönches, »was er tun müsse, um Gott zu gefallen«, gab Abbas *Antonius* († 356) die Antwort: ». . . Was du auch tust oder redest, für alles suche ein Zeugnis in den heiligen Schriften« (n. 3). Von Antonius sagt sein Freund und Biograph Bischof *Athanasius* († 373): »Er lernte die Askese aus der Hl. Schrift« (Vita 46). Athanasius läßt den Antonius zu den versammelten Mönchen sagen: »Die Hl. Schrift ist zwar hinreichend zur Belehrung«. Doch dazu kommt noch das *Wort des*

Vaters, seine Erfahrung und sein Wissen (Vita 16). In den Klöstern des *Pachomius* († 347) mußte jeder Mönch lesen und schreiben lernen, um sich auch selbständig mit der Hl. Schrift beschäftigen zu können. Alle Mönche waren verpflichtet, immer mehr Texte der Bibel auswendig zu lernen. Als angestrebtes »Minimum« galt das Neue Testament und der Psalter (Pachom., Reg., praec. 139–140). Wir staunen über die später kaum mehr erreichte, geschweige übertroffene Vertrautheit mit der ganzen Hl. Schrift, die Abt *Horsiese* († nach 380), der zweite Nachfolger des Pachomius, z. B. in seinem *Liber* oder *Testament* (vgl. 51–52) und der hl. *Basilius* († 379) in seinen asketischen Schriften zeigen. Nach der Auffassung des hl. Basilius muß das ganze Denken, Reden und Handeln des Asketen von der Hl. Schrift bestimmt sein: Manche Vorschriften sind klar in der Hl. Schrift ausgesprochen. Was nicht ausgesprochen ist, muß nach biblischen Grundsätzen (z. B. Rücksicht auf den Nächsten, dessen Erbauung) entschieden werden (vgl. Basil., Reg. 12; Reg. brev. 1). Zum Unterschied von Pachomius verlangt Basilius vom Asketen nicht, »aus der Schrift *vieles* auswendig zu lernen«, sondern er weist ihn auf die Belehrung durch den zuständigen *schriftkundigen* Obern hin, »der alles wissen muß, was erforderlich ist, um *allen* (aus der Hl. Schrift) den Willen Gottes zu lehren und jedem seine Pflicht zu zeigen« (Reg. brev. 235). Hier wird die *Urform* der monastischen Regel sichtbar: Der *Schüler fragt*, der *Meister antwortet*. Die »Regeln des Basilius« wahren diese Urform. Das gleiche gilt von der schon öfters erwähnten *Regula Magistri: Frage der Schüler* (= Überschrift der einzelnen Kapitel) – *Der Herr antwortet durch den Meister* (= das Regelkapitel).

Nach der Auffassung des alten Mönchtums beabsichtigt der Verfasser einer Regel grundsätzlich nichts anderes, als den Willen Gottes, der in der Hl. Schrift niedergelegt ist, den Schülern, die übrigens vielfach Analphabeten waren und bisweilen eine gewisse Scheu vor der Bibel hatten, konkret greifbar und sichtbar zu machen. Abbas *Amun* antwortete auf die Frage, ob man im unvermeidlichen Gespräch mit dem Mitbruder »Worte der *Schrift* oder der

Väter gebrauchen solle«: »Wenn du nicht schweigen kannst, dann ist es besser, mit den Aussprüchen der Väter zu reden und nicht mit der Schrift; denn hier lauert eine nicht geringe Gefahr« (Amun 2). Es ist selbstverständlich, daß der Abbas, der den Schülern den Willen Gottes kundtun und deuten soll, *schriftkundig* sein muß (vgl. RM 15,28–35; RB 2,4; 28,3; 64,9). Ebenso selbstverständlich ist es, daß er »nichts lehren darf, was dem Gebot des Herrn widerspricht« (RM 2,4; RB 2,4). Es ist die Aufgabe des Abtes, »unter der Führung des Evangeliums«, d. i. unter der Führung des Herrn, »der im Evangelium spricht«, dessen »Wege« (RB Vw 21.33), d. h. dessen Willen zu lehren. Nach der RM 35,1 und RB 11,9 liest allein der Abt das Evangelium.

Der Umstand, daß die Bibel *heute* dem einzelnen Mönch ungleich zugänglicher ist als früher, bewirkt (neben anderen Gründen), daß die RB in ihrer konkreten Bedeutung zurücktritt.

Die Übersicht über die von der RM und RB zitierten biblischen Bücher zeigt, daß die Psalmen, Weisheitsbücher, synoptischen Evangelien und Paulusbriefe, also die eher leichter verständlichen Bücher der Bibel bevorzugt sind. Von einer auffallenden Vertrautheit der RB mit der Bibel, wie sie sich z. B. bei Abt Horsiese und Basilius findet, kann kaum die Rede sein.

Die RB zitiert an drei Stellen nicht-biblische Texte als Bibelworte (RB 7,24.33.61). RB 7,65 liegt ein Anklang an die apokryphe Schrift *Oratio Manasse* vor. Doch übernimmt die RB diese vier Stellen aus der RM 10,35.44.81.85.

Zum Unterschied von der RM, die eine klare Vorliebe zum apokryphen Schrifttum hat (RM 3,84–94; 10,94–117; 90,17–27), lehnt die RB diese Schriften ab (RB 9,8).

Die Kirchenväter. Augustin † 430

Von den lateinischen Kirchenvätern hat, wie *A. de Vogüé* nachwies, nur Bischof *Augustin* von Hippo einen bestimmenden Einfluß auf die RB ausgeübt. Benedikt ließ sich besonders durch die Regel Augustins auf das Idealbild der urkirchlichen Gemeinschaft hinweisen, wie sie Apg 2,44–45 und 4,32–35 beschrieben wird. Augustins Regel beginnt: »Das ist es, was wir euch im Kloster gebieten: Das erste Ziel eures gemeinsamen Lebens ist, in Eintracht zusammenzuwohnen und ‚*ein* Herz und *eine* Seele‘ in Gott zu haben. Lebt also in Eintracht und Liebe beisammen!« Augustin hat hier nicht die klerikal-hierarchisch gegliederte Kirche vor Augen, sondern die in *Liebe* geeinte, persönlich arme Brüderschar. Die klösterliche Gemeinschaft ist nicht nur eine *Schule*, eine Lehr- und Erziehungsanstalt, die Leistungen fordert, wie sie in der RM einseitig dargestellt wird, sondern auch die Verwirklichung der apostolischen Urkirche, wie sie als Idealbild seit den Anfängen des Cönobitentums, d. i. seit *Pachomius* (L. Th. Lefort, Les Vies Coptes de St. Pachôme . . . [1943] 3,30; 65,228 ff.), *Horsiese* (Liber 50 [A. Boon 142,15 ff.]), *Basilius* (Reg. fus. 7,4) angestrebt wird. Die Mönche der RB sind nicht nur, wie die der RM, *vertikal* auf den Abt als ihren Lehrer und Erzieher, sondern auch *horizontal* aufeinander hingeordnet. Wie sich Benedikt seine Gemeinschaft konkret vorstellt, sagt er in RB 72. Das Kapitel ist ohne Entsprechung in der RM. Ferner ist es dem Einfluß Augustins zu danken, daß Benedikt das von der RM übernommene *Abtsbild* (RM 2 = RB 2) in einem zweiten Abtskapitel (RB 64), das ohne Entsprechung in der RM ist, um wesentliche Züge bereichert und es damit zum schönsten der Mönchsgeschichte macht.

Wir fügen die wichtigeren *augustinischen* Stellen der RB bei: RB 31,7.13.18–19; 33,6; 34,1–5; 35,13; (42,3–8); 46,3–4; 52,1–5; 54,1–3; 63,3; 64,7–8.15; 65,22.

Zum Unterschied von der *RB* steht die *RM* nicht unter dem Einfluß Augustins.

Verglichen mit Augustins Bedeutung für die RB, ist die des Bischofs *Cyprian* von Karthago († 258) zweitrangig (RB 4,30; 19,1.6; 52,2; 54,4; 72,9–10). Das gleiche gilt von *Hieronymus* († um 420). Papst *Leo d. Gr.* († 461) beeinflußte RB 49,1–7 (vgl. RB 1,1–3).

Die RB empfiehlt die Lesung von patristischen *Bibelkommentaren* (RB 9,8), ganz allgemein die *Väterlesung* (RB 73,2.4).

Origenes † 254

Während die RM (11,62) einen (noch nicht identifizierten) »weisen Spruch des Origenes« zitiert, konnte in der RB bis jetzt – außer »Anklängen« (vgl. RB 27,8; 28,3.6–8) – kein wörtliches Zitat aus Origenes nachgewiesen werden. Doch wäre es irrig, daraus zu folgern, daß Origenes, »Vorläufer« (W. Völker) und »Wegbereiter des Mönchtums« (A. Stuiber), die RM und RB nicht irgendwie beeinflußt hätte. Es sei sofort ein Beispiel origenischen Einflusses auf beide Regeln gegeben: die allegorische Deutung der »Brut Babels« (vgl. Ps 136,8b) von den »bösen Gedanken« (vgl. *RM* Ths 24; 3,56; 10,61; 8,23; 15,51–56: *RB* Vw 28; 4,50; 7,44) geht auf Origenes zurück (vgl. B. Steidle, Erbe und Auftrag 50 [1974] 27–36; J. B. Bauer, Wiener Stud. 87 [1974] 182–187). Zur Zeit der beiden Regeln waren bereits grundlegende Gedanken des großen Alexandriners anonymes allgemeines Gut des Mönchtums geworden. *H. Urs von Balthasar* spricht diesen Tatbestand, wie folgt, aus: »Indem das Gefäß in tausend Splitter zerbrach und der Name des Meisters gesteinigt und verschüttet wurde« – gemeint ist die weitgehende Vernichtung des Schrifttums und die kirchliche Verurteilung des Origenes –, »entquoll der Duft des Salböls und ,erfüllte das ganze Haus'. Es gibt in der Kirche keinen Denker, der so unsichtbar-allgegenwärtig geblieben wäre wie Origenes« (Origenes. Geist und Feuer [1938²] 12). Auch Augustin konnte sich dem origenischen Einfluß nicht entziehen. Die Gedanken des Origenes kamen auf offenen und heimlichen Wegen zum abendländischen Mönchtum. Abt *Johannes Kassian* von Marseille († 430/35), von dem bald die Rede sein wird, kannte den Origenes über den ägyptischen Mönch *Evagrius Pontikus* († 399) und aus persönlichem Studium. Abt Kassian beeinflußte das 410 gegründete Inselkloster *Lérins*. Das größte

Lob, das Origenes trotz aller Vorbehalte im Abendland erhielt, schrieb der gebildete Mönch *Vinzenz von Lérins* († vor 450) in seinem Commonitorium (17).

Im Abt beider Regeln (RM 2; RB 2; 27–28; 64) ist der *schriftkundige* und dem Fassungsvermögen der Schüler sich anpassende pneumatische Lehrer, Seelsorger und Arzt, wie ihn Origenes in seinem *Leben* praktisch verwirklichte und besonders in seinen *Homilien* darstellte, wieder zu erkennen. Wie Origenes unterscheiden beide Regeln »einfachere« und vollkommene Schüler (RM 2,12; RB 2,12). In der *Demuts-Leiter* (RM 10; RB 7), die von Abt Kassian übernommen wurde, ist das origenische *Aufstiegs-Schema*, das das *ganze* Denken des Alexandriners und Abt Kassians beherrscht, sichtbar. Auch die Idee der *Schule* (RB Vw 45) hat im Denken des Origenes, der sein Leben lang als berühmter Lehrer und Erzieher in den Katechetenschulen von Alexandrien und Cäsarea (Palästina) wirkte, seinen festen Platz (vgl. De princ. 2,11.6). *Lérins* nennt sich *Schule Christi* (B. Steidle, Dom. scola serv., Bened. Mon. 28 [1952] 397–406).

Im sog. *Synergismus* des Origenes ist unschwer der sog. *Semi-Pelagianismus* (Natur-Gnade) des *südgallischen* Mönchtums erkennbar.

Die Mönche haben die kühnen Gedanken des Origenes *ihrem* Fassungsvermögen angepaßt und bisweilen eingeengt. Ein Beispiel: Origenes fordert radikale innere Trennung von der »Welt« (Lev. Hom. 11,2: non locis, sed actibus, nec regionibus, sed conversationibus). Das frühe Mönchtum vollzog die Trennung auch äußerlich und ging in die Wüste. Origenes blieb aus seelsorglicher Verantwortung für die Welt-Christen in der Welt.

Die RM weist wegen ihres »Origenismus« nach *Südgallien*, die RB, die zum Unterschied von der RM auch *Augustin* wesentlichen Einfluß einräumt, nach *Italien*. Aber auch Augustin stand, wie oben gesagt, unter dem Einfluß des Origenes.

Nach Bischof Augustin ist vor allem Abt *Johannes Kassian* von Marseille zu nennen, dessen zwei Hauptwerke »Die Einrichtungen der Klöster« und die »Unterredungen der Väter« in der RB ausdrücklich erwähnt und empfohlen werden (RB 42,3.5; 73,5). Abt Kassian, mit der Spiritualität des Origenes vertraut, vermittelte dem Abendland die Kenntnis des weithin von Origenes beeinflußten Mönchtums Ägyptens. Bei Abt Kassian fand die RM die Idee der klösterlichen *Schule* (Conl. 3,1.2; 18,16.15; 19,2.4) und der *Demuts-Leiter*, die bei ihm *zehn* (Inst. 4,39), in der RM (10,1–91) und RB (7,1–69) *zwölf* Sprossen hat. Der unmittelbare Einfluß Kassians ist in RB 1,1–3.6 und RB 7,10–69 feststellbar. Die RB empfiehlt die von *Rufin* († 410) übersetzte »Regel unseres hl. Vaters *Basilius*« (RB 73,3; 2,4; 55,7; 68,1–3). Es ist möglich, daß Benedikt die dem hl. Basilius (fälschlich) zugeschriebene *Admonitio* benützte (RB Vw 1–4; 68,1–3).

Wir dürfen annehmen, daß Benedikt den *Liber* des schon erwähnten Abtes *Horsiese* kannte, den *Hieronymus* übersetzte (RB 2,12–17. 38). Das gleiche gilt von der *Historia monachorum* in Aegypto, die *Rufin* übertrug (RB 55; 66). Die RB empfiehlt die *Vitae Patrum*, worunter u. a. die erwähnte Historia monachorum zu verstehen ist. Für die *Datierung* der RB sind die zwei wörtlichen Zitate aus den *Väter-Sprüchen* (RB 18,25; 40,6) wichtig.

Mönchs-Regeln

Wie wir schon oben sagten, haben zwei Regeln bestimmenden Einfluß auf die RB ausgeübt: die *Regel Augustins* und die sog. *Regula Magistri*, von der bald ausführlich die Rede ist.

In der RB finden sich zahlreiche *Anklänge* an die Regel des *Pachomius*, die uns in der Übersetzung des *Hieronymus* vorliegt (A. Boon). Wichtigste Gedanken dieser ältesten Regel sind Gemeingut des cönobitischen Mönchtums geworden. Gilt doch Pachomius als der *Gründer* des klösterlich-gemeinsamen Lebens. RB 31 (Cellerar) ist von der *Regula quattuor Patrum* beeinflußt (RB 31,1.8.10–11; 2,16–17). Die »vier Väter« sind die geschichtlich kaum näher faßbaren ägyptischen Mönchsväter *Serapion, Makarius, Pafnutius* und der *andere Makarius.* Die Regel besteht aus den Kanones einer südgallischen Synode von 38 Äbten (um 460/70). Zum Unterschied von *Italien* blühte besonders in *Südgallien* vor und nach 500 reiches monastisches Leben. Es sei an die Namen *Johannes Kassian* von Marseille, an das Inselkloster *Lérins* und die von Lérins beeinflußten *Juraklöster* erinnert. Benedikt kannte den sog. *Ordo monasterii,* der in den Handschriften (fälschlich) dem hl. Augustin zugeschrieben wird (RB 42,3–8). Ob Benedikt die Regeln des Bischofs *Caesarius von Arles* († 542), des ehemaligen Mönchs von Lérins, kannte, bleibt unsicher. Ob die *Passio Iuliani* (P. Salmon) Quelle für RB Vw 18; 4, 10.13–15.20–23.29.62 ist, ist nicht mit letzter Sicherheit zu entscheiden.

DIE REGEL BENEDIKTS UND DIE REGULA MAGISTRI (RM)

Bis zum Jahr 1933 galt Benedikt unbestritten als der persönliche Verfasser der RB als solcher und ihrer einzelnen Teile. Er galt als der geniale Schöpfer des »säkularen Werks« (A. Zumkeller), in dem die Weisheit der *Bibel,* die beste monastische Überlieferung *Ägyptens,* wie sie besonders durch Abt J. Kassian, der zehn Jahre lang bei den Mönchen der sketischen und nitrischen Wüste gelebt hatte, dargestellt ist, und *Benedikts* eigene reiche persönliche Erfahrung zu einer unlösbaren Einheit zusammengefügt sind. Es fiel niemand ein zu bezweifeln, daß die RB ein Werk aus *einem* Guß, ohne Naht und Riß sei. Da entdeckten im Jahre 1933 fast zur gleichen Zeit *Justo Pérez de Urbel* OSB (Silos) und *Augustin Genestout* OSB

(Solesmes) die an und für sich längst bekannte RM *neu*, indem sie sie in engste Beziehung zur RB brachten. Im Jahre 1938 stellte A. Genestout öffentlich die Behauptung auf, daß Benedikt fast das ganze *Vorwort* (5–45. 50), die *Kapitel 1–2* und *4–7* seiner Regel mehr oder weniger *wörtlich* aus der bis dahin dem 7. Jahrhundert zugewiesenen und völlig von der RB abhängig gedachten *Regula Magistri* – so vom Reformabt *Benedikt von Aniane* († 821) genannt – entnommen habe. Darüber hinaus folge Benedikt dieser seiner Vorlage und unmittelbarer Hauptquelle im *Aufbau* seiner Kapitel 1–66 (und darüber hinaus) und setze sich mit ihr ständig auseinander.

Die besonders nach dem zweiten Weltkrieg beginnende äußerst fruchtbare Auseinandersetzung mit dem aufgeworfenen Problem *RM-RB* wird bis zur Stunde vor allem in *französischer* Sprache geführt. Das *deutsche* Sprachgebiet zeigte sich zunächst, im großen und ganzen gesehen, schockiert und öffnete sich nur zögernd den neuen Problemen und Erkenntnissen.

B. Jaspert stellte die RB-RM-Kontroverse dar (RBSSuppl. 3 [1975]).

Nach vorurteilsloser Prüfung des *Für* und *Wider* hat sich *heute* die These von der *Priorität* der *RM* vor der RB und der *Abhängigkeit* der *RB* von der RM durchgesetzt. Es ist das besondere Verdienst des bereits erwähnten französischen Benediktiners *A. de Vogüé* (La Pierre-qui-vire), die Priorität der RM und zugleich die Abhängigkeit der RB von der RM in seinem dreibändigen Werk *La Règle du Maître* (Introduction, Traduction et Notes) in der angesehenen patristisch-monastischen Reihe *Sources chrétiennes* (Band 105–107 [1964–65]) überzeugend dargelegt zu haben. Wieder behandelt A. de Vogüé das Problem *RM-RB* in seinem imponierenden *Kommentar* zur Regel Benedikts, den er bereits 1960 mit dem Werk *La communauté et l'abbé dans la Règle de Saint Benoît* begann und in sechs Bänden der Sources chrétiennes (Band 181–186 [1971–1972]) weiterführte. Zwei Bände über die *Spiritualität* der RB sind angekündigt.

Ganz allgemein gesehen, schreibt Benedikt seine Vorlage (RM) zum Teil *wörtlich* ab: Vorwort 5–45.50; Kapitel 1,1–11; 2,1–18 a. 18b–25.30.35–37; 4,1–7.9–59.62–74; Kapitel 5–7. Benedikt übergeht sehr vieles, setzt aber doch manches als bekannt voraus, kürzt oft wesentlich, fügt eigenes bei, zieht Kapitel der RM in ein einziges zusammen, teilt dagegen andere. Während die RM die einzelnen Kapitel logisch miteinander verbindet, isoliert sie Benedikt eher, faßt aber seine Kapitel in sich straffer zusammen.

Dem äußeren *Umfang* nach dürfte die RB etwa ein Drittel der RM (95 Kapitel) ausmachen.

Die Frage, ob Benedikt seine Abhängigkeit von der RM, deren *Verfasser* übrigens noch *unbekannt* ist, in seiner Regel irgendwie andeutet oder gar ausspricht, ist kaum zu entscheiden. Man wies schon auf RB Vw 1: praecepta *Magistri* und RB 73,1.8: Regulam autem hanc *de*scripsimus . . . Regulam *de*scriptam. Describere kann bedeuten: ab-schreiben, kopieren. Die Antike kennt den modernen Begriff des »Plagiats«, d. h. des »Diebstahls geistigen Eigentums« nicht. Die Annahme, der *jüngere* Benedikt (Subiaco) habe die RM, der *ältere* (Montecassino) die RB verfaßt, ist nicht haltbar.

Heimat, Verfasser, Abfassungszeit und Redaktionen der RM

Mit den Forschungsergebnissen *A. de Vogüés* setzt sich das *belgische* Gelehrten-Team, bestehend aus *F. Masai* (Professor an der Freien Universität Brüssel) und *E. Manning* OCR (Rochefort), kritisch auseinander. Hinsichtlich der Priorität der RM und der Abhängigkeit der RB von der RM herrscht weithin Übereinstimmung. Doch wird die Gültigkeit der bisherigen, wesentlich vom Ansehen des Münchener Philologen *L. Traube* getragenen *Textgeschichte der RB* grundsätzlich bestritten. Eine *neue* Textgeschichte beider Regeln ist angekündigt. Davon ist unten die Rede.

Während A. de Vogüé die Heimat der RM in der *Nähe Roms* sieht, nennen die genannten belgischen Forscher *Südgallien*, näherhin die Provence, d. h. die vom Inselkloster *Lérins* beeinflußten, bisher ungenügend beachteten *burgundischen Juraklöster*. Übrigens hatte *H. S. Brechter* OSB († 1975) schon 1947 bemerkt: »Nach meinem Dafürhalten muß sie (RM) in der ersten Hälfte des 6. Jahrhunderts im südlichen Frankenreich verfaßt worden sein« (Benedictus 502, St. Ottilien). Wir selbst vertraten 1952 folgende Meinung: »Der Gebrauch des Wortes *schola* (vgl. RB Vw 45) weist nach unsrer Auffassung die RM nach *Südgallien*, wohl nach *Lérins*«. Wie wir oben schon bemerkten, nennt sich das Inselkloster *scola Christi*.

Nach der Meinung *A. de Vogüés* ist die RM das Werk *eines* (uns noch völlig unbekannten) Verfassers. Es dürfte ein *Abt* gewesen sein. Nach der Auffassung der *belgischen* Gelehrten, die sie in subtilen Analysen des RM-Textes darlegen, setzt die RM in ihrer *heutigen* Gestalt mehrere *Redaktoren* und *Redaktionen* voraus: Benedikt benützte eine Text-Rezension, die nicht ohne weiteres mit dem heute vorliegenden RM-Text identisch ist. Die RM hat sich von einem *rudimentären* Text (= RM 2–10) zu einem *umfangreichen* Regel-Codex entfaltet (E. Manning).

Was die *Zeit* der Abfassung der RM betrifft, so nennt *A. de Vogüé* die Zeitspanne 500–535. Für die *belgischen* Gelehrten, die mehrere Redaktionen der RM annehmen, stellt sich notwendig die Frage, *welche* Redaktion Benedikt benützte. Ihre Antwort lautet: Wenn man die angeblichen Redaktionen der RM an die Namen *Lérins*, gegründet um 410, Bischof *Eucherius* von *Lyon* († um 450/55), früher Mönch von Lérins, Abt *Romanus* († um 463), zuerst Mönch in *Lyon*, dann mit seinem Bruder *Lupicinus* († um 480) Gründer einiger *Juraklöster*, deren bedeutendstes *Condat* ist, schließlich *Eugendus* († um 510), dritten Abt von Condat, knüpft, so lag Benedikt wohl die Redaktion der RM aus der Zeit des Abtes *Lupicinus* vor.

Die gelehrte Diskussion ist in vollem Gang. Die endgültige Entscheidung ist noch nicht gefallen. Es ist ohne weiteres klar, daß die aufgeworfenen Probleme nur durch intensive, unvoreingenommene philologische, codicologische Arbeit und gründliche Erforschung des südgallischen und italischen Mönchtums gelöst werden können.

Daß die handschriftliche Überlieferung der RM, verglichen mit der der RB, dürftig ist, erklärt sich vor allem aus der Tatsache, daß Benedikt aus der RM das bleibend Wertvolle in seine Regel aufnahm. Es bestand deshalb keine Notwendigkeit mehr, die RM weiterhin abzuschreiben. Nur *drei* Handschriften überliefern den *ganzen* Text der End-Redaktion:

1. Der lateinische *Codex 12205 der Pariser National-Bibliothek*, geschrieben *um 600* in *Süditalien* (= P). Wir beschreiben den Inhalt dieses Codex weiter unten.

2. Der lateinische *Codex 28118 der Münchener Staats-Bibliothek*, geschrieben bald *nach 800* unter dem Reformabt *Benedikt von Aniane* (= A). Der Text von A steht dem von P nahe.

3. Der lateinische *Codex von Köln, Arch., W. F. 231* (= K). Der Text dieser Handschrift ist eine Kopie von A aus dem Jahre 1466. Diese Handschrift ergänzt einige verlorene Seiten von A.

Codex E

Von den erhaltenen *Auszügen* (Excerpta) aus der RM ist die lateinische *Hs 12634 der Pariser National-Bibliothek* (= E) von besonderer Bedeutung. Sie ist kurz vor 600 in *Süditalien* geschrieben worden. Die 16 *Auszüge* stellen kaum ein *Sechstel* der RM (P) dar. Außer den Auszügen aus der RM enthält E den *Ordo monasterii*, die *Regel Augustins*, Auszüge aus *Basilius, Pachomius, Novatus, Joh. Kassian, Hieronymus* und aus der *Regel der 4 Väter, nicht* aber aus der *RB*. Man neigt heute dazu, im Florilegium von E die Regel des oben erwähnten Abtes *Eugippius* († nach 533) von Lucullanum zu sehen. Nach A. de Vogüé gibt E *willkürliche* Auszüge aus P, nach den belgischen Gelehrten Auszüge aus einer *früheren* Redaktion der RM. P wäre also jünger als die RB, aber älter als die Redaktion, aus der die Auszüge von E stammen.

Codex P

Die Beschreibung des Inhaltes von P gibt die Möglichkeit, den bunten, aber auch reichen Inhalt der RM zu zeigen. Ferner wird sichtbar, wie souverän Benedikt bestimmte Texte der RM wörtlich übernahm, andere überging.

Codex P enthält unter dem Titel *Regel der heiligen Väter* den ganzen Text der RM, d. i. im einzelnen:

1. Die sog. *Regel der 4 Väter* Serapion, Makarius, Pafnutius und des anderen Makarius.

2. Die 95 *Kapitel-Überschriften.*

3. Die *vier*-teilige *Einführung* in die RM selbst:
   a. Das *Vorwort* (27 Verse), in dem der unbekannte Verfasser seine Regel als *Wort Gottes* und sich selbst als autorisierter *Lehrer* vorstellt, der von seinen Schülern unbedingtes Hören, d. i. Gehorchen, fordert: per hanc scripturam loquitur Deus.
   b. Das sog. *Thema* (25 Verse), d. i. eine *Taufkatechese,* die von der irdischen Geburt aus Adam und Eva und der Neugeburt aus dem *Vater* Christus und der *Mutter* Kirche in der Taufe spricht.
   c. Die *Vaterunser-Erklärung* (81 Verse).
   d. Die *Erklärung der Taufpsalmen* 33 und 14 (46 Verse).
   Die wörtliche Übereinstimmung beginnt mit Vers 2 der Psalmen-Erklärung (= RB Vw 5). Benedikt übernimmt daraus 41 Verse (nach A. de Vogüé).

RM 1–10 = RB 1–7

RB 1 übernimmt aus *RM 1* (92 Verse) nur 10 Verse. Die RB übergeht den Spott der RM über die verkommene Mönchsart der *Gyrovagen* (RM 1,12–74) und die originelle Theorie über den *göttlichen* Ursprung des äbtlichen Amtes: Der Abt ist der von

Gott eingesetzte Lehrer der klösterlichen *scola* und entspricht dem Bischof, der Lehrer seines Sprengels ist. RM 11,5–14 behandelt das gleiche wichtige Thema noch einmal (vgl. RM 14,13–15).

RB 2 übernimmt aus *RM 2* (52 Verse) etwa 28 Verse und fügt, wie aus dem Satzbild ersichtlich ist, *eigene* Gedanken bei (z. B. den Hinweis auf Heli). Benedikt ergänzt sein Abtsbild durch RB 64,7–20, wo *Augustin* zu Wort kommt.

RB 3 bildet aus *RM 2,41–50* ein eigenes Kapitel, das zum Rat der *Brüder* den Rat der *Älteren* hinzufügt. RB 3 ist ohne Entsprechung in der RM.

RB 4 faßt *RM 3–6* (116 Verse) in *ein* Kapitel (74 Verse) zusammen. RB 4 übergeht RM 3,84–94, d. i. die aus der apokryphen *Visio Pauli* entnommene Beschreibung der künftigen himmlischen Seligkeit (= RB 4,77). RM 4–5 werden ganz übergangen.

RB 5 übernimmt aus *RM 7* (74 Verse) nur 19 Verse. RB übergeht RM 7,10–21, wo vom unvollkommenen Gehorsam der Schüler, ferner RM 7,22–46, wo vom breiten Weg, und fast ganz RM 7,47–66, wo vom unblutigen Martyrium des Gehorsams die Rede ist.

RB 6 faßt *RM 8–9* (88 Verse) zusammen und übernimmt 19 Verse. RB übergeht ganz die geistreiche Theorie der RM, wie aus dem Herzensgrund der böse *Gedanke* geboren wird, der zum bösen *Wort* führt, wenn er nicht sofort zurückgewiesen wird.

RB 7 übernimmt aus *RM 10* (121 Verse) 70 Verse und übergeht RM 10,92–121, wo wieder (wie RM 3,82–94; 90,13–27) die künftige Seligkeit aus der *Visio Pauli* und (wie RM 7,57–66; 90,28–45) das unblutige Gehorsams-Martyrium beschrieben werden.

Damit endet die wörtliche Abhängigkeit der RB von der RM.

Der Aufbau der RM nach P

Einführung : Regel der vier Väter
Kapitels-Verzeichnis
Prolog
Thema: Taufkatechese
Vaterunser-Erklärung
Erklärung der Tauf-Psalmen 33 und 14
Die vier Mönchsarten : RM 1
Der geistliche Dienst : Actus militiae cordis: RM 2–10. Nach F.
Masai und E. Manning liegt hier der älteste
Teil der RM vor (Ur-Regel).
Ordo monasterii : RM 11–50
Regula Quadragesimalis : RM 51–53
Regula sanctorum Patrum : RM 54–95

F. Masai und *E. Vanderhoven,* unter Mitarbeit von *P. B. Corbett,*
besorgten eine »diplomatische Ausgabe« der beiden *RM-Hss 12205*
und *12634* der Nationalbibliothek von Paris als ersten Band der
Reihe *Aux sources du monachisme Bénédictin* (Les publications de
Scriptorium. Vol. III), Brüssel 1953.

Die Eigenart der RM und RB

Nicht die RM, die umfangreichste, inhaltsreichste, originellste und
persönlichste Mönchsregel, ist das *Gesetzbuch* des abendländischen
Mönchtums geworden, sondern die Regel Benedikts.

Die Eigenart beider Regeln ist bereits angedeutet.

Die aufgezählten Vorzüge der RM, ihr Umfang, ihre Fülle an
originellen monastischen Gedanken, ihre reichen Informationen
über den konkreten klösterlichen Alltag verhinderten, daß sie
eigentliches monastisches Gesetzbuch wurde. So blieb sie wohl
immer eher *Vademecum* (E. Manning), d. h. Leitfaden und Infor-

mationsquelle für *Einzelfälle* des konkreten klösterlichen Lebens. Die RM »regelt« den Ablauf des klösterlichen Alltags bis ins einzelne, so daß für die persönliche Initiative des Abtes kaum mehr Raum bleibt. Auch eine Anpassung an neue Gedanken und Auffassungen ist fast ausgeschlossen, weil eben schon alles bis ins einzelne genau festgesetzt ist. Die RM bietet keine allgemein gültigen Grundsätze, die der Abt in den Einzelfällen anwenden könnte.

Benedikt, der bewußt ein monastisches Gesetzbuch anstrebte, erkannte mit sicherem Blick, was ihm die RM zur Ausführung dieses seines Planes bieten konnte: Er entnahm der RM den *Aufbauplan* für seine Regel. Wir legen ihn im folgenden Abschnitt dar. Ferner bot die RM dem Gottesmann die Idee des Klosters als der »Schule« des Herrn an (vgl. RB Vw 45), in der der Abt im Auftrag und anstelle des Herrn einziger Lehrer der »geistlichen Kunst« ist (RB 2; 4–7). In dieser überragenden Stellung des Abtes dem Mönch gegenüber wird die *Grundstruktur* des Klosters sichtbar, die *Pachomius* in Ägypten begründete und Abt *Joh. Kassian* dem abendländischen Mönchtum übermittelte. Bildlich gesagt: Benedikt übernahm aus der RM ein fertiges Haus, das er aber nach *eigenen* neuen Erkenntnissen und Erfahrungen aus- und umbaute, ja in gewisser Hinsicht zum *Neubau* machte. Weil Benedikt ein Gesetzbuch verfassen will, interessiert er sich nicht um Einzelheiten im Ablauf des konkreten klösterlichen Alltags, um äbtliche Ansprachen, um Beschreibung monastischer Riten. Benedikt gibt *Grundsätze* und überläßt die konkrete Anpassung weithin der äbtlichen Discretio. Die RB ist nicht Vademecum, sondern Gesetzbuch.

Verglichen mit der RM, ist die RB im besten Sinn des Wortes fortschrittlich: Unter dem Einfluß *Augustins* erweitert und vertieft Benedikt die von der RM einseitig betonte Idee von der klösterlichen *Schule* zur *ekklesialen* Gemeinschaft im Sinn der Apg und monastischen Überlieferung. Die RB berücksichtigt über die RM hinaus auch die »Bürde« des äbtlichen Amtes (RB 2,31; 64,7), die mögliche Unzulänglichkeit des Abtes (RB 2,26; 4,61; 64,13) und mahnt zur Milde und Rücksicht gegen die Schwachen und zur

Strenge gegen die Fehlenden (RB 64,11). Der Abt soll »weiser Arzt« sein (RB 27,2; 28,2). Während die RM (1,87; 11,8) den Mönch für unmündig hält, erklärt ihn die RB für mündig und urteilsfähig. Deshalb widmet sie – zum Unterschied von der RM – dem »Rat der Brüder« ein eigenes Kapitel (3) und formuliert den lapidaren Satz: »Oft offenbart Gott dem Jüngeren, was das Bessere ist« (RB 3,3). Nicht der Abt, sondern die Mönche regeln nun die äbtliche Nachfolge (RB 64). Über RM 7 (= RB 5) hinaus gibt Benedikt dem Mönch die Möglichkeit des *Dialogs* mit dem Abt (RB 68; vgl. 41,5). Die RB bestimmt, daß der Abt die »Rangordnung« der Brüder möglichst nach deren *Profeßalter*, nicht nach Willkür (vgl. RM 92,33) festlegen soll (RB 63). Die RB setzt an die Stelle des veralteten *Ordo Officii* der RM einen neuen (RB 8–18). Zum Unterschied von der RM kennt die RB den *Priester-* und *Klerikermönch* (RB 60; 61), nicht aber das *Kleriker-Kloster* Augustins (Serm. 355,2). Die RB stellt dem oberflächlichen und egoistischen »Leistungs-Eifer« der RM (92,51. 71) den *guten Eifer* entgegen (RB 72). Die RB betrachtet die klösterlichen Ämter vor allem unter dem Gesichtspunkt der Würdigkeit des Trägers (vgl. RB 21; 31; 64; 65; 66). Die RB (65) übernimmt, wenn auch widerwillig, das Amt des Praepositus (heute »Prior« genannt). Die RM (92,1) lehnt es grundsätzlich ab. Die RB redet nicht mehr von »heimlicher« Überwachung der Gäste und Postulanten wie die RM (79; 87,62; 88,7), auch nicht mehr von der Behandlung der Kranken als »Simulanten« (vgl. RM 69; vgl. jedoch 70).

Zum Unterschied von der RM, die das Wort und wohl auch die Sache nicht kennt, weist Benedikt seinen Abt auf die herrscherliche Tugend der *Discretio* hin, die allen Tugenden das richtige Maß gibt (RB 64,18 f.).

Die RB wurde das unübertroffene fortschrittliche monastische Gesetzbuch des abendländischen Mönchtums. Die RM blieb reiche liturgisch-monastische Informationsquelle.

Benedikt liebt es, an den *Anfang* und *Schluß* einzelner Regelkapitel allgemein gültige Merksätze zu stellen (vgl. RB 30,1; 35,1;

36,1; 40,1; 42,1; 48,1; 52,1; 53,1 – 3,13; 19,7; 31,19; 36,10; 40,9; 49,10; 57,9; 61,14; 70,7).

Trotz aller Abhängigkeit der RB von der RM darf ihre Selbständigkeit nicht übersehen werden. Die beiden Regeln können nicht mehr losgelöst voneinander erklärt werden.

Der Aufbau der RB

Ist die RB auch keine nach Art einer mittelalterlichen Summa oder eines modernen Gesetzbuches streng logisch aufgebaute Einheit, so ist sie anderseits auch keine bloß zufällig angelegte Sammlung monastischer Vorschriften, sondern sie ist ein organisches Ganzes. Die RB ist von *einem* Geist, nämlich St. Benedikt, redigiert und beseelt.

Der Abt von Montecassino faßte seine Regel als *Ganzes* auf, wenn er z. B. bestimmt, daß sie dem Novizen während des Probejahrs dreimal (RB 58,9.12–13), der Gemeinschaft »öfters« vorgelesen werde (RB 66,8; vgl. RM 24,15.26–27.31–33: tägliche Lesung). Es ist deshalb durchaus gerechtfertigt, in der RB (wie in der RM) einen *Aufbauplan* zu suchen. Doch darf man nie vergessen, daß die RB keine systematische Gesetzessammlung ist und auch nach der Auffassung der Antike keine sein will.

Aus den *Kapitelüberschriften* allein, die übrigens zum Teil auf die RM oder auf Benedikts »Sekretäre«, Schreiber zurückgehen dürften, läßt sich kein Aufbau der Regel erschließen. Doch sind zweifellos innerhalb der RB einzelne *Kapitelgruppen* klar erkennbar: z. B. die »geistliche Kunst« (RB 4–7), die Ordnung des Gottesdienstes (RB 8–18), die Haltung beim Gebet (RB 19–20).

Der Aufbau der RM bietet wertvolle Aufschlüsse. Wir stellen fest, daß die RM ihren Ordo Officii organisch in die Tagesordnung einbaut (RM 33–46), während die RB ihn scheinbar zusammenhanglos an die »geistliche Kunst« anreiht (RB 4–7:8–18). Doch durch diese bewußte Abweichung von der RM will Benedikt die

innere Zusammengehörigkeit von *Askese* und *Gebet* betonen, wie
sie Abt Kassian lehrt (Conl. 9,2).

Wir schließen uns an die Gliederung der RB an, die Abt *Pius
Buddenborg* (Gerleve) vorlegte.

Wir setzen im *Aufbauplan* der RB neben ihre Kapitel die entsprechenden der RM. Aus dem Vergleich der Kapitelfolge beider
Regeln wird ersichtlich, daß Benedikt im großen ganzen den Ka-
piteln der RM folgt, in Einzelfällen (vgl. den Ordo Officii) eigene
Wege geht, ferner, daß in der Kapitelfolge der RM gewisse Ver-
schiebungen festzustellen sind.

Plan der RB

Das *Vorwort* (Vw), das nach besten Handschriften in *kurzem* (1–39)
und *langem* Text (1–50) vorliegt, ist eine *Mahnrede*, die in grundlegende Gedanken und Forderungen der Regel einführt und (nach
dem langen Text) für den gehorsamen *Dienst* in der *Schule* des Herrn
wirbt.

	RB	RM
I. DIE GRUNDSTRUKTUR DES KLOSTERS		
Abgrenzung gegen andere Mönchsarten	1	1
Der Abt	2	2
Die Brüder. Ihr Rat	3	2,41–50
II. DIE GEISTLICHE KUNST (Askese)	4–7	3–10
Die Tugendwerkstatt	4	3–6
Das Meisterstück	5–7	7–10
Gehorsam	5	7
Schweigsamkeit	6	8–9
Demut	7	10
III. DAS GEMEINSAME GEBET		
(Chorgebet)	8–20	33–49
Die äußere Ordnung	8–18	

	RB	RM
Der Nachtgottesdienst	8–11	
Der Morgengottesdienst	12–13	
An Festen	14	
Das Alleluia	15	
Der Taggottesdienst	16–18	
Der betende Mönch	19–20	47–48

IV. DIE INNERE ORGANISATION DES KLOSTERS — 21–52

	RB	RM
Die Disziplin	21–30	
In Dekanien geordnet	21	11
Auch des Nachts zuchtvoll geordnet	22	11 29
Strafordnung	23–30	
Die große und kleine Ausschließung	23–26	12–15
Behandlung der Ausgeschlossenen		
Der Abt Hirt und Arzt	27–28	
Wiederaufnahme Ausgetretener	29	64
Bestrafung Minderjähriger	30	14,79–86
Die Verwaltung des Klostergutes	31–34	
Der Cellerar	31	16
Offizialen	32	17
Der einzelne ohne Besitz		
Zuteilung des Notwendigen	33	82
Der klösterliche Tisch	35–42	
Die Küchen- und Tischdiener	35	18–23 25
Die Kranken	36	69–70
Die Greise und Kinder	37	28,19–26
Der Tischleser	38	24
Das Maß der Speisen	39	26
Das Maß des Getränks	40	27
Die Essenszeiten	41	28
Der Tagesabschluß	42	30

	RB	RM
Die klösterliche Bußordnung	43–46	
Bußen für Zuspätkommen	43	73
Bußen bei Ausschließung	44	13–14 73
Bußen für Fehler im Chorgebet	45	
Bußen für Fehler jeder Art	46	
Der geistliche Vater		
Vorbeugende Bestimmungen	47	31–32
Arbeit, Lesung, Gebet	48–52	
Arbeit und Lesung	48	50
Die österliche Bußzeit	49	51–53
Gebet bei Arbeiten außerhalb des		
Klosters	50	54–60
Distanz zur Welt	51	61–62
Das Oratorium	52	68
V. KLOSTER UND WELT	53–57	
Die Gäste	53	65 71–72
		78–79 83
Briefe und Geschenke	54	76
Zuteilung des Notwendigen	55	81–82
Tisch des Abtes	56	84
Geschäftlicher Verkehr	57	85–86
VI. DIE ERNEUERUNG DER KLOSTER-		
GEMEINDE	58–65	
Nachwuchs aus dem Laienstand	58–59	
Erwachsene	58	87–90
Kinder	59	91
Nachwuchs aus dem Klerikerstand	60	
Nachwuchs aus dem Mönchstand	61	87 79
Der Priestermönch	62	
Die klösterliche Rangordnung	63	92

Ein neuer Abt	RB	RM
Wahl, Einsetzung	64	92–94
Der Prior, vom Abt eingesetzt	65	92–93
SCHLUSSKAPITEL: Klosterpforte		
und Klausur	66	95
NACHTRÄGE UND ERGÄNZUNGEN	67–72	
Mönche auf Reisen	67	66 20,1–13
Der »unmögliche« Auftrag. Ergänzung		
zu Kapitel 5	68	
Gegen die Anmaßung	69–70	
Der Abt ist einziger Richter		
Der gegenseitige Gehorsam	71	
Der gute Eifer	72	92,51.71
NACHWORT		
Benedikts Selbstzeugnis über seine Regel	73	

DIE TEXTGESCHICHTE DER RB

Von der Bibel abgesehen, liegt kein Werk des altchristlichen Schrifttums in so zahlreichen Handschriften vor wie die RB. Allein schon dieser Umstand zeigt ihre säkulare Bedeutung.

Seltsamerweise begann die eigentliche *philologisch-kritische* Arbeit am Regeltext ziemlich spät. Wir sehen von den schüchternen kritischen Versuchen des Melker Reformers *J. Schlitpacher* OSB († 1482) ab. Die großen Gelehrten der *französischen* Benediktinerkongregation vom hl. Maurus, »Mauriner« genannt (17. und 18. Jahrhundert), denen die Bibliotheken und Archive Europas offenstanden, besorgten keine kritische Ausgabe der RB.

Das Verdienst, zum erstenmal mit *philologischem* Rüstzeug eine gewisse Sichtung der RB-Handschriften gewagt zu haben, gebührt der *bayerischen* Benediktinerkongregation. Angeregt vom genialen *D. Haneberg* († 1876), seit 1854 Abt von St. Bonifaz in München, seit 1872 Bischof von Speyer, stellte *E. Schmidt* aus der Abtei Metten zum erstenmal die Frage nach der *Sichtung der Handschriften* und dem *Originaltext* der RB. E. Schmidt erkannte als erster, daß sich *zwei* Klassen von Handschriften deutlich unterscheiden lassen, nämlich die Handschriften mit sog. »Interpolationen« und *kürzerem* Prolog (1–39) und die Handschriften ohne »Interpolationen« und mit *längerem* Prolog (1–50). Er schloß aus dieser Tatsache, daß Benedikt *zwei* Text-Rezensionen veranstaltet habe. Im Jahre 1880 gab er die erste *kritische* Ausgabe der RB heraus. Als wichtigste Vertreter der *ersten* Rezension (mit kürzerem Prolog) betrachtete er den Codex Oxoniensis (O), Sangallensis 916 (S) und Veronensis (V); als wichtigsten Vertreter der *zweiten* Rezension (mit längerem Prolog) den Codex von Tegernsee (T), den er seiner Ausgabe zugrunde legte. Von den genannten Codices wird unten die Rede sein. Im Jahre 1892 veranstaltete E. Schmidt eine Handausgabe, die er nun auf dem *Codex Sangallensis 914* (A) aufbaute. Weil man glaubte, die *Vulgarismen* des Textes seien den Abschreibern, nicht Benedikt, zur Last zu legen, wurden sie weithin beseitigt. Im Jahre 1895 veröffentlichte *E. Wölfflin*, vorzüglicher Kenner des Spätlateins, eine Textausgabe der RB (Bibl. Teubner), die auf wenigen Handschriften aufgebaut ist, unter denen der *Codex Oxoniensis* (O) den Vorzug hat. Der Codex Sangallensis 914 wurde nicht benützt. E. Wölfflin war geneigt, eine dreifache, ja möglicherweise eine vierfache Textrezension der RB anzunehmen.

Im Jahre 1898 veröffentlichte der schon erwähnte Münchener Philologe *L. Traube* seine berühmte *Textgeschichte der Regula S. Benedicti*, von der sein Schüler *H. Plenkers* 1910 die zweite Auflage besorgte.

Von E. Schmidt angeregt, versuchte L. Traube, die Geschichte der *Urschrift*, d. i. des verlorenen Autographs der RB (= Ω), und der wichtigsten RB-Handschriften zu rekonstruieren. L. Traube begründete die überragende Stellung des Codex Sangallensis 914.

In der Folgezeit wurden manche Einzelthesen L. Traubes aufgegeben oder korrigiert.

Nach der von L. Traube begründeten *traditionellen* Regelforschung sieht die Textgeschichte der RB, wie folgt, aus:

Als die Mönche von Montecassino um 577 vor den Langobarden ins schon bestehende römische Lateran-Kloster flohen, nahmen sie zwar nicht, wie L. Traube meinte, die (verlorene) Urschrift der RB (= Ω), sondern eine beste, wenn auch nicht ganz fehlerfreie und nicht mehr von Benedikt durchkorrigierte RB-Handschrift (= Ψ'1) mit. Diese RB-Handschrift kam später aus uns unbekannten Gründen in die päpstliche Lateran-Bibliothek. Um 750 gab sie Papst *Zacharias* an das Kloster Montecassino zurück, das Abt *Petronax* bald nach 717 *neu* gegründet hatte. Die kostbare Handschrift blieb dort bis 883, wurde dann, als die Sarazenen das Bergkloster bedrohten, nach Teano (zwischen Montecassino und Neapel) gebracht, wo sie 886 einer Feuersbrunst zum Opfer fiel.

Doch war auf Wunsch Karls d. Gr. von dieser Regel-Handschrift bald nach 787 eine getreue Abschrift gemacht worden – es ist möglich, daß der gelehrte Mönch *Paulus Diaconus* († 799) sie selbst ausführte –, die mit einem Begleitschreiben des Abtes Theodemar nach Aachen geschickt und in der Hofbibliothek aufbewahrt wurde. Der Text dieses sog. *Aachener Normalexemplars* (= Ψ'2) sollte nach dem Willen Karls und Ludwigs des Frommen die Grundlage für die Klösterreform sein, die der Reformabt *Benedikt von Aniane* († 821) im Auftrag der Frankenherrscher im karolingischen Reich durchführen sollte. Auch dieses Aachener Normalexemplar ist verschollen. Doch wurden von ihm Abschriften gemacht oder schon vorhandene RB-Handschriften nach ihm korrigiert. *Eine* Abschrift ist besonders durch L. Traube berühmt geworden, nämlich der *Codex Sangallensis 914* in der Stiftsbibliothek von St. Gallen.

Codex Sangallensis 914 (= A)

Ums Jahr 817 schickte Abt Heito vom Inselkloster *Reichenau* seine Mönche *Grimald* und *Tatto* in das vom Reformabt Benedikt von Aniane gegründete »Reichsmusterkloster« Inda (heute Korneli-münster) bei Aachen, damit sie dort die monastische Ausbildung im Sinn der erwähnten karolingischen Klösterreform bekämen. Auf Wunsch ihres Bibliothekars Reginbert fertigten sie eine buchstäbliche und silbengetreue Abschrift (= A) des Aachener Normalexemplars (= Ψ²) an. Im Begleitschreiben an Reginbert, das sie ihrer Abschrift beilegten, geben die beiden Mönche über ihre Arbeit Rechenschaft: Sie unterscheiden zwischen der »Überlieferung des gütigen Vaters«, d. i. Benedikts, der im fortlaufenden Text ihrer Abschrift spricht, und der »Überlieferung«, die sie »moderna« nennen. Tatsächlich schrieben sie an den Rand ihrer Abschrift Lesarten (Varianten), die stilistisch, orthographisch und grammatisch vom Text des Normalexemplars abwichen. Diese Rand-Lesarten werden heute mit dem Sigel α bezeichnet. Zugleich machen die beiden Mönche im Text ihrer Abschrift diese Varianten durch ein kritisches Zeichen kenntlich. Überdies wiesen sie durch ein besonderes Zeichen auf Worte hin, die sich in der »neuen Überlieferung« fanden, in der des »gütigen Vaters« aber fehlten. Es ist anzunehmen, daß diese »Korrekturen« bereits im Normalexemplar vermerkt waren.

Weil man auf der *alemannischen* Reichenau kein besonderes Interesse an der *fränkisch*-karolingischen Klösterreform und deshalb auch am Aachener Normalexemplar hatte, war es möglich, daß Grimald, der im Jahre 841 Abt von St. Gallen wurde, die Regelabschrift A mitnehmen konnte. Sie liegt bis zur Stunde als *Codex Sangallensis* 914 in der Stiftsbibliothek.

Nach *R. Hanslik* ist die Regelabschrift Grimalds und Tattos verloren. Doch ist der Codex 914 von St. Gallen eine zuverlässige Abschrift davon. Er ist nach R. Hanslik die »vorzüglichste aller Regel-Hss, wie nach L. Traube *Chr. Mohrmann* (Rev. Bénéd. 62 [1952]

108–139) gezeigt hat«. Weil die neueren RB-Ausgaben auf dem Codex Sangallensis 914 aufgebaut sind, hat sich ein ziemlich einheitlicher Regeltext durchgesetzt. Die Regelausgabe von R. Hanslik (CSEL 75, 1960) folgt dem Codex Sangallensis bis in die Einzelheiten der Orthographie. G. *Morin* OSB († 1946) hatte eine »diplomatische Ausgabe« des Codex veranstaltet (Montecassino 1900).

Die Sichtung der RB-Handschriften

Die fast unübersehbare Masse der RB-Handschriften kann ganz allgemein in *drei* Klassen geschieden werden: die Klasse des *reinen* (= Ψ), *interpolierten* (= Σ) und *übernommenen* Textes. Für diese dritte Klasse kann das Sigel Γ verwendet werden (A. de Vogüé).

1. *Rein* heißt (seit L. Traube) jener Text der RB, der dem Text des verlorenen Autographs (= Ω) am nächsten kommt. Die Handschriften des *reinen* Textes (Ψ) werden in *zwei* Gruppen unterschieden:

a. Die Handschriften, die auf das (im Jahre 886 in Teano verbrannte) *Normalexemplar* von *Montecassino* (= Ψ^1) zurückgehen: Genannt seien Codex 175, geschrieben um 918/20, und Codex 499 (= *X*), geschrieben um 1300, durch Zufall nach Montecassino gekommen, mit Lesarten des reinen, interpolierten und überkommenen Textes. Hier können noch erwähnt werden: Codex 446 aus dem Ende des 10. Jahrhunderts und Codex 334 aus dem 12. Jahrhundert.

Die Handschriften von Montecassino sind nach der klassischen Grammatik »verbessert«.

b. Die Handschriften, die auf das (verlorene) *Aachener Normalexemplar* (Ψ^2) zurückgehen: Seit L. Traube gilt als der beste Textzeuge dieser Gruppe, ja überhaupt der beste Textzeuge der RB, der *Codex Sangallensis 914*, geschrieben um 817. Zu nennen sind noch: *Codex 19408* von München, einst in Tegernsee (= *T*), aus dem Ende des 8. Jahrhunderts; *Codex 28118* von

München (= *C*), aus dem Anfang des 9. Jahrhunderts; *Codex 2232* der Wiener Nationalbibliothek (= *B*), aus dem Anfang des 9. Jahrhunderts, korrigiert nach einer Handschrift mit reinem Text; *Codex 361* von Utrecht (= *U*), eine Kopie von C aus dem Jahre 1451.

2. *Interpoliert* heißt (seit *L. Traube*) jener Text der RB (= Σ), in den, verglichen mit Ψ, erklärende Worte und Texte »interpoliert«, d. i. eingeschoben wurden, dessen Sprache durch Angleichung an die klassische Grammatik mehr oder weniger geglättet wurde. Entscheidend wichtig aber ist die Feststellung: In den sog. interpolierten RB-Handschriften fehlen die Verse 40–50 des Prologs, d. h., in diesen RB-Handschriften findet sich das aus der RM übernommene Wort *scola* (Vw 45) nicht.

Der wichtigste Textzeuge dieser Handschriften-Klasse ist der schon oben kurz erwähnte *Codex Oxoniensis* (Oxford), Bodleian Library, Hatton 48, geschrieben in England um 700–710 (= *O*), die älteste uns bekannte RB-Handschrift. Der Schreiber von O hat (wie die Schreiber von A) zwischen den Zeilen und am Rand orthographische und textliche Varianten vermerkt. Diese älteste RB-Handschrift steht *heute* (mit dem Codex Sangallensis 914) im Mittelpunkt der gelehrten Diskussion: Stellt diese RB-Handschrift die *erste* Redaktion der RB dar, wie *E. Wölfflin* annahm, oder ist sie, wie *L. Traube* meinte, für die Herstellung des RB-Textes »fast am wenigsten brauchbar«? Wir geben unten einige Bemerkungen zum Problem.

Zur sog. »interpolierten« Klasse gehören noch folgende RB-Handschriften: *Codex 52* von Verona (= *V*) aus dem 8. Jahrhundert; *Codex 916* von St. Gallen (= *S*) aus dem Ende des 8. Jahrhunderts; über dem lateinischen Text findet sich die älteste uns bekannte *alemannische* Übersetzung der RB; *Codex 1245* von St. Martin in Trier (= *M*) aus dem Anfang des 9. Jahrhunderts; der *Codex von Würzburg* Mp. th. q. 22 (= *W*) aus dem 8./9. Jahrhundert. Wir nennen hier den *Codex 1* der bischöflichen Bibliothek von *Augsburg* (= *D*) aus dem Anfang des 9. Jahrhunderts, weil er (wie OVSMW) die Verse 40–50 des Prologs nicht hat. Zur interpolierten Klasse gehören die *Auszüge* aus der RB, die sich in der *Nonnenregel* des Bischofs *Donatus* von Besançon (660–665), in der *Kanonikerregel* des Bischofs *Chrodegang* von Metz (um 742–766) und im Regeltext des *Hildemar* (um 845) finden.

3. *Übernommen* heißt seit Abt *C. Butler* jener RB-Text, der seit dem 8. Jahrhundert immer mehr in den allgemeinen klösterlichen Gebrauch kam. Es handelt sich um die zahlreichen deutschen, römischen, beneventanischen, norditalienischen, französischen und englischen Handschriften, die nicht zu den erwähnten charakteristischen Handschriften-Klassen des *reinen* und *interpolierten* Textes gehören, doch von ihnen mehr oder weniger beeinflußt sind.

A. de Vogüé unterscheidet *drei* Handschriften-Gruppen mit den Sigeln: ΓΛΦ.

a. Γ umfaßt die Handschriften, die unter dem Einfluß von Ψ die auffallendsten Varianten von Σ ausmerzen.

b. Λ umfaßt die Handschriften, die zu Γ gehören, doch unter dem Einfluß von Ψ¹ stehen.

c. Φ umfaßt die Handschriften, die zwischen Σ und Γ auswählen.

Übersicht der RB-Handschriften-Klassen (A. de Vogüé)

Autograph: Ω
Reiner Text: Ψ
   1. Normalexemplar von Montecassino: Ψ¹: 175 X
   2. Normalexemplar von Aachen: Ψ²   : ATCBU
Interpolierter Text: Σ   : OVSMW(D)
Übernommener Text: ΓΛΦ.

»Es geht wie ein Riß durch die Überlieferung der Regula: Es gibt gute und schlechte Handschriften, treue und trügerische Zeugen, einen *reinen* und *interpolierten* Text« (L. Traube, Textgeschichte² 24). Als zuverlässigster Zeuge für den *reinen* RB-Text gilt seit L. Traube Codex Sangallensis 914 (A), als charakteristischer Zeuge für den *interpolierten* Text Codex Oxoniensis (O). Das unterscheidendste Merkmal des interpolierten Textes der RB ist der kurze Prolog (1–39). Der Prolog des reinen Textes weist 11 Verse mehr auf (1–50).

Es ist einzusehen, daß im Verlauf der Textgeschichte der RB Worte und Sätze »interpoliert« wurden, um den Text verständlicher zu machen. Es ist aber *nicht* einzusehen, daß irgend jemand, z. B. Benedikt oder ein späterer, die elf Verse (40–50) des reinen Textes aus Versehen oder Zufall oder gar absichtlich weggelassen habe, wenn sie in einer *ersten* Redaktion der RB standen. Mit Recht sagt B. Linderbauer: »Es ist in der Tat von vornherein nicht denkbar, daß Simplicius (wie L. Traube meinte) oder irgendeinem anderen Nachfolger des hl. Benedikt einfallen konnte, die wirkungsvollen Schlußworte (40–50), deren entscheidende Bedeutung zu Tage lag, absichtlich zu streichen« (Kommentar 140).

Wir fragen: *Wer* hat den Riß in der Überlieferung des RB-Textes verursacht? Wie ist die handschriftliche Überlieferung zu erklären? E. Schmidt OSB (1880) und E. Wölfflin (1895) beantworteten die Frage mit der Annahme einer *ersten* und *zweiten* Redaktion der RB, die Benedikt selbst veranstaltete.

L. Traube wies diese Antwort zurück und veröffentlichte seine *Textgeschichte* der Regula (1898, 1910²). Nach seiner Ansicht war es Abt *Simplicius*, nach Benedikt und Konstantin dritter Abt von Montecassino (vgl. Dial. 2 Vw), auf den die sog. interpolierte Redaktion der RB zurückgeht (um 560). L. Traube stützte seine Meinung auf die sog. *Versus Simplicii*, neun unbeholfene rhythmische Verse, die besonders in interpolierten RB-Handschriften vor dem

Prolog stehen: Simplicius, der Jünger Benedikts, habe – so heißt es – die bis dahin *verborgene* Regel seines Meisters *veröffentlicht* und verbreitet. Dieser interpolierte Text wurde (um 577) von den fliehenden Brüdern (mit dem reinen) ins römische Laterankloster gebracht. Von *Rom*, wenn nicht schon von Montecassino aus, wurde dieser (interpolierte) Regeltext verbreitet. So ist zu erklären, daß Benedikt »abbas Romensis« genannt wird. Bis zum Ende des 8. Jahrhunderts war der interpolierte Text in Italien, Gallien, England und Deutschland *allein* verbreitet und bekannt (a. a. O. 78 f.).

H. S. Brechter OSB wies überzeugend nach, daß die erwähnten Versus Simplicii in den Jahren 790–800 im Inselkloster *Reichenau* verfaßt worden sind. Sie sollten den auf der Reichenau gültigen (interpolierten) Regeltext gegen den reinen Text, den Karl d. Gr. zwangsweise im Frankenreich einführen wollte, verteidigen (Rev. Bén. 50 [1938] 89–135). Wie wir oben bemerkten, bemühte sich erst Abt Heito um 817, dem Drängen des Frankenherrschers weichend, um den neuen Einheitstext, der im sog. *Aachener Normalexemplar* (Ψ^2) zur Einsicht und Abschrift vorlag. Die Reichenauer Mönche Grimald und Tatto machten die Abschrift, die (nach L. Traube) im Codex Sangallensis 914 (A) erhalten ist. Nun beginnt der späte Siegeszug des *reinen* Regeltextes.

Obwohl B. Linderbauer die Thesen L. Traubes weithin annahm, bemerkte er: »Das letzte Wort über die Überlieferungsgeschichte der Regula ist auch heute (1922) noch nicht gesprochen und wird vielleicht nie gesprochen werden« (Kommentar 17).

Im Jahre 1951 stellte *B. Paringer* OSB (Weltenburg) in einem sensationellen Aufsatz (Rev. Bén. [66] 81–140) die von L. Traube begründete Autorität des Codex Sangall. 914 grundsätzlich in Frage: 1. Das *Latein* des Codex ist nicht die Sprache Benedikts, der noch mit der klassischen Sprache Roms vertraut war, sondern die barbarische Sprache *alemannischer* Mönche (Reichenau). 2. Die Dokumente, auf die L. Traube seine Textgeschichte stützt, sind mehr oder weniger Fälschungen. Dieser Vorwurf trifft besonders die beiden casinensischen Chronisten *Paulus Diaconus* († 799) und *Leo von*

Ostia († 1115). Man kann gegen sie einwenden: Je weiter sie von den Ereignissen entfernt sind, desto mehr wissen sie. Papst *Gregor* berichtete um 593, 16 Jahre nach der Zerstörung Montecassinos (577), daß die Mönche in jener Schreckensnacht nur das *nackte* Leben retteten, sonst *alles* verloren (Dial. 2,17). Der Papst weist ausdrücklich auf die zeitliche Nähe des Ereignisses hin (nos cernimus . . . scimus . . . nuper). Doch Paulus Diaconus weiß über Papst Gregor hinaus, daß die Mönche bei der Flucht das *Urexemplar* der RB, »einige andere Schriften«, das Brot- und Weinmaß der Regula (RB 39,4; 40,3) und »einiges Hausgerät« mitnahmen (Hist. Langob. 4,17). Leo von Ostia berichtet, daß die Mönche ins römische Laterankloster flohen (Chron. 1,2). Nach Paulus Diaconus stellte um 717 *nicht*, wie man erwartet, das *Laterankloster*, sondern *Petronax* von Brescia das zerstörte Montecassino wieder her. Papst Zacharias († 752) gab das angebliche Urexemplar der Regula, das inzwischen in die päpstliche Lateranbibliothek gekommen war, wieder zurück (Hist. Langob. 6,40). Es ist bemerkenswert, daß die Chronisten vom *zehnjährigen* Aufenthalt des *Angelsachsen* Willibald in Montecassino (729–739) schweigen. Nach der zuverlässigen Vita Willibalds (31–32) könnte man fragen, ob es nicht Willibald war, der dem Abt Petronax die *erste* Kunde von der RB brachte. Man könnte weiter fragen, ob nicht die *casinensischen* Chronisten den *lückenlosen* Zusammenhang zwischen dem *alten* und *neuen* Montecassino herstellten. L. Traube meint allerdings: »Paulus Diaconus schöpft allem Anschein nach aus einem alten casinesischen Bericht« (Textgeschichte 30).

Chr. Mohrmann, Kennerin des Spätlateins, wies B. Paringers These vom »barbarischen Latein« des Codex Sangall. 914 energisch zurück. Doch zur Textgeschichte L. Traubes bemerkt sie: »qui serait à refaire« (Rev. Bén. 67 [1952] 108–139).

Im Jahre 1953 bedauerte *F. Masai* in den »Prolegomena« seiner diplomatischen Ausgabe der RM (S. 12f.), daß die Regelforscher noch unentwegt an der »Textgeschichte« L. Traubes festhalten. Er kündigt mit *E. Manning* eine neue Textgeschichte an: »Die Textgeschichte der RM und RB muß im wesentlichen noch geschrieben werden. Der Text der RM und noch mehr der Text der RB sind noch nicht mit der Genauigkeit aufgestellt, die mit den Hilfsmitteln, über welche die heutige Codicologie verfügt, möglich wäre« (Scriptorium 23 [1969] 393–433). E. Manning schreibt in seinem (noch nicht gedruckten) Beitrag zur *Festschrift J. Vogt* (Tübingen): »Ohne zur These E. Wölfflins zurückkehren zu wollen, muß man doch sagen, daß sie, revidiert und korrigiert, der Wahrheit näher kommt als Traubes Ansicht, und daß die sogenannte interpolierte Version der RB der ersten Redaktion von Benedikts Regel wohl näher kommt als der Sangallensis 914, der von der Reichenau, speziell von Pirmin († 753) beeinflußt worden war«. Die Diskussion über die Gültigkeit der Textgeschichte L. Traubes ist in vollem Gang.

Daß der *kurze* Prolog (Cod. O: *ohne* scola) auf Benedikt selbst zurückgeht, scheint durch folgende Erwägung, die L. Traube völlig fremd war, begünstigt zu werden: Benedikt drängt, wie wir schon oben bemerkten, die von der RM exklusiv betonte Idee von der klösterlichen *Schule* bewußt zugunsten der *augustinischen* Idee von der klösterlich-ekklesialen Gemeinschaft zurück. Die RM (Cod. P) spricht zehnmal von der klösterlichen *Schule* (vgl. RB Vw 45), Codex O nie, Codex A einmal. Die RM redet dreizehnmal vom abbas doctor, die Handschriften O und A je einmal (RB 5,6). Benedikt will durch das *bewußte* Vermeiden des Wortes »scola« den von der RM betonten ehrgeizigen, *schülerhaften Leistungs-Eifer* (vgl.RM 92,51.71: zelus boni et honoris desiderium, sitis honoris) aus der Vorstellung seiner Mönche verdrängen. Er stellt dem *egoistischen Schüler-Eifer* der RM in seinem Kapitel 72 den selbstlosen *guten Eifer* entgegen, der sich in der brüderlichen Gemeinschaft bewährt, deren Idee Benedikt nicht von der RM, sondern vom hl. *Augustin* übernommen hat.

Wenn wir annehmen, Benedikt *selbst* habe den kurzen Prolog (1–39: *ohne* scola) verfaßt, erhebt sich die Frage: Wer hat die elf Verse (40–50) hinzugefügt? Der Verfasser des *langen* Prologs

(1-50) entnahm der RM (P) die Verse 40-45. 50: *mit* scola. Er war davon überzeugt, daß man auf die Idee der *klösterlichen Schule* nicht verzichten dürfe. In den Versen 46-49 rechtfertigt und verteidigt er die Idee. Ist übrigens der Stil dieser drei Verse der Stil Benedikts?

Angenommen, der Codex O stelle die *erste* Redaktion der RB dar, dann ist ohne weiteres verständlich, daß dieser erste Regeltext *zuerst* durch Interpolationen »korrigiert« wurde. So wurde aus dem ursprünglichen *ob*sculta bald *au*sculta« usw. Ist in der Textgeschichte L. Traubes die Geschichte des Codex Sangallensis 914 klar, so wird sie, in der neuen These dunkel, während die Geschichte des Textes des Codex Oxoniensis heller wird. Die Probleme sind gestellt. Um ihre Lösung wird noch gerungen. Wie die RM-RB-Kontroverse schließlich zum guten Ende führte, so wird auch die *neue* Diskussion um den *kurzen* und *langen* Prolog, die *erste* und *zweite* Redaktion der RB, erfolgreich sein.

DIE SPRACHE DER RB

Die RB ist im lebendigen Latein abgefaßt, das im 6. Jahrhundert von den mittleren und oberen Schichten Italiens, Galliens und Spaniens gesprochen wurde und den Übergang in die entsprechenden romanischen Sprachen ankündigt. Dieses Latein tritt uns in den schon erwähnten RM-Handschriften von Paris 12205 (um 600) und 12634 (vor 600) und in den zwei grundlegenden RB-Handschriften von Oxford (O), geschrieben um 700-710, und von St. Gallen 914 (A), geschrieben um 817, entgegen. Diese Sprache unterscheidet sich merklich von der Latinität der Klassiker und der meisten Kirchenväter, aber ebenso von der gekünstelten, phrasenreichen und schwer verständlichen Sprache der Literaten, Grammatiker und Rhetoren des 6. Jahrhunderts. Sie ist aber auch nicht mit der vulgären Sprache (Dialekt), die in einer begrenzten Gegend gesprochen wird oder aus Inschriften bekannt ist, gleichzusetzen. In den abendländischen Klöstern war im 6. Jahrhundert bereits eine Art monastischer Sondersprache üblich, die sich besonders unter dem Einfluß der lateinischen *Bibel* und *Liturgie* herausgebildet hatte. In dieser Sprache haben die bei den Klassikern und Kirchenvätern üblichen Regeln der Orthographie und Grammatik keine absolute Gültigkeit mehr. Die Orthographie folgt bisweilen der klassischen Latinität, bisweilen der lebendigen Aussprache des 6. Jahrhunderts, die zwischen *ae* und *e, b* und *u*(v), *au* und *o, au* und *u, u* und *o, i* und *e, oe* und *e, oe* und *i, b* und *p, c* und *g, c* und *qu, d* und *t, x* und *s* nicht mehr immer unterscheidet. *Sueton* († 135), der Verfasser der Kaiser-Biographien, berichtet, daß der ungebildete Kaiser *Vespasian* († 79) einen gebildeten Römer namens Fl*o*rus, der ihn darauf aufmerksam gemacht hatte, »man sage besser ‚pl*au*stra‘ statt ‚pl*o*stra‘ (Lastwagen), am nächsten Tag mit ‚Fl*au*rus‘ begrüßt habe« (Vita 22). In der Vita Tiberii († 37) unterscheidet Sueton das patrizische Geschlecht der Cl*au*dii vom plebeischen der Cl*o*dii (Vita 1). Wir weisen auf das erste Wort der RB hin: *au*sculta (O), *ob*sculta (A); dazu B. Linderbauer, Kommentar 93 ff.

Wir wissen, daß der Schreiber des 6. Jahrhunderts die Worte, die man ihm diktierte oder die er las, zunächst mit vernehmbarer Stimme wiederholte und dann nach diesem seinem Diktat niederschrieb. Es ist ohne weiteres einleuchtend, daß der Schreiber je nach dem Grad seiner Bildung dem von ihm geschriebenen Text in etwa auch Merkmale seiner persönlichen Sprache aufprägen konnte, so daß es in einzelnen Fällen – wir denken z. B. an das m finale im Akkusativ-Singular, das kaum mehr hörbar war – äußerst schwierig, wenn nicht unmöglich ist, sicher festzustellen, ob eine Lesart dem Verfasser (Benedikt) oder dem Schreiber zuzueignen ist. B. Linderbauer weist in seinem philologischen Kommentar immer wieder auf diese Tatsache hin. Besonders anschauliche Beispiele für das eigentümliche Schwanken der Orthographie des 6. Jahrhunderts zwischen Regularität und Irregularität, dann für den Einfluß des Schreibers auf die Sprache einer Handschrift, bietet uns der berühmte Codex *Fuldensis*, der im Besitz des hl. Bonifatius († 754) war und seit dessen Tod in Fulda aufbewahrt wird (E. Ranke, Marburg 1868). Dieser Bibel-Codex wurde in den Jahren 541–546 auf Veranlassung des Bischofs *Victor von Capua*, eines Zeitgenossen und örtlichen Nachbarn Benedikts, geschrieben und nachher von Victor persönlich korrigiert. Der Bischof korrigiert, um einige Beispiele zu nennen: f*i*stucam in f*e*stucam, reliqui*d* in reliqui*t*, fle-*v*itis in fle*b*itis, scri*b*turas in scri*p*turas, de harundine*m* in de harundin*e*. Zeigt Victor in den angeführten Beispielen und auch sonst, daß er die üblichen Regeln der Orthographie noch besser kennt als sein Schreiber, so nimmt er anderswo die Schreibarten e*x*timari für *ae*stimari, de sacerdoti*um* für de sacerdotio, de generatione*m* für de generation*e* hin. Mag dem Bischof auch aus Versehen die eine oder andere irreguläre Schreibart entgangen sein, so steht doch fest, daß auch der gebildete Bischof Victor in der Orthographie und Grammatik nicht mehr ganz sicher ist. Was kann man dann vom vielleicht weniger gebildeten Schreiber erwarten? Irreguläre Schreibarten in einer Handschrift des 6. Jahrhunderts können ihren Grund sowohl in der Sprache des Verfassers (Benedikt), aber auch des Schreibers haben, um von dessen Unachtsamkeit, Nachlässigkeit und mangelnder Bildung zu schweigen. Wir dürfen annehmen, daß Benedikt, wie der Bischof von Capua, trotz des Schwankens in einzelnen Fällen im großen und ganzen die üblichen Regeln der Orthographie und Grammatik noch kannte und sie gewöhnlich auch einhielt.

Der des *klassischen* Lateins kundige Leser der RB stellt bald die Eigenart des Lateins der Regula fest. Dazu gehört eine gewisse Bevorzugung des Akkusativs, der »eine Art Generalkasus wurde« (B. Linderbauer). In RB 8–18 sind »irreguläre« Lesarten besonders häufig. Hier wirkt wohl eine uns noch unbekannte Quelle nach, die Benedikt benützte. Das Neutrum war damals schon in seiner Existenz bedroht, um in den romanischen Sprachen unterzugehen. Die Präpositionen im Zeitwort und Substantiv assimilieren meistens nicht mehr (*ad*ficimur, *in*lecebris). Da dem *Romanen* Sprachgefühl,

d. h. Sinn für »schöne Sprache«, und eine gewisse rhetorische Begabung angeboren sind, braucht man angesichts schöner Formulierungen in der RB nicht sofort auf höhere Studien zu schließen.

Offenbar begannen die Jünger Benedikts schon sehr früh aus
Liebe und Verehrung für ihren Meister, die Sprache der Regula der
klassischen Sprache anzugleichen und den Text durch Interpolationen klarer zu machen. Es scheint paradox, daß es die Verehrung
für die RB war, die deren Sprache zu »verbessern« suchte, in Wirklichkeit aber entstellte. So ist zugleich die Tendenz zum reinen Text
verständlich.

DER TEXT DIESER REGELAUSGABE

R. Hanslik, der als erster versuchte, die fast unübersehbare Masse
der RB-Handschriften zu sichten und nach ihrer Herkunft, Abhängigkeit und Zusammengehörigkeit zu ordnen, kollationierte
rund 300 Handschriften, von denen er »nur« 63 im Variantenapparat
vermerkte. Mit seiner breiten Handschriften-Basis schien Hanslik
allen Erfordernissen entsprochen zu haben, die man nach der herkömmlichen Meinung an eine *textkritische* Ausgabe stellt. Dieser
Auffassung gegenüber betonen die schon öfters erwähnten belgischen Gelehrten F. Masai und E. Manning die Notwendigkeit von
diplomatischen Ausgaben der erreichbaren alten RB-Handschriften,
wie sie G. Morin OSB vom Codex Sangallensis 914 (Montecassino
1900) und H. Vanderhoven und F. Masai von den RM-Handschriften 12205 und 12634 von Paris (Brüssel 1953) besorgten. Die Belgier weisen darauf hin, daß nur in der diplomatischen Ausgabe alle
Lesarten, auch die der relativ späteren Handschriften, berücksichtigt und einzelne vielleicht als wertvoll für den Regeltext erkannt
werden. So wird sichtbar, welch *bedingten* Wert das traditionelle
Schema der RB-Handschriften (textus purus, interpolatus, receptus) haben kann. Es besteht die Gefahr, daß a priori ein pau-

schales Urteil über »gute« und »schlechte« Handschriften gefällt wird.

Ein *Nahziel* der RB-Forschung ist also die diplomatische Ausgabe alter RB-Handschriften. Als *Fernziel* bleibt die endgültige textkritische Ausgabe.

Angesichts dieser Situation erscheint es nicht nur ein verwegenes, sondern ein sinnloses Unternehmen zu sein, *jetzt* eine Textausgabe der RB vorzulegen. Dazu kommt noch die oben dargelegte Problematik der beiden *grundlegenden* RB-Handschriften, nämlich des Codex Sangallensis 914, dessen exklusive Stellung, die ihm L. Traube verschaffte, von den Belgiern bezweifelt wird, und des Codex Oxoniensis (Hatton 48), dessen Stellung, die ihm die Belgier zuweisen, noch nicht allgemein anerkannt ist.

Neben der *diplomatischen* und *textkritischen* Ausgabe gibt es die legitime Möglichkeit der *praktischen* Ausgabe, die sich zum Unterschied von den erstgenannten Ausgaben nicht an Fachphilologen, sondern an einen Personenkreis wendet, der kein unmittelbares philologisches, sondern zunächst *sachliches* Interesse an der RB hat. Selbstverständlich verlangt auch dieser Personenkreis einen »kritischen« Text, doch nicht im Sinn einer »textkritischen Ausgabe«, sondern im Sinn eines unbedingt *zuverlässigen* Textes, der zum *authentischen Sinn* der RB führt und ihn wiedergibt. Ob im Regeltext gula, gyla, guila (RB 1,11), ein m finale zu Recht oder Unrecht steht, ist dem Fachphilologen nicht gleichgültig, für den Nichtphilologen nicht wesentlich. Das gleiche dürfte z. B. von RB 58,9 gelten: de stabilitatis suae perseverantia (Cod. Oxon.), de stabilitate sua perseverantia (Cod. Sangall.). Der *Sinn* wird nicht berührt.

Wir haben einen *ersten* Personenkreis vor Augen, dem wir diese Regelausgabe vor allem deshalb anbieten, weil für ihn die RB *Lebensnorm* ist. Daß die RB auch *heute* noch, trotz der Zeitbedingtheit einzelner Kapitel, als *Ganzes* gültig und richtungweisend ist, zeigen z. B. die unvergleichlichen Abtskapitel 2 und 64, die Kapitel 3 und 68 vom urteilsfähigen Mönch und das Kapitel 72, das die klösterliche Gemeinschaft beschreibt. Ein *zweiter* Personenkreis, an den

wir uns wenden, umfaßt jene, die vielleicht kein unmittelbar reli-
giös-monastisches, sondern eher ein wissenschaftliches Interesse an
diesem »wichtigen Dokument der christlichen Theologie-, Geistes-
und Frömmigkeitsgeschichte« haben. Der protestantische Theologe
B. Jaspert schließt seinen Aufsatz »Die Regula Benedicti-Forschung
und die protestantische Theologie« (Erbe und Auftrag 51 [1975]
20–34) mit den Worten: »Daß doch bald auch die protestantische
Theologie hinblicke, hingreife und sich an der Regula Benedicti
erbaue!«

Daß unsere Regelausgabe einen *zuverlässigen* Text bietet, ergibt
sich aus dem Umstand, daß wir uns grundsätzlich an den Text des
Codex Sangallensis 914 anschließen. Auch die Gegner der Traube-
schen Textgeschichte geben zu, daß der genannte Codex trotz aller
Problematik »einen hervorragenden Platz unter den zeitgenössischen Hss« (F. Masai) einnimmt und »einen hohen Wert für die
Textrekonstruktion« (B. Jaspert) der RB beanspruchen darf. Doch
übernehmen wir nicht sklavisch alle seine Lesarten. Wir folgen der
Lesart der zweiten grundlegenden RB-Handschrift, nämlich des
Codex Oxoniensis, wenn seine Lesart – gegen den Cod. Sangallensis – mit der RM (P) übereinstimmt. Die Lesart des Sangallensis
setzen wir dann in den Variantenapparat. Dort vermerken wir auch
die Varianten und Interpolationen des Oxoniensis. Es ist möglich,
daß die eine oder andere »Interpolation« des Oxoniensis in den Text
zu setzen ist (vgl. RB 7,43). Die Problematik des *kurzen* (Cod.
Oxon.) und *langen* Prologs (Cod. Sangall.) haben wir oben dargelegt. Vielfachem Wunsch entsprechend, haben wir wichtigere
patristisch-monastische Quellen- und Parallelenhinweise vermerkt.

QUELLEN- UND LITERATURHINWEISE

1. *La Règle du Maître.* Édition diplomatique des mss latins 12205 et 12634 de Paris, par H. Vanderhoven et F. Masai avec la collaboration de P. B. Corbett, Bruxelles-Paris 1953.
A. de Vogüé, Tome I. Introduction et chap. 1–10 (Text und Übersetzung). – Tome II. Chap. 11–95 (1964). – Tome III. Concordance et Index orthographique. J. M. Clément, J. Neufville, D. Demeslay (1965), in: Sources chrét. 105–107. – PL 88, 943– 1052.

La Règle de S. Benoît : A. de Vogüé, La communauté et l'abbé dans la Règle de S. B., Paris 1960. – In: Sources chrét. 181–186: Tome I. Introduction et chap. 1–7. A. de Vogüé et J. Neufville (1972). – Tome II. Chap. 8–73 (mit Übers.). Tables et concordance. A. de Vogüé et J. Neufville (1972). – Tome III. Étude de la tradition manuscrite. J. Neufville (1972). – Tome IV. Commentaire (Parties I–III). A. de Vogüé. – Tome V. Commentaire (Parties IV–VI). A. de Vogüé (1971). – Tome VI. Commentaire (Parties VII–IX). Index. A. de Vogüé (1971).

B. Steidle, Die Regel St. Benedikts. Eingeleitet, übersetzt und aus dem alten Mönchtum erklärt, Beuron 1952. – Die Regel des hl. Benedikt, Beuron [10]1965.

Andere Mönchsregeln : A. Mundó gibt im Lexikon für Theologie und Kirche (Band 7, 1962, S. 540ff) einen guten Überblick über die alten Mönchsregeln. Benedikt von Aniane († 821) sammelte die lateinischen Regeln in seinem Codex Regularum (cod. Monac. 28118), hg. von L. Holstenius, Rom 1661. Neuausgabe 1663. Neugestaltung durch M. Brockie, Augsburg 1759. Abgedruckt: PL 103, 393–664. Anastatischer Neudruck I Graz 1957/58.

Sonderausgaben : A. Boon, Pachomiana latina, Louvain 1932 (Regel des Pachomius und Liber des Horsiese); H. Bacht, Das Vermächtnis des Ursprungs, Würzburg 1972 (Liber des Horsiese, Text, Übersetzung und Kommentar).

Regeln des Basilius: Regel, von Rufin übersetzt (203 Kapitel), PL 103. – Längere Regeln (55 Kapitel), kürzere Regeln (313 Kapitel), in: PG 31. – Übersetzung von V. Grüne, in: Bibliothek der Kirchenväter, Kempten 1877, S. 43–161, 181–364. – Pseudo-Basilius, Admonitio ad fil. spirit., herausgegeben von P. Lehmann, in: Sitzungs-Berichte der Bayerischen Akademie der Wissenschaften, philologisch-historische Klasse (1965) VII. – Augustin, Ordo monast. und Regel, herausgegeben von D. de Bruyne, in: Rev. Bénéd. 42 (1930) S. 318–326; A. Zumkeller, Das Mönchtum des hl. Augustinus, Würzburg [2]1968 (Übersetzung des Ordo mon. und der Regel S. 333–341).

Joh. Cassian, Instituta (1–12) und Conlationes 24, in: CSEL 17 13. – Übersetzung von A. Abt-K. Kohlhund, in: Bibliothek der Kirchenväter 1–2, Kempten 1879. Caesarius Arel., Regeln, herausgegeben von G. Morin, in: Caes. Opera omnia, Band 2 (1942).

2. *Vitae* usw.: Gregor d. Gr. († 604), Die 4 Bücher der Dialoge, übersetzt von J. Funk, in: Bibliothek der Kirchenväter. Zweite Reihe. Band 3 (1933). – Textausgaben: PL 77; U. Moricca, Rom 1924; PL 66 (2. Buch). Historia monachorum in Aegypto, PL 21; S. Frank, Mönche im frühchristlichen Ägypten. Aus dem Griechischen übersetzt und erklärt, Düsseldorf 1967. – Vitae Patrum. Verba seniorum, PL 73. – Vie des

Pères du Jura, herausgegeben von F. Martine, in: Sources chrét. 142 (1968). – Visio Pauli, in: Neutestamentliche Apokryphen, 2. Band, herausgegeben von W. Schneemelcher (1964). – Passio Juliani, in: Lectionnaire de Luxeuil, herausgegeben von P. Salmon, Rom 1944, S. 34–57. – Oratio Manasse, im Anhang der Vulgata-Ausgabe (M. Hetzenauer, 1929, S. 1209).

3. *Literaturhinweise:* B. Jaspert, Regula Magistri – Regula Benedicti. Bibliographie ihrer historisch-kritischen Erforschung 1938–1970, in: Studia monastica 13 (1971) S. 129–171. – Die Regula Benedicti-Regula Magistri-Kontroverse, in: Regulae Bened. Studia. Suppl. 2 (1975). Die Bibliographie wird weitergeführt im Anhang zu den Reg. Bened. Studia; vgl. Erbe und Auftrag 51 (1975) S. 20–34. Wir verweisen auch auf die Beiträge in den Reg. Bened. Studia. Annuarium Internationale. Band 1–4 (1972–1974).

E. Manning, Recherches sur les mss et les états de la Regula monasteriorum, in: Scriptorium (Brüssel) 20 (1966) S. 193–214 (I); F. Masai-E. Manning, Scriptorium 21,1 (1967) S. 205–226 (II); Scriptorium 22,1 (1968) S. 3–19 (III); Scriptorium 23 (1969) S. 393–423: Les états du chap. Ier du Maître et la fin du Prologue de la Règle bénédictine; E. Manning, Die Regula Benedicti-Forschung seit 1937, in: Festschrift J. Vogt, Tübingen, herausgegeben von H. Temporini, Aufstieg und Niedergang der römischen Welt. Geschichte und Kultur Roms im Spiegel der neueren Forschung, Berlin 1972–1974. Band 5 ist noch nicht erschienen.

P. Buddenborg, Der Bauplan der Benedictus-Regel, in: Vir Dei Benedictus. Festschrift, 1947, S. 172–188; K. Hallinger, Papst Gregor d. Gr. und der hl. Benedikt, in: Stud. Anselm. 42 (1957) S. 231–319 (herausgegeben von B. Steidle); W. Völker, Das Vollkommenheitsideal des Origenes, Tübingen 1931; F. Ruppert, Das pachomianische Mönchtum . . ., Münsterschwarzach 1971 (mit Bibliographie); D. Amand, L'ascèse monast. de S. Basile, Maredsous 1949; A. Zumkeller, Das Mönchtum des hl. Augustinus, Würzburg ²1968; R. Lorenz, Die Anfänge des abendländischen Mönchtums im 4. Jahrhundert, in: Zeitschrift für Kirchengeschichte I/II (1966) S. 1–61; A. Mundó, Les anciens synodes abbatiaux et les Regulae SS. Patrum, in: Stud. Anselm. 44 (1959) S. 107–127 (herausgegeben von B. Steidle); J. Semler, Die Beschlüsse des Aachener Konzils im Jahre 816, in: Zeitschrift für Kirchengeschichte I/II (1963) S. 15–82; A. Bauch, Biographie der Gründerzeit, Eichstätt 1962 (S. 13–132 Vita Willibaldi).

IN NOMINE DOMINI NOSTRI IESU
XPI INCIPIT PROLOGVS REGVLE
PATRIS EXIMII BENEDICTI

bsculta o fili praecepta magistri
et inclina aurem cordis tui &
admonitionem pii patris libenter excipe
& efficaciter comple ut ad eum per
oboedientiae laborem redeas a quo per
inoboedientiae desidiam recesseras;
Ad te ergo nunc mihi sermo dirigitur
quisquis abrenuntians propriis volunta
tibus domino xpo uero regi militaturus
oboedientiae fortissima atque prae cla
ra arma sumis; In primis ut quid quid
agendum inchoas bonum ab eo perficii

Codex 914 der Stiftsbibliothek von St. Gallen (Sangallensis), geschrieben
(nach L. Traube) um 817. (Vgl. Vorwort S. 5; Einleitung S. 35–50)

REGELTEXT UND
DEUTSCHE ÜBERSETZUNG

[Incipit Prologus]

¹*Obsculta*, o *fili*, praecepta magistri, *et inclina aurem* cordis tui, et *admonitionem* pii *patris libenter* excipe et efficaciter conple, ²ut ad eum per oboedientiae laborem redeas, a quo per inoboedientiae desidiam recesseras. ³Ad te ergo nunc mihi sermo dirigitur, quisquis abrenuntians propriis voluntatibus, Domino Christo vero Regi militaturus, oboedientiae fortissima atque praeclara arma sumis.

⁴In primis, ut quidquid agendum inchoas bonum, ab eo perfici instantissima oratione deposcas, **⁵ut qui nos iam in filiorum dignatus est numero conputare, non debet aliquando de malis actibus nostris contristari. ⁶Ita enim ei omni** tempore **de bonis suis in nobis parendum est ut non solum iratus pater suos** non **aliquando filios exheredet, ⁷sed nec ut metuendus dominus inritatus a malis nostris, ut nequissimos servos perpetuam tradat** ad **poenam qui eum sequi noluerint ad gloriam.**

⁸Exurgamus ergo tandem aliquando excitante nos Scriptura ac dicente: *Hora est iam nos de somno surgere,* ⁹et apertis oculis nostris ad deificum lumen adtonitis auribus audiamus divina cotidie clamans quid nos admonet vox dicens: ¹⁰*Hodie si vocem eius audieritis, nolite obdurare corda vestra.* ¹¹Et iterum: *Qui habet aures audiendi audiat, quid Spiritus dicat ecclesiis.* ¹²Et quid dicit? *Venite, filii, audite me; timorem Domini docebo vos.* ¹³*Currite dum lumen* vitae *habetis, ne tenebrae* mortis *vos conprehendant.*

Prol 1 ausculta *O*   **3** dirigetur *O*   oboedientiae *om. O*   adsumis *O*
5 debeat *O*   irritatus *A*   **11** iterum: dicit *add. O*   **13** habeatis *A*

Prol 1 obsculta, cf. Prov 4,20; 1,8; 6,20; Ps 44,11; Horsies., Liber 1 (A. Boon);

[Beginnt das Vorwort]

¹Höre, mein Sohn, auf die Lehren des Meisters und neige das Ohr deines Herzens; nimm die Mahnung des gütigen Vaters willig an und erfülle sie durch die Tat. ²So wirst du durch die Mühe des Gehorsams zu dem zurückkehren, von dem du dich in der Trägheit des Ungehorsams entfernt hast. ³So richtet sich denn jetzt mein Wort an dich: an jeden, der dem Eigenwillen entsagen und die starken und herrlichen Waffen des Gehorsams ergreifen will, um dem wahren König, Christus, dem Herrn, zu dienen.

⁴Sooft du etwas Gutes zu tun beginnst, bitte zuerst inständig darum, daß er es vollende. ⁵Dann braucht er, der uns jetzt gnädig unter seine Söhne aufgenommen hat, nie über unser böses Tun betrübt zu sein. ⁶Denn immer müssen wir ihm mit den Gaben, die er uns geschenkt hat, so gehorchen, daß er nie als erzürnter Vater uns, seine Söhne, enterbt ⁷oder als strenger Herr, zornig über unsere Sünden, uns wie nichtsnutzige Knechte der ewigen Strafe überantwortet, weil wir ihm zur Herrlichkeit nicht folgen wollten.

⁸Stehen wir also endlich einmal auf; die Schrift weckt uns und sagt: *Die Stunde ist gekommen, vom Schlaf aufzustehen.* ⁹Öffnen wir unsere Augen dem göttlichen Licht und hören wir mit erschrecktem Ohr, was die Stimme Gottes, jeden Tag uns mahnend, zuruft: ¹⁰*Wenn ihr heute seine Stimme hört, verhärtet euer Herz nicht!* ¹¹Ferner: *Wer Ohren hat zu hören, der höre, was der Geist den Gemeinden sagt!* ¹²Und was sagt er? *Kommt, meine Söhne, hört mir zu! Ich will euch in der Furcht des Herrn unterweisen.* ¹³*Lauft, solange ihr noch das Licht des Lebens habt, damit euch nicht die Finsternis des Todes überfällt!*

Hieron., Ep. 22,1   **1-4** Ps.-Basil., Admon., Prooem., 1 et 11 (P. Lehmann)   **2** ob. laborem, cf. Cass., Conl. 20,1.2; Vitae Patr. 5,14.15; Faust. Rei., Gratia, Prol. et passim **3** abrenuntians, cf. Vitae Patr. 5,1.9; Rufin., Hist. mon. 31   **5-45** RM Ths. 2–46 (A. de Vogüé)   **8** Rom 13,11   **10** Ps 94,8   **11** Apc 2,7   **12** Ps 33,12   **13** Ioh 12,35

¹⁴Et quaerens Dominus in multitudine populi cui haec clamat operarium suum, iterum dicit: ¹⁵*Quis est homo qui vult vitam et cupit videre dies bonos?* ¹⁶Quod si tu audiens respondeas: Ego, dicit tibi Deus: ¹⁷Si vis habere veram et perpetuam vitam, *prohibe linguam tuam a malo et labia tua ne loquantur dolum; deverte a malo et fac bonum, inquire pacem et sequere eam.* ¹⁸Et cum haec feceritis, *oculi* mei *super* vos *et aures* meas ad *preces* vestras, *et antequam me invocetis, dicam* vobis: *Ecce adsum.* ¹⁹Quid dulcius nobis ab hac voce Domini invitantis nos, fratres carissimi? ²⁰Ecce pietate sua demonstrat nobis Dominus viam vitae.

²¹*Succinctis* ergo *fide* vel observantia bonorum actuum *lumbis* nostris, per ducatum *Evangelii* pergamus itinera eius, ut mereamur eum *qui* nos *vocavit in regnum suum* videre. ²²In cuius regni tabernaculo si volumus habitare, nisi illuc bonis actibus curritur, minime pervenitur. ²³Sed interrogemus cum Propheta Dominum dicentes ei: *Domine, quis habitabit in tabernaculo tuo, aut quis requiescit in monte sancto tuo?* ²⁴Post hanc interrogationem, fratres, audiamus Dominum respondentem et ostendentem nobis viam ipsius tabernaculi, ²⁵dicens: *Qui ingreditur sine macula et operatur iustitiam;* ²⁶*qui loquitur veritatem in corde suo, qui non egit dolum in lingua sua;* ²⁷*qui non fecit proximo suo malum, qui obprobrium non accepit adversus proximum suum;* ²⁸qui *malignum* diabulum aliqua suadentem sibi cum ipsa suasione sua a *conspectibus* cordis sui respuens *deduxit ad nihilum,* et *parvulos* cogitatos eius *tenuit et adlisit ad* Christum; ²⁹qui *timentes Dominum* de bona observantia sua non se reddunt elatos, sed ipsa in se bona non a se posse, sed a Domino fieri existimantes, ³⁰operantem in se Dominum *magnificant,* illud cum Propheta dicentes: *Non nobis, Domine, non nobis, sed nomini tuo da gloriam;* ³¹sicut nec Paulus Apo-

---

14 multitudinem *A*   exclamat *O*   **17** tuam *om. O*   **18** meae *A*   **21** fidei vel observantiae *O*   per ducatum evangelii: et calciatis in praeparatione evangelii pacis pedibus *O*   itenera *O*   in regno suo *O*   **22** tabernaculis *O*   curratur *O*

¹⁴Das ruft der Herr der Volksmenge zu, in der er seinen Arbeiter sucht; er ruft nochmals: ¹⁵*Wer ist der Mensch, der das Leben liebt und gute Tage zu sehen wünscht?* ¹⁶Wenn du das hörst und antwortest: »Ich«, dann sagt Gott zu dir: ¹⁷Willst du das wahre und ewige Leben haben, *so bewahre deine Zunge vor dem Bösen und deine Lippen vor falscher Rede! Meide das Böse und tu das Gute, suche den Frieden und jage ihm nach!* ¹⁸Wenn ihr das tut, dann richte ich meine Augen auf euch und höre eure Gebete, und noch ehe ihr mich anruft, sage ich zu euch: *Hier bin ich.* ¹⁹Was könnte uns, liebe Brüder, willkommener sein als diese Stimme des Herrn, der uns einlädt? ²⁰Seht doch, in seiner Güte zeigt uns der Herr den Weg zum Leben.

²¹Wir wollen uns also *mit dem Glauben umgürten*, in Treue das Gute tun und unter der Führung *des Evangeliums* die Wege gehen, die der Herr uns zeigt, damit wir ihn schauen dürfen, *der uns in sein Reich gerufen hat.* ²²Wenn wir im Zelt seines Reiches wohnen wollen, müssen wir mit guten Taten vorwärts eilen; sonst werden wir nie dorthin gelangen. ²³Aber fragen wir doch den Herrn mit den Worten des Propheten: *Herr, wer darf Gast sein in deinem Zelt, wer darf weilen auf deinem heiligen Berg?* ²⁴Brüder, hören wir auf diese Frage die Antwort des Herrn; der zeigt uns den Weg zu seinem Zelt ²⁵und sagt: *Wer makellos lebt und das Rechte tut,* ²⁶*wer von Herzen die Wahrheit sagt und mit seiner Zunge nicht verleumdet;* ²⁷*wer seinem Freund nichts Böses antut und seinen Nächsten nicht schmäht;* ²⁸wer den *bösen* Teufel, der ihm etwas einflüstert, samt seiner Einflüsterung aus seinem Herzen vertreibt, ihn *zunichte macht,* seine Gedankenbrut *packt und* an Christus *zerschmettert;* ²⁹wer *den Herrn fürchtet* und sich wegen seines treuen Dienstes nicht überhebt, sondern überzeugt ist, daß das Gute, das er hat, nicht sein eigenes Werk ist, sondern das Werk des Herrn. ³⁰Solche Menschen *preisen* den Herrn, der in ihnen wirkt, und sagen mit dem Propheten: *Nicht uns, Herr, nicht uns, sondern deinem Namen gib die Ehre!* ³¹So hat auch der Apostel Paulus von seiner

23 interrogamus *O*   **24** fratres: carissimi *add. O*   **26** et non egit *O*   **28** et qui malignum *O*   cogitatus *O*   **30** operante . . . domino *O*

15 Ps 33,13   **17** Ps 33,14–15   **18** Ps 33,16   adsum, Is 58,9; 65,24   **20** viam, cf.
Ps 15,10   **21** Eph 6,14–15; Lc 12,35   vocavit, cf. 1 Thess 2,12   **23** Ps 14,1
25-27 Ps 14,2–3   **28** Ps 14,4   parvulos, cf. Ps 136,9; 1 Cor 10,4; RB 4,50 (B. Steidle,
Bened. Mon. 50 [1974] 27–34)   **29-30** Ps 14,4   **30** Ps 113,9

stolus de praedicatione sua sibi aliquid inputavit dicens: *Gratia Dei sum id quod sum;* [32] et iterum ipse dicit: *Qui gloriatur, in Domino glorietur.* [33] Unde et Dominus in Evangelio ait: *Qui audit verba mea haec et facit ea, similabo eum viro sapienti qui aedificavit domum suam super petram;* [34] *venerunt flumina, flaverunt venti, et inpegerunt in domum illam, et non cecidit, quia fundata erat super petram.*

[35] Haec conplens Dominus expectat nos cotidie his suis sanctis monitis factis nos respondere debere. [36] Ideo nobis propter emendationem malorum huius vitae dies ad indutias relaxantur, [37] dicente Apostolo: *An nescis quia patientia Dei ad paenitentiam te adducit?* [38] Nam pius Dominus dicit: *Nolo mortem peccatoris, sed convertatur et vivat.*

[39] Cum ergo interrogassemus Dominum, fratres, de habitatore tabernaculi eius, audivimus habitandi praeceptum; sed si conpleamus habitatoris officium, erimus heredes regni caelorum.

conpleamus habitatoris officium. [40] Ergo praeparanda sunt corda nostra et corpora sanctae praeceptorum oboedientiae militanda, [41] et quod minus habet in nos natura possibile, rogemus Dominum, ut gratiae suae iubeat nobis adiutorium ministrare. [42] Et si, fugientes gehennae poenas, ad vitam volumus pervenire perpetuam, [43] dum adhuc vacat et in hoc corpore sumus et haec omnia per hanc lucis vitam vacat implere, [44] currendum et agendum est modo quod in perpetuo nobis expediat.

[45] Constituenda est ergo nobis dominici scola servitii. [46] In qua institutione nihil asperum, nihil grave nos constituturos speramus; [47] sed et si quid paululum restrictius, dictante aequitatis ratione, propter emendationem vitiorum vel conservationem caritatis

---

38 sed: ut *add.* O   39 habitandi: habitantis O   40-50 *desunt in* O

Predigt nichts sich selber zugeschrieben; er sagt ja: *Durch die Gnade Gottes bin ich, was ich bin.* [32] Und er sagt auch: *Wer sich rühmt, rühme sich des Herrn!* [33] Von solchen Menschen sagt der Herr im Evangelium: *Wer diese meine Worte hört und danach handelt, ist wie ein kluger Mann, der sein Haus auf einen Felsen baute.* [34] *Ein Wolkenbruch kam, Stürme tobten und rüttelten an dem Haus; aber es stürzte nicht ein; denn es war auf einen Felsen gebaut.* [35] So schließt der Herr [die Bergpredigt]. Nun erwartet er von uns, daß wir diesen seinen heiligen Mahnungen Tag für Tag durch unsere Taten entsprechen. [36] Deshalb sind uns die Tage dieses Lebens als Gnadenfrist geschenkt, damit wir vom Bösen ablassen und uns bessern. [37] Sagt doch der Apostel: *Weißt du nicht, daß Gottes Langmut dich zur Umkehr führen will?* [38] In seiner Güte sagt ja der Herr: *Ich habe kein Gefallen am Tod des Schuldigen, sondern daran, daß er umkehrt und am Leben bleibt.*

[39] Brüder, wir haben den Herrn gefragt, wer in seinem Zelt wohnen darf, und wir haben die Einlaßbedingungen gehört.

Aber nur, wenn wir die Pflichten eines Bewohners erfüllen, werden wir Erben des Himmelreiches sein.

Nun müssen wir auch die Pflichten eines Bewohners erfüllen! [40] Wir wollen also unser Herz und unseren Leib für den Dienst bereiten, für den heiligen Gehorsam gegen die Gebote! [41] Weil wir das aber mit unserer natürlichen Kraft nicht zustande bringen, wollen wir vom Herrn die Hilfe seiner Gnade erbitten. [42] Wenn wir den Höllenstrafen entrinnen und zum ewigen Leben gelangen wollen, [43] müssen wir jetzt, solange noch Zeit ist und wir in diesem Leib wohnen, jetzt, da wir noch das Licht dieses Lebens schauen und Zeit haben, das alles zu erfüllen, [44] müssen wir jetzt vorwärts eilen und tun, was uns für die Ewigkeit nützt.

[45] Wir wollen also eine Schule für den Dienst des Herrn gründen. [46] Bei dieser Gründung ist es unsere Absicht, nichts Hartes, nichts Schweres anzuordnen. [47] Sollten jedoch Vernunft und Billigkeit zur Besserung von Fehlern und zur Bewahrung der Liebe da und dort etwas

31 1 Cor 15,10   32 2 Cor 10,17   33-34 Mt 7,24-25   35 conplens, cf. Mt 7,28
37 Rom 2,4   38 Ez 33,11   43-44 cf. Ioh 12,35   45 scola, cf. Cass., Conl. 3,1.2;
18,16.15; 19,2.4; RM Ths. 45; 1,83; 87,9; 90,12.29.46.55; 92,26.29 (B. Steidle, Dom.
scola s.: Bened. Mon. 28 [1952] 397-406)

processerit, [48]non ilico pavore perterritus refugias viam salutis, quae non est nisi angusto initio incipienda. [49]Processu vero conversationis et fidei, *dilatato corde* inenarrabili dilectionis dulcedine *curritur via mandatorum* Dei, [50]**ut ab ipsius numquam magisterio discedentes, *in* eius *doctrinam usque ad mortem* in monasterio *perseverantes passionibus Christi* per patientiam *participemur, ut et* regno *eius* mereamur *esse* consortes. Amen.**

[Explicit Prologus]

[Incipit textus Regulae]
[Regula appellatur ab hoc quod oboedientum dirigat mores]

CAPUT   *De generibus monachorum*

I

[1]*Monachorum* quattuor *esse genera*, manifestum est. [2]*Primum coenobitarum*, hoc est monasteriale, militans sub Regula vel abbate.

[3]Deinde *secundum* genus est *anachoritarum*, id est heremitarum, horum qui non conversationis fervore novicio, sed monasterii probatione diuturna, [4]qui didicerunt contra diabulum multorum solacio iam docti pugnare, [5]et bene extructi fraterna ex acie ad singularem pugnam heremi, securi iam sine consolatione alterius, sola manu vel brachio contra vitia carnis vel cogitationum, Deo auxiliante, pugnare sufficiunt.

[6]*Tertium* vero *monachorum* te*terrimum genus est sarabaitarum,* qui nulla Regula adprobati, experientia magistra,

I T inc. t. reg. *om. O*   regula . . . mores *om. O*   4 qui *om. O*

49 c. et fidei, cf. Pachom., Reg., praec. et leges 14 (A. Boon); Cass., Conl. 3,15.2 curritur, cf. Ps 118,32   50 doctrinam, cf. Act 2,42; Caes., Reg. mon. 1   passionibus, cf. 1 Petr 4,13; Rom 8,17

strengere Anforderungen stellen, [48]so verlaß nicht gleich voll Angst und Schrecken den Weg des Heils, der am Anfang nun einmal eng sein muß. [49]Sobald man aber im klösterlichen Leben und im Glauben Fortschritte macht, *weitet sich das Herz*, und *man geht den Weg der Gebote* Gottes in unsagbarer Freude der Liebe. [50]Wir wollen uns also nie der Leitung dieses Meisters entziehen, sondern im Kloster *bis zum Tod an* seiner *Lehre festhalten* und in Geduld *am Leiden Christi teilnehmen, damit wir auch* verdienen, *Anteil zu haben an der Herrlichkeit seines Reiches*. Amen.

[Schließt das Vorwort]

[Beginnt der Wortlaut der Regel]
[»Regel« heißt sie, weil sie das Leben derer, die ihr gehorchen, regelt.]

Die Arten der Mönche

KAPITEL

1

[1]Bekanntlich gibt es vier Arten von Mönchen. [2]Die erste Art ist die der Cönobiten. Diese leben im Kloster und dienen unter Regel und Abt.

[3]Dann gibt es eine zweite Art, die der Anachoreten oder Eremiten: Diese nehmen das Mönchsleben nicht im ersten Eifer des Anfängers auf sich, sondern haben eine lange Zeit der Prüfung und Bewährung im Kloster verbracht. [4]Durch die Hilfe vieler Brüder geschult, haben sie gelernt, gegen den Teufel zu kämpfen. [5]Wohlgerüstet treten sie aus der Reihe der Brüder heraus und nehmen den Einzelkampf in der Wüste auf. Mit der Hilfe Gottes sind sie nun imstande, furchtlos, ohne den Beistand anderer, allein und aus eigener Kraft gegen die Verderbnis des Fleisches und der Gedanken zu kämpfen.

[6]Eine dritte, ganz abscheuliche Art von Mönchen ist die der Sarabaiten. Diesen fehlt die Schule der Erfahrung; sie haben sich nicht in der Zucht einer Regel bewährt *wie das Gold im Feuerofen*, sondern sind weich

I 1-10 RM 1,1–9.13–14.75   **1-8** quattuor, cf. Cass., Conl. 18,4–8; Hieron.; Ep. 22,34; Consult. Zacch. 3,3 (G. Morin)   **3-5** Cass., Inst. 5,36   **5** acie, cf. Leo, Serm. 18,2; 88,3–4; 89,2   **6** experientia, cf. Cass., Conl. 19,7

sicut aurum fornacis, sed in plumbi natura molliti, [7]adhuc operibus servantes saeculo fidem, mentiri Deo per tonsuram noscuntur. [8]Qui bini aut terni aut certe singuli sine pastore, non dominicis sed suis inclusi ovilibus, pro lege eis est desideriorum voluptas, [9]cum quidquid putaverint vel elegerint, hoc dicunt sanctum, et quod noluerint, hoc putant non licere.

[10]Quartum vero genus est monachorum quod nominatur girovagum, qui tota vita sua per diversas provincias ternis aut quaternis diebus per diversorum cellas hospitantur, [11]semper vagi et numquam stabiles, et propriis voluntatibus et guilae inlecebris servientes, et per omnia deteriores sarabaitis.

[12]De quorum omnium horum miserrima conversatione melius est silere quam loqui. [13]His ego omissis, ad coenobitarum fortissimum genus disponendum, adiuvante Domino, veniamus.

CAPUT

II

Qualis debeat esse abbas

[1]Abbas qui praeesse dignus est monasterio semper meminere debet quod dicitur et nomen maioris factis implere. [2]Christi enim agere vices in monasterio creditur, quando ipsius vocatur pronomine, [3]dicente Apostolo: *Accepistis spiritum adoptionis filiorum, in quo clamamus: Abba, Pater.* [4]Ideoque abbas nihil extra praeceptum Domini quod sit debet aut docere aut constituere vel iubere, [5]sed iussio eius vel doctrina fermentum divinae iustitiae in discipulorum mentibus conspargatur, [6]memor semper abbas quia doctrinae suae vel discipulorum oboedientiae, utrarumque rerum, in tremendo

---

6 naturam *O*   10 totam vitam suam *O*   11 gulae *O*
  II 3 apostulo *O*   4 debeat *O*   5 fermento *O*

6 aurum, cf. Sap 3,6   7 mentiri, cf. Ps 81,16; Act 5,3   10-11 vagi, cf. Cass., Inst. 10, 6; Vitae Patr. 5,14.10   11 guilae, cf. RM 1,21.30.59–60.63 etc.   12 silere, cf. Sallust.,

wie Blei. [7]Durch ihre Taten halten sie immer noch der Welt die Treue und belügen offenkundig Gott mit ihrer Tonsur. [8]Zu zweit oder zu dritt oder auch allein leben sie ohne Hirten; statt in den Hürden des Herrn, sind sie in sich selbst eingesperrt und betrachten ihr eigenes Begehren und Behagen als ihr Gesetz. [9]Sie nennen all das heilig, was sie selbst für gut und wichtig halten; was sie aber ablehnen, das gilt ihnen als verboten.
[10]Eine vierte Art von Mönchen ist die der sogenannten Gyrovagen. Diese treiben sich ihr Leben lang in den verschiedenen Gegenden herum und halten sich in den Zellen einzelner Mönche drei oder vier Tage auf; [11]immer unstet, nie beständig, sind sie Sklaven ihrer Launen und der Gaumenlust und sind in jeder Hinsicht noch verkommener als die Sarabaiten.
[12]Es ist besser, vom erbärmlichen Leben all dieser Mönche zu schweigen als davon zu reden. [13]Lassen wir sie also beiseite und gehen wir daran, der tüchtigsten Art, nämlich den Cönobiten, mit Gottes Hilfe eine feste Ordnung zu geben.

Die Eigenschaften des Abtes KAPITEL

2

[1]Ein Abt, der würdig ist, ein Kloster zu leiten, muß immer den Titel bedenken, mit dem er angeredet wird, und muß der Bezeichnung »Oberer« durch seine Taten gerecht werden. [2]Der Glaube sieht in ihm ja den Stellvertreter Christi im Kloster; redet man ihn doch mit seinem Namen an, [3]wie es beim Apostel heißt: *Ihr habt den Geist empfangen, der euch zu Söhnen macht, den Geist, in dem wir rufen: Abba, Vater!* [4]Deshalb darf der Abt nichts lehren, bestimmen oder befehlen, was dem Gebot des Herrn widerspricht. [5]Sein Befehl und seine Lehre sollen vielmehr wie ein Sauerteig der göttlichen Gerechtigkeit die Herzen der Jünger durchdringen. [6]Immer denke der Abt daran, daß beim furchtbaren Gericht Gottes beides Gegenstand der Untersuchung sein wird: seine Lehre und

Bellum Iug. 19; RM 1,13; Rufin., Hist. mon. 7 (PL 21,418C); Hieron., Ep. 22,9 **13** omissis, cf. Hieron., Ep. 22,35
II 1-18a. 20-25. 30. 37-40 RM 2,1-21.22-25.32-34.39-40 **2** vices, cf. RB 63,13; RM 1,84; 7,64; 11,6.9-10; 14,13 **3** Rom 8,15; Gal 4,6 **4** extra praeceptum, cf. Basil., Reg. 15 · **5** fermentum, cf. Mt 13,33

iudicio Dei facienda erit discussio. [7]Sciatque abbas culpae pastoris incumbere quidquid in ovibus paterfamilias utilitatis minus potuerit invenire. [8]Tantundem iterum erit ut, si inquieto vel inoboedienti gregi pastoris fuerit omnis diligentia adtributa et morbidis earum actibus universa fuerit cura exhibita, [9]pastor eorum in iudicio Domini absolutus dicat cum Propheta Domino: *Iustitiam tuam* **non abscondi in corde meo, veritatem tuam et salutare tuum dixi; ipsi autem** contemnentes *spreverunt me*, [10]et tunc demum inoboedientibus curae suae ovibus poena sit eis praevalens ipsa mors.

[11]Ergo, cum aliquis suscipit nomen abbatis, duplici debet doctrina suis praeesse discipulis, [12]id est omnia bona et sancta factis amplius quam verbis ostendat, ut capacibus discipulis mandata Domini verbis proponere, duris corde vero et simplicioribus factis suis divina praecepta monstrare. [13]Omnia vero quae discipulis docuerit esse contraria, in suis factis indicet non agenda, *ne aliis praedicans ipse reprobus inveniatur,* [14]ne quando illi *dicat Deus peccanti: quare tu enarras iustitias meas et* adsumis *testamentum meum per os tuum? tu vero odisti disciplinam* et proiecisti sermones meos post te, [15]et: qui *in fratris tui oculo festucam videbas, in tuo trabem non vidisti.*

[16]Non ab eo persona in monasterio discernatur. [17]Non unus plus ametur quam alius, nisi quem in bonis actibus aut oboedientia invenerit meliorem. [18]Non convertenti ex servitio praeponatur ingenuus, nisi alia rationabilis causa existat. [19]Quod si ita, iustitia dictante, abbati visum fuerit, et de cuiuslibet ordine id faciet; sin alias, propria teneant loca, [20]quia *sive servus sive liber, omnes in Christo unum sumus* et sub uno Domino aequalem servitutis militiam baiulamus, quia *non est apud Deum personarum acceptio.* [21]Solummodo in hac parte apud ipsum discernimur, si meliores ab aliis in operibus bonis et humiles in-

---

8 tantundem: tantum *O*   **15** oculum *O*   fistucam *O*   **20** Deum: dominum *O*
21 ipsum: illum *O*

9 Ps 39,11; Is 1,2; Ez 20,27   **12** duris, cf. Is 46,12; Horsies., Liber 9 et 13

der Gehorsam der Jünger. [7]Der Abt muß wissen: Für jeden Verlust, den der Hausherr bei seinen Schafen feststellt, trifft den Hirten die Verantwortung. [8]Ebenso gilt freilich, daß der Hirt, der einer unruhigen und ungehorsamen Herde alle Hirtensorge geschenkt und gegen ihr verdorbenes Handeln alle Heilkunst aufgewandt hat, [9]im Gericht des Herrn freigesprochen wird und mit dem Propheten zum Herrn sagen darf: *Deine Gerechtigkeit habe ich nicht in meinem Herzen verborgen; ich habe von deiner Treue und Hilfe gesprochen; sie aber haben mich verhöhnt und verachtet.* [10]Dann kommt schließlich über die Schafe, die sich in Ungehorsam seiner Hirtensorge widersetzt haben, als Strafe der allgewaltige Tod.

[11]Wer also den Namen »Abt« annimmt, muß seinen Jüngern in doppelter Weise als Lehrer vorstehen: [12]Er zeige mehr durch sein Beispiel als durch Worte, was gut und heilig ist; den gelehrigen Jüngern lege er die Gebote Gottes mit Worten dar, den Harten und Einfältigeren aber veranschauliche er den Willen Gottes durch sein Beispiel. [13]Wenn er in der Belehrung seine Jünger darauf hinweist, daß etwas [mit dem klösterlichen Leben] unvereinbar ist, dann soll er immer auch durch sein Beispiel zeigen, daß man es nicht tun darf. Sonst könnte es sein, daß *er anderen predigt, selbst aber verworfen wird.* [14]Gott könnte ihm, wenn er sündigt, einmal sagen: *Warum zählst du meine Gesetze auf und nimmst mein Bundeswort in deinen Mund? Dabei ist dir selbst die Zucht verhaßt, und du wirfst meine Worte hinter dich.* [15]Und: *Du siehst im Auge deines Bruders den Splitter, aber den Balken in deinem Auge beachtest du nicht.*

[16]Er soll im Kloster niemand bevorzugen. [17]Er soll den einen nicht mehr lieben als den anderen, außer er fände an ihm mehr Tugend und Gehorsam. [18]Der Freigeborene soll keinen Vorzug vor dem haben, der als Sklave eingetreten ist, außer es läge sonst ein vernünftiger Grund vor. [19]Wenn der Abt es aber aus Gründen der Gerechtigkeit für angebracht hält, kann er auch sonst jedem einen höheren Rang zuweisen. Im übrigen behalte jeder den Platz, der ihm zukommt; [20]denn *ob Sklave oder Freigeborener: In Christus sind wir alle eins* und tragen unter dem einen Herrn die gleiche Last des Soldaten- und Sklavendienstes; *bei Gott gibt es ja kein Ansehen der Person.* [21]Er bevorzugt uns nur dann, wenn unsere Taten besser sind als die der anderen und wenn wir demütig sind.

13 1 Cor 9,27   **14** Ps 49,16–17   **15** Mt 7,3   **16-17** cf. Horsies., Liber 9 et 16; Reg. 4 Patr. 5,11–12   **20** Eph 6,8; Rom 2,11; Gal 3,28

veniamur. ²²Ergo aequalis sit ab eo omnibus caritas, una prae-
beatur in omnibus secundum merita disciplina.

²³In doctrina sua namque abbas apostolicam debet illam
semper formam servare in qua dicit: *Argue, obsecra, increpa,*
²⁴id est, miscens temporibus tempora, terroribus blandimen-
ta, dirum magistri, pium patris ostendat affectum, ²⁵id est in-
disciplinatos et inquietos debet durius arguere, oboedientes
autem et mites et patientes, ut in melius proficiant obsecrare,
neglegentes et contemnentes ut increpat et corripiat admone-
mus.

²⁶Neque dissimulet peccata delinquentium; sed ut, mox ut coe-
perint oriri, radicitus ea ut praevalet amputet, memor periculi Heli
sacerdotis de Silo. ²⁷Et honestiores quidem atque intellegibiles
animos prima vel secunda admonitione verbis corripiat, ²⁸inprobos
autem et duros ac superbos vel inoboedientes verberum vel corporis castigatio in ipso initio peccati coerceat, sciens scriptum: *Stultus
verbis non corrigitur,* ²⁹et iterum: *Percute filium tuum virga et liberabis
animam eius a morte.*

³⁰Meminere debet semper abbas quod est, meminere quod
dicitur, et scire quia *cui plus committitur, plus ab eo exigitur.*

³¹Sciatque quam difficilem et arduam rem suscipit, regere animas
et multorum servire moribus, et alium quidem blandimentis, alium
vero increpationibus, alium suasionibus; ³²et secundum uniuscuiusque qualitatem vel intellegentiam, ita se omnibus conformet et aptet
ut non solum detrimenta gregis sibi commissi non patiatur, verum
in augmentatione boni gregis gaudeat. ³³Ante omnia, ne dissimu-
lans aut parvipendens salutem animarum sibi commissarum, ne
plus gerat sollicitudinem de rebus transitoriis et terrenis atque ca-
ducis, ³⁴sed semper cogitet quia animas suscepit regendas, de quibus et rationem redditurus est. ³⁵Et ne causetur de minori forte sub-

22 disciplinae *O*   25 increpet *O*   26 ut *om. O*   27 atque: et *O*   28 castigatione *O*
coherceat *A*   34 suscipit *O*

23 2 Tim 4,2   24 miscens, cf. Eccle 3,1sqq   dirum, cf. Hieron., Ep. 82,1

22 Der Abt soll also allen die gleiche Liebe erweisen und ihrer Tugend entsprechend alle gleich behandeln.

23 Als Lehrer halte sich der Abt immer an das Beispiel des Apostels: *Weise zurecht, ermutige, tadle!* 24 Das heißt: Je nach Zeit und Umständen verbinde er mit der Strenge die Milde; er zeige bald den Ernst des Meisters, bald die Güte des Vaters. 25 Die Ungezogenen und Unruhigen soll er sehr hart zurechtweisen, die Gehorsamen, Friedlichen und Willigen aber zu weiterem Fortschritt ermutigen. Wir ermahnen ihn, die Nachlässigen und Verächter der Zucht zu tadeln und zu bestrafen.

26 Er soll nicht über die Fehler der Schuldigen hinwegsehen, sondern sie, so gut er kann, gleich beim Entstehen mit der Wurzel ausrotten. Er denke an den Tod des Priesters Heli von Silo. 27 Rechtschaffene und verständige Gemüter kann er bei der ersten und zweiten Mahnung mit Worten zurechtweisen; 28 die Unaufrichtigen und Widerspenstigen, die Stolzen und Ungehorsamen aber bestrafe er gleich beim ersten Vergehen mit Schlägen und körperlicher Züchtigung. Kennt er doch das Schriftwort: *Der Tor wird durch Worte nicht gebessert.* 29 Und das andere: *Schlag deinen Sohn mit der Rute, und du rettest ihn vor dem Tod.*

30 Der Abt soll immer daran denken, was er ist; er soll daran denken, was sein Name besagt. Er soll wissen: *Wem mehr anvertraut ist, von dem wird auch mehr gefordert.*

31 Er soll wissen, wie schwer und mühevoll die Aufgabe ist, die er übernommen hat: Seelen zu leiten und der Eigenart vieler zu dienen; bei dem einen soll er es mit liebenswürdiger Güte, bei dem anderen mit Tadel, beim dritten mit eindringlichem Zureden versuchen. 32 Je nach Veranlagung und Fassungskraft eines jeden soll er sich an alle so anpassen und anschmiegen, daß er an der ihm anvertrauten Herde keinen Verlust zu beklagen hat, sondern im Gegenteil sich am Gedeihen der guten Herde freuen kann. 33 Vor allem darf er nicht über das Heil der ihm anvertrauten Seelen hinwegsehen oder es geringschätzen und seine Hauptsorge den vergänglichen, irdischen und hinfälligen Dingen zuwenden. 34 Vielmehr soll er stets daran denken, daß er die Leitung von Seelen übernommen hat, für die er einst Rechenschaft ablegen muß. 35 Das vielleicht geringe Klostervermögen soll ihn nicht beunruhigen;

---

26 dissimulet, cf. Sap 11,24   periculi Heli, cf. 1 Sam 2,11–17; 22–34; 3,11–14; 4,12–18; Pachom., Reg., praec. et inst. 18 (A. Boon); Caes., Serm. 5 (G. Morin) **28** Prov 23,14   **30** Lc 12,48   **34** animas, cf. August., Reg. 15,200–201

stantia, meminerit scriptum: *Primum quaerite regnum Dei et iustitiam eius, et haec omnia adicientur vobis,* 36 et iterum: *Nihil deest timentibus eum.*

37 Sciatque quia qui suscipit animas regendas paret se ad rationem reddendam. 38 Et quantum sub cura sua fratrum se habere scierit numerum, agnoscat pro certo quia in die iudicii ipsarum omnium animarum est redditurus Domino rationem, sine dubio addita et suae animae. 39 Et ita, timens semper futuram discussionem pastoris de creditis ovibus, cum de alienis ratiociniis cavet, redditur de suis sollicitus, 40 et cum de monitionibus suis emendationem aliis subministrat, ipse efficitur a vitiis emendatus.

CAPUT
III
De adhibendis ad consilium fratribus

1 Quotiens aliqua praecipua agenda sunt in monasterio, convocet abbas omnem congregationem et dicat ipse unde agitur. 2 Et audiens consilium fratrum tractet apud se et quod utilius iudicaverit faciat. 3 Ideo autem omnes ad consilium vocari diximus, quia saepe iuniori Dominus revelat quod melius est.

4 Sic autem dent fratres consilium cum omni humilitatis subiectione, et non praesumant procaciter defendere quod eis visum fuerit; 5 et magis in abbatis pendat arbitrio, ut quod salubrius esse iudicaverit, ei cuncti oboediant. 6 Sed sicut discipulos convenit oboedire magistro, ita et ipsum provide et iuste condecet cuncta disponere.

7 In omnibus igitur omnes magistram sequantur Regulam, neque ab ea temere declinetur a quoquam. 8 Nullus in monasterio proprii sequatur cordis voluntatem. 9 Neque praesumat quisquam cum

38 sciet *O*   **40** efficiatur *O*
III 5 et: set *O*   **6** discipulis *O*

er denke an das Schriftwort: *Euch soll es zuerst um das Reich Gottes und seine Gerechtigkeit gehen ; dann wird euch alles andere dazugegeben.* ³⁶Und das andere Wort: *Wer den Herrn fürchtet, leidet keine Not.*

³⁷Er soll wissen: Wer die Leitung von Seelen übernimmt, muß sich zur Rechenschaft bereithalten. ³⁸Er sei fest davon überzeugt: Am Tag des Gerichts muß er dem Herrn Rechenschaft ablegen über die Seelen aller Brüder, die unter seiner Leitung stehen, dazu natürlich auch über seine eigene Seele. ³⁹Wenn er so immer in Furcht vor der Untersuchung lebt, die er als Hirt über die ihm anvertraute Herde zu gewärtigen hat, dann wird die Verantwortung, die er für andere trägt, ihn veranlassen, auf sich selbst achtzugeben. ⁴⁰Und indem er durch seine Mahnungen anderen zur Besserung verhilft, läutert er sich selbst von seinen eigenen Fehlern.

Die Berufung der Brüder zum Rat

KAPITEL

3

¹Sooft es sich im Kloster um eine wichtige Angelegenheit handelt, soll der Abt die ganze Klostergemeinde zusammenrufen und selbst die Angelegenheit vortragen. ²Er soll den Rat der Brüder anhören, dann die Sache bei sich überlegen und das tun, was er für richtig hält. ³Daß zur Beratung alle gerufen werden, bestimmen wir deshalb, weil der Herr oft einem Jüngeren offenbart, was das Bessere ist.

⁴Doch sollen die Brüder ihren Rat demütig und bescheiden geben und sich nicht herausnehmen, ihre Meinung hartnäckig zu verteidigen. ⁵Die Entscheidung liegt vielmehr beim Abt: Was er für nützlicher hält, das sollen alle gehorsam annehmen. ⁶Aber wie es sich für den Jünger schickt, dem Meister zu gehorchen, so ist es die Pflicht des Abtes, alles umsichtig und gerecht anzuordnen.

⁷Alle sollen daher in allem der Weisung der Regel folgen, und niemand darf leichtfertig von ihr abweichen. ⁸Niemand im Kloster soll dem Begehren des eigenen Herzens folgen, ⁹und niemand darf sich herausneh-

---

35 Mt 6,33   **36** Ps 33,10   **38** rationem, cf. Horsies., Liber 11
III 1-11 cf. RM 2,41-50   **3** iuniori, cf. Cass., Conl. 16,12; Mt 11,25; RB 63,6
6 convenit, cf. RB 6,6

abbate suo proterve aut foris monasterium contendere. ¹⁰Quod si praesumpserit, regulari disciplinae subiaceat. ¹¹Ipse tamen abba cum timore Dei et observatione Regulae omnia faciat, sciens se procul dubio de omnibus iudiciis suis aequissimo iudici Deo rationem redditurum.

¹²Si qua vero minora agenda sunt in monasterii utilitatibus, seniorum tantum utatur consilio, ¹³sicut scriptum est: *Omnia fac cum consilio, et post factum non paeniteberis.*

CAPUT **IV**   *Quae sunt instrumenta bonorum operum*

¹In primis *Dominum* **Deum diligere ex toto corde, tota anima,** *tota virtute.*

²Deinde *proximum tamquam seipsum.*

³Deinde *non occidere.*

⁴*Non adulterare.*

⁵*Non facere furtum.*

⁶*Non concupiscere.*

⁷*Non falsum testimonium dicere.*

⁸Honorare *omnes* homines.

⁹Et *quod sibi quis fieri non vult, alio ne faciat.*

¹⁰*Abnegare semetipsum* sibi ut *sequatur* Christum.

¹¹*Corpus castigare.*

¹²Delicias non amplecti.

¹³Ieiunium amare.

¹⁴Pauperes recreare.

¹⁵*Nudum vestire.*

¹⁶*Infirmum visitare.*

¹⁷Mortuum sepelire.

IV **12** dilicias *O*

13 Prov 31,3 (Vet. Lat.); Eccli 32,24; Cass., Conl. 2,4.1

70

men, mit seinem Abt frech oder außerhalb des Klosters zu streiten. [10]Wenn jemand sich das herausnimmt, verfalle er der in der Regel festgesetzten Strafe. [11]Der Abt jedoch handle immer in Gottesfurcht und nach der Vorschrift der Regel. Er soll wissen, daß er ohne jeden Zweifel vor Gott, dem gerechten Richter, über alle seine Entscheidungen Rechenschaft ablegen muß.

[12]Handelt es sich um weniger wichtige Angelegenheiten des Klosters, so ziehe er nur die Älteren zu Rate; [13]es steht ja geschrieben: *Tu alles mit Rat, dann brauchst du nach der Tat nichts zu bereuen.*

Die Instrumente der guten Werke

[1]Zuerst: *den Herrn, Gott, lieben von ganzem Herzen und ganzer Seele und mit ganzer Kraft.*

[2]Zweitens: *den Nächsten lieben wie sich selbst.*

[3]Dann: *nicht töten.*

[4]*Nicht ehebrechen.*

[5]*Nicht stehlen.*

[6]*Nicht begehren.*

[7]*Kein falsches Zeugnis geben.*

[8]*Alle* Menschen *ehren.*

[9]*Keinem anderen etwas antun, was man selbst nicht erleiden möchte.*

[10]*Sich selbst verleugnen,* um Christus *nachzufolgen.*

[11]*Den Leib in Zucht halten.*

[12]Nicht das suchen, was den Sinnen schmeichelt.

[13]Das Fasten lieben.

[14]Den Armen zu essen geben.

[15]*Die Nackten bekleiden.*

[16]*Die Kranken besuchen.*

[17]Die Toten begraben.

IV 1-60.62-68.73-78 RM 3,1–78; cf. RM 4–5   **1** Mc 12,30; Lc 10,27   **2** Mc 12,31; Lc 10,28   **3-5** Mt 19,18–19; Lc 18,20   **6** Ex 20,17; Rom 13,9   **7** Mt 19,18; Mc 10,19   **8** 1 Petr 2,17; cf. RM 3,8   **9** Mt 7,12; Tob 4,15; cf. RB 61,14; 70,7   **10** Mt 16,24; Lc 9,23   **11** 1 Cor 9,27   **15-16** Mt 25,36   **17** cf. Tob 1,20; 2,7–9

¹⁸In tribulatione subvenire.

¹⁹Dolentem consolari.

²⁰*Saeculi actibus se facere alienum.*

²¹*Nihil amori Christi praeponere.*

²²*Iram non perficere.*

²³*Iracundiae tempus non reservare.*

²⁴Dolum in corde non tenere.

²⁵Pacem falsam non dare.

²⁶Caritatem non derelinquere.

²⁷*Non iurare ne* forte *periuret.*

²⁸Veritatem ex corde et ore proferre.

²⁹*Malum pro malo non reddere.*

³⁰*Iniuriam non facere,* sed *et factas* patienter sufferre.

³¹*Inimicos diligere.*

³²*Maledicentes se non remaledicere, sed magis benedicere.*

³³*Persecutionem pro iustitia sustinere.*

³⁴*Non esse superbum.*

³⁵*Non vinolentum.*

³⁶Non multum edacem.

³⁷Non somnulentum.

³⁸*Non pigrum.*

³⁹Non murmuriosum.

⁴⁰Non detractorem.

⁴¹Spem suam Deo committere.

⁴²Bonum aliquid in se cum viderit, Deo adplicet, non sibi.

⁴³Malum vero semper a se factum sciat et sibi reputet.

⁴⁴Diem iudicii timere.

⁴⁵Gehennam expavescere.

⁴⁶Vitam aeternam omni concupiscentia spiritali desiderare.

⁴⁷Mortem cotidie ante oculos suspectam habere.

19 consolare *O*   27 perierit *O*   37 somnolentum *O*   39 murmoriosum *O*   42 aliquod *O*

21 praeponere, cf. Cypr., Or. 15; Vita Antonii 13   22 iram, cf. Hieron., Ep. 79,9
24 cf. Prov 12,20   27 Mt 5,34   29 1 Petr 3,9; cf. Hieron., Ep. 84,1   30 cf. Cypr.,

¹⁸ Denen, die in Not sind, zu Hilfe kommen.

¹⁹ Die Trauernden trösten.

²⁰ *Sich fernhalten vom Treiben der Welt.*

²¹ Der Liebe zu Christus nichts vorziehen.

²² Sich nicht zu Taten des Zorns hinreißen lassen.

²³ *Nicht im Groll verharren.*

²⁴ Keine Falschheit im Herzen tragen.

²⁵ Nicht heuchlerisch Frieden bieten.

²⁶ Von der Liebe nicht lassen.

²⁷ *Nicht schwören, um nicht falsch zu schwören.*

²⁸ Die Wahrheit mit Herz und Mund bekennen.

²⁹ *Nicht Böses mit Bösem vergelten.*

³⁰ *Niemand Unrecht tun,* aber *auch erlittenes* Unrecht geduldig tragen.

³¹ *Die Feinde lieben.*

³² *Wenn jemand uns flucht, nicht mit Fluch antworten, sondern vielmehr mit Segen.*

³³ *Verfolgung leiden um der Gerechtigkeit willen.*

³⁴ *Nicht stolz sein.*

³⁵ *Kein Trinker* und

³⁶ kein großer Esser sein.

³⁷ Nicht dem Schlaf ergeben.

³⁸ Kein Faulenzer,

³⁹ kein Murrer,

⁴⁰ kein Ehrabschneider sein.

⁴¹ Seine Hoffnung auf Gott setzen.

⁴² Wenn man etwas Gutes an sich findet, es Gott zuschreiben, nicht sich selbst;

⁴³ das Böse dagegen immer als sein eigenes Werk erkennen und sich selbst zuschreiben.

⁴⁴ Den Tag des Gerichtes fürchten.

⁴⁵ Vor der Hölle zittern.

⁴⁶ Mit der ganzen Sehnsucht des Geistes nach dem ewigen Leben verlangen.

⁴⁷ Den drohenden Tod sich täglich vor Augen halten.

Or. 15   **31** Mt 5,44; Lc 6,27   **32** Lc 6,28; 1 Cor 4,12   **34-35** Tit 1,7   **36** cf.
Eccli 37,32   **38** Rom 12,11   **39-40** cf. Sap 1,11   **42-43** cf. Sextus, Enchirid.
113–114; August., Serm. 96,2   **47** cf. Vitae Patr. 7,35.1; Cass., Inst. 12,25; Conl.
16,6.3

⁴⁸Actus vitae suae omni hora custodire.

⁴⁹In omni loco Deum se respicere pro certo scire.

⁵⁰Cogitationes malas cordi suo advenientes mox ad Christum adlidere et seniori spiritali patefacere.

⁵¹Os suum a malo vel pravo eloquio custodire.

⁵²Multum loqui non amare.

⁵³Verba vana aut risui apta non loqui.

⁵⁴Risum multum aut excussum non amare.

⁵⁵Lectiones sanctas libenter audire.

⁵⁶Orationi frequenter incumbere.

⁵⁷Mala sua praeterita cum lacrimis vel gemitu cotidie in oratione Deo confiteri.

⁵⁸De ipsis malis de cetero emendare.

⁵⁹*Desideria carnis non efficere.*

⁶⁰Voluntatem propriam odire.

⁶¹Praeceptis **abbatis** in omnibus **oboedi**re, etiam si ipse aliter – quod absit – agat, memores illud dominicum praeceptum: *Quae dicunt facite, quae autem faciunt facere nolite.*

⁶²*Non velle* **dici sanctum antequam sit, sed** prius *esse quod verius dicatur.*

⁶³Praecepta Dei factis cotidie adimplere.

⁶⁴*Castitatem amare.*

⁶⁵Nullum odire.

⁶⁶Zelum non habere.

⁶⁷Invidiam non exercere.

⁶⁸Contentionem non amare.

⁶⁹Elationem fugere.

⁷⁰Et seniores venerare.

⁷¹Iuniores diligere.

⁷²In Christi amore pro inimicis orare.

⁷³Cum discordante **ante solis occasum in** pacem **redire.**

⁷⁴Et de Dei misericordia **numquam desperare.**

---

50 corde *O*   allidat *O*   57 in orationem *O*   66-67 zelum et invidiam non habere *O*   74 disperare *O*

⁴⁸Sein Tun und Lassen ständig überwachen.

⁴⁹Davon überzeugt sein, daß Gott an jedem Ort auf uns schaut.

⁵⁰Böse Gedanken, die im Herzen aufsteigen, sogleich an Christus zerschmettern und dem geistlichen Vater mitteilen.

⁵¹Schlechtes und unanständiges Reden vermeiden.

⁵²Das viele Reden nicht lieben.

⁵³Leere oder zum Lachen reizende Worte nicht reden.

⁵⁴Lautes und schallendes Lachen nicht lieben.

⁵⁵Die heiligen Lesungen gern hören.

⁵⁶Sich oft zum Gebet niederwerfen.

⁵⁷Seine früheren Sünden unter Tränen und Seufzen täglich im Gebet Gott bekennen.

⁵⁸Diese Sünden in Zukunft meiden.

⁵⁹*Das Begehren des Fleisches nicht befriedigen.*

⁶⁰Den Eigenwillen hassen.

⁶¹Dem Befehl des Abtes in allem gehorchen, auch wenn er selbst – was Gott verhüte – anders handelt; man denke an das Gebot des Herrn: *Was sie sagen, das tut; was sie tun, das tut nicht.*

⁶²Nicht heilig genannt werden wollen, bevor man es ist; sondern es zuerst sein, um mit mehr Recht so genannt zu werden.

⁶³Gottes Gebote täglich durch die Tat erfüllen.

⁶⁴*Die Keuschheit lieben.*

⁶⁵Niemand hassen.

⁶⁶Nicht eifersüchtig sein.

⁶⁷Nicht aus Neid handeln.

⁶⁸Den Streit nicht lieben.

⁶⁹Die Überheblichkeit fliehen.

⁷⁰Die Älteren ehren.

⁷¹Die Jüngeren lieben.

⁷²Aus der Liebe zu Christus für die Feinde beten.

⁷³Bei einem Zwist noch vor Sonnenuntergang wieder Frieden schließen.

⁷⁴Und an Gottes Barmherzigkeit nie verzweifeln.

---

49 cf. Prov 15,3; Ps 13,2   **50** cf. Ps 136,9; 1 Cor 10,4; cf. RB, Prol. 28
55 cf. Hieron., Ep. 58,6; 60,10   **56** cf. Hieron., Ep. 58,6; Cass., Conl. 9,36; Inst.
2,10.3   **57** cf. Mt 6,12; Cass., Conl. 20,6   **59** Gal 5,16   **60** cf. Eccli 18,30   **61** Mt
23,3   **64** Iudith 15,11   **65** cf. Lev 19,17; Deut 23,8   **66.68** cf. Iac 3,14–15
72 cf. Mt 5,44   **73** cf. Eph 4,26

⁷⁵Ecce haec sunt instrumenta artis spiritalis. ⁷⁶Quae cum fuerint a nobis die noctuque incessabiliter adimpleta et in die iudicii reconsignata, illa mercis nobis a Domino reconpensabitur quam Ipse promisit: ⁷⁷*Quod oculus non vidit nec auris audivit, quae praeparavit Deus his qui diligunt illum.*

⁷⁸Officina vero ubi haec omnia diligenter operemur claustra sunt monasterii et stabilitas in congregatione.

CAPUT   *De oboedientia*

V

¹Primus humilitatis gradus est oboedientia sine mora. ²Haec convenit his qui nihil sibi a Christo carius aliquid existimant. ³Propter servitium sanctum quod professi sunt seu propter metum gehennae vel gloriam vitae aeternae, ⁴mox aliquid imperatum a maiore fuerit, ac si divinitus imperetur, moram pati nesciant in faciendo. ⁵De quibus Dominus dicit: *Obauditu auris oboedivit mihi.* ⁶Et item dicit doctoribus: *Qui vos audit me audit.* ⁷Ergo hii tales, relinquentes statim quae sua sunt et voluntatem propriam deserentes, ⁸mox exoccupatis manibus et quod agebant inperfectum relinquentes, vicino oboedientiae pede iubentis vocem factis sequuntur, ⁹et veluti uno momento praedicta magistri iussio et perfecta discipuli opera, in velocitate timoris Dei, ambae res communiter citius explicantur.

¹⁰Quibus ad vitam aeternam gradiendi amor incumbit, ¹¹ideo angustam viam arripiunt, unde Dominus dicit: *Angusta via est quae ducit ad vitam,* ¹²ut non suo arbitrio viventes vel desideriis suis et voluptatibus oboedientes, sed ambulantes alieno iudicio et imperio, in coenobiis degentes abbatem sibi praeesse

76 merces *A*   77 audivit: nec in cor hominis ascendit *add. O*   praeparabit *O* illum: eum *O*
    V 4 mox: ut *add. O*   6 item: idem *O*   12 voluntatibus *O*

⁷⁵Seht, das sind die Werkzeuge der geistlichen Kunst. ⁷⁶Wenn wir Tag und Nacht unermüdlich mit ihnen arbeiten und sie am Tag des Gerichtes wieder abgeben, wird der Herr uns den Lohn ausbezahlen, den er selbst versprochen hat: ⁷⁷*Was kein Auge gesehen und kein Ohr gehört hat, was aber Gott denen bereitet hat, die ihn lieben.*

⁷⁸Die Werkstatt aber, in der wir das alles gewissenhaft üben sollen, ist die Abgeschlossenheit des Klosters und das treue Ausharren in der Gemeinschaft.

Der Gehorsam KAPITEL
5

¹Die höchste Stufe der Demut ist der Gehorsam ohne Zögern. ²Er zeichnet die aus, denen die Liebe zu Christus über alles geht. ³Wegen des heiligen Dienstes, den sie gelobt haben, oder aus Furcht vor der Hölle oder wegen der Herrlichkeit des ewigen Lebens ⁴gibt es für sie kein Zögern, sobald der Obere etwas befohlen hat; sie führen es aus, als hätte Gott selbst es befohlen. ⁵Von diesen sagt der Herr: *Sobald er mich hört, gehorcht er mir.* ⁶Ebenso sagt er zu den Lehrern: *Wer euch hört, der hört mich.* ⁷Solche Mönche verzichten sofort auf ihre persönlichen Interessen, geben den Eigenwillen auf, ⁸legen gleich alles aus der Hand, lassen ihre Arbeit unvollendet liegen, und mit dem raschen Schritt des Gehorsams kommen sie durch die Tat dem Wort des Befehlenden nach. ⁹Wie in einem einzigen Augenblick folgt in der Schnelligkeit der Furcht Gottes beides sofort aufeinander: der ergangene Befehl des Meisters und die ausgeführte Tat des Jüngers.

¹⁰So ist es bei denen, die vom Verlangen gedrängt sind, zum ewigen Leben voranzuschreiten. ¹¹Deshalb wählen sie den schmalen Weg, von dem der Herr sagt: *Schmal ist der Weg, der zum Leben führt.* ¹²Sie leben nicht nach eigenem Gutdünken, folgen nicht ihrer Lust und Laune, sondern leben nach dem Entscheid und Befehl eines anderen; sie bleiben im Kloster und verlangen danach, einen Abt als Oberen zu haben.

77 1 Cor 2,9; cf. RM 3,83–94
  V 1-18 RM 7,1–9.47–51.67–74   4 divinitus, cf. Cass., Inst. 4,10; 4,24; 4,27.4;
12,32   5 Ps 17,45   6 Lc 10,16   7-8 cf. Mt 4,22   11 Mt 7,14

desiderant. [13]Sine dubio hii tales illam Domini imitantur sententiam qua dicit: *Non veni facere voluntatem meam, sed eius qui misit me.*

[14]Sed haec ipsa oboedientia tunc acceptabilis erit Deo et dulcis hominibus, si quod iubetur non trepide, non tarde, non tepide, aut cum murmurio vel cum responso nolentis efficiatur, [15]quia oboedientia quae maioribus praebetur Deo exhibetur; ipse enim dixit: *Qui vos audit me audit.* [16]Et cum bono animo a discipulis praeberi oportet, quia *hilarem datorem diligit Deus.* [17]Nam, cum malo animo si oboedit discipulus et non solum ore, sed etiam in corde si murmuraverit, [18]etiam si impleat iussionem, tamen acceptum iam non erit Deo, qui cor eius respicit murmurantem. [19]Et pro tali facto nullam consequitur gratiam, immo poenam murmurantium incurrit, si non cum satisfactione emendaverit.

CAPUT   *De taciturnitate*
VI

[1]Faciamus quod ait **Prophet**a: *Dixi: custodiam vias meas, ut non delinquam in lingua mea. Posui ori meo custodiam, obmutui et humiliatus sum et silui a bonis.* [2]Hic ostendit Propheta, si a bonis eloquiis interdum propter taciturnitatem debet tacere, quanto magis a malis verbis propter poenam peccati debet cessari.

[3]Ergo quamvis de bonis et sanctis et aedificationum eloquiis perfectis discipulis propter taciturnitatis gravitatem rara loquendi concedatur licentia, [4]quia scriptum est: *In multiloquio non effugies peccatum,* [5]et alibi: *Mors et vita in manibus linguae.* [6]Nam loqui et docere magistrum condecet, tacere et audire discipulum convenit.

19 consequatur *O*
   VI T taceturnitate *O*   2 debere *A*   3 sanctis: et *om. O*   6 nam: et *add. O*

13 Ioh 6,38   14 cf. Mt 21,29   15 Lc 10,16   16 2 Cor 9,7; cf. Eccli 35,10–11

¹³ Offenbar sind sie es, die den Herrn nachahmen und sich nach seinem Wort richten: *Ich bin nicht gekommen, um meinen Willen zu tun, sondern den Willen dessen, der mich gesandt hat.*

¹⁴ Dieser Gehorsam ist aber nur dann Gott wohlgefällig und den Menschen angenehm, wenn der Befehl nicht zaghaft, nicht säumig, nicht lustlos oder gar mit Murren oder offener Widerrede ausgeführt wird; ¹⁵ denn der Gehorsam, den man den Oberen leistet, wird Gott erwiesen; er hat ja gesagt: *Wer euch hört, der hört mich.* ¹⁶ Der Gehorsam muß von den Jüngern auch gern geleistet werden; denn *Gott liebt einen freudigen Geber.* ¹⁷ Wenn aber der Jünger mißmutig gehorcht und wenn er murrt, nicht nur mit dem Mund, sondern auch nur im Herzen, ¹⁸ dann findet er kein Gefallen vor Gott, selbst wenn er den Befehl ausführt; denn Gott sieht das murrende Herz. ¹⁹ Für eine solche Tat bekommt er keinen Lohn; er verfällt im Gegenteil der Strafe der Murrer, wenn er nicht Genugtuung leistet und sich bessert.

Die Schweigsamkeit

KAPITEL

6

¹ Wir wollen tun, was der Prophet sagt: *Ich sagte : Ich will auf meine Wege achten, damit ich nicht sündige mit meiner Zunge. Ich stellte an meinen Mund eine Wache. Ich verstummte, verdemütigte mich und schwieg vom Guten.* ² Hier gibt der Prophet zu verstehen, daß man der Schweigsamkeit zuliebe bisweilen sogar von guter Rede lassen soll; um so mehr muß man dann wegen der Sündenstrafe das böse Reden vermeiden.

³ Deshalb soll wegen der Gewichtigkeit des Schweigens selbst vollkommenen Jüngern nur selten die Erlaubnis zum Reden gegeben werden, mag es sich um noch so gute, heilige und erbauliche Gespräche handeln. ⁴ Es steht ja geschrieben: *Bei vielem Reden entgehst du der Sünde nicht.* ⁵ Und an anderer Stelle: *Tod und Leben sind in der Gewalt der Zunge.* ⁶ Denn Reden und Lehren kommt dem Meister zu, Schweigen und Hören ist Sache des Jüngers.

19 cf. 1 Cor 10,10

VI 1-6.8 RM 8,31–33.35–36; 9,51   1 Ps 38,2–3   4 Prov 10,19   5 Prov 18.21
6 loqui, cf. August., Serm. 211,5; cf. RB 3,6

⁷Et ideo, si qua requirenda sunt a priore, cum omni humilitate et subiectione reverentiae requirantur. ⁸**Scurrilitates vero vel verba otiosa et risum moventia aeterna clusura** in omnibus locis **damnamus et ad talia eloquia discipulum aperire os non permittimus.**

CAPUT   *De humilitate*

VII

¹Clamat nobis Scriptura divina, fratres, dicens: *Omnis qui se exaltat humiliabitur et qui se humiliat exaltabitur.* ²Cum haec ergo dicit, ostendit nobis omnem exaltationem genus esse superbiae. ³Quod se cavere Propheta indicat dicens: *Domine, non est exaltatum cor meum neque elati sunt oculi mei, neque ambulavi in magnis neque in mirabilibus super me.* ⁴Sed quid, *si non humiliter sentiebam, si exaltavi animam meam? sicut ablactatum super matrem suam, ita retribues in animam meam.*

⁵Unde, fratres, si summae humilitatis volumus culmen adtingere et ad exaltationem illam caelestem ad quam per praesentis vitae humilitatem ascenditur, volumus velociter pervenire, ⁶actibus nostris ascendentibus scala illa erigenda est quae in somnio Iacob apparuit, *per* quam ei *descendentes et ascendentes angeli* monstrabantur. ⁷Non aliud sine dubio descensus ille et ascensus a nobis intellegitur nisi exaltatione descendere et humilitate ascendere. ⁸Scala vero ipsa erecta nostra est vita in saeculo, quae humiliato corde a Domino erigatur ad caelum. ⁹Latera enim eius scalae dicimus nostrum esse corpus et animam, in qua latera diversos gradus humilitatis vel disciplinae evocatio divina ascendendo inseruit.

7 cum o. hum. et subi. rev. req.: cum summa reverentia ne videatur plus loqui quam expedit *O*

VII T humilitate: servanda *add. O*   **4** si: sed exaltavi *O*   ablactatus *O*   retribuis in anima mea *A*   **5** attingere *O*   **9** ascendendos *O*

⁷Wenn also jemand etwas vom Oberen zu erfragen hat, so tue er es in aller Demut und ehrfürchtiger Unterwerfung. ⁸Leichtfertige Späße aber, albernes und zum Lachen reizendes Geschwätz verbannen und verdammen wir für immer und überall und erlauben nicht, daß der Jünger zu derlei Reden den Mund öffnet.

Die Demut

¹Brüder, die göttliche Schrift ruft uns zu: *Jeder, der sich erhöht, wird erniedrigt, und wer sich erniedrigt, wird erhöht werden.* ²Mit diesen Worten zeigt uns die Schrift, daß jede Erhöhung eine Art Stolz ist. ³Davor hütet sich der Prophet, wie seine Worte zeigen: *Herr, mein Herz ist nicht stolz, meine Augen blicken nicht überheblich. Ich habe keine großartigen Pläne und befasse mich nicht mit Dingen, die mir zu hoch und zu wunderbar sind.* ⁴Aber was geschieht, wenn meine innere Haltung nicht demütig ist, wenn ich meine Seele stolz werden lasse? Dann behandelst du meine Seele, wie man ein Kind behandelt, das man [gewaltsam] von der Mutterbrust wegnimmt.*

⁵Brüder, wenn wir den höchsten Gipfel der Erniedrigung* erreichen und rasch zu dieser Erhöhung im Himmel gelangen wollen, zu der man durch die Erniedrigung in diesem Leben aufsteigt, ⁶dann müssen wir durch unseren Aufstieg in der Tugend jene Leiter errichten, die dem Jakob im Traum erschien und *auf der er Engel herab- und hinaufsteigen* sah. ⁷Dieses Herab- und Hinaufsteigen hat für uns ganz sicher keinen anderen Sinn, als daß man durch Erhöhung herab- und durch Erniedrigung hinaufsteigt. ⁸Die aufgerichtete Leiter ist unser irdisches Leben, das der Herr himmelwärts aufrichtet, wenn sich unser Herz erniedrigt. ⁹Die Holme der Leiter deuten wir auf unseren Leib und unsere Seele. In diese Holme hat der göttliche [Gnaden-]Ruf die verschiedenen Stufen der Demut und der Tugend eingefügt, die wir ersteigen sollen.

VII 1-70 RM 10,1–19.30–44.49.52–72.75–78.80–91   **1** Lc 14,11; 18,14; Mt 23,12
3 Ps 130,1   **4** Ps 130,2   **6-9** cf. Gen. 28,12; Hieron., Ep. 98,3; cf. Cass., Conl. 14,2
7 cf. Vitae Patr. 5,15.49

*7,5 »Demut« (althochdeutsch diomuoti) bedeutet »Mut zu dienen«, »humilitas« (dem Boden nahe) »Erniedrigung«.

¹⁰Primus itaque humilitatis gradus est, si *timorem Dei* sibi *ante oculos* semper ponens, oblivionem omnino fugiat ¹¹et semper sit memor omnia quae praecepit Deus, ut qualiter et contemnentes Deum gehenna de peccatis incendat et vita aeterna quae timentibus Deum praeparata est, animo suo semper revolvat. ¹²Et custodiens se omni hora a peccatis et vitiis, id est cogitationum, linguae, manuum, pedum vel voluntatis propriae sed et desideria carnis, ¹³aestimet se homo de caelis a Deo semper respici omni hora et facta sua omni loco ab aspectu Divinitatis videri et ab angelis omni hora renuntiari.

¹⁴Demonstrans nobis hoc Propheta, cum in cogitationibus nostris ita Deum semper praesentem ostendit dicens: *Scrutans corda et renes Deus;* ¹⁵et item: *Dominus novit cogitationes hominum;* ¹⁶et item dicit: *Intellexisti cogitationes meas a longe;* ¹⁷et: *Quia cogitatio hominis confitebitur tibi.* ¹⁸Nam ut sollicitus sit circa cogitationes suas perversas, dicat semper utilis frater in corde suo: Tunc *ero inmaculatus coram eo* si *observavero me ab iniquitate mea.*

¹⁹Voluntatem vero propriam ita facere prohibemur cum cicit Scriptura nobis: *Et a voluntatibus tuis avertere.* ²⁰Et item rogamus Deum in oratione ut *fiat* illius *voluntas in* nobis. ²¹Docemur ergo merito nostram non facere voluntatem cum cavemus illud quod dicit Sancta Scriptura: *Sunt viae quae putantur ab hominibus rectae, quarum finis usque ad profundum inferni demergit,* ²²et cum item pavemus illud quod de neglegentibus dictum est: *Corrupti sunt et abominabiles facti sunt in voluntatibus suis.*

²³In desideriis vero carnis ita nobis Deum credamus semper esse praesentem, cum dicit Propheta Domino: *Ante te est omne desiderium meum.* ²⁴Cavendum ergo ideo malum desiderium, quia *mors secus introitum dilectationis posita est.*

---

11 praecipit *O*   ut qual. et cont. deum geh. de pecc. incendat: ut qualiter contemnentes deum gehennam de peccatis incedunt *O*   vitam aeternam *O*   evolvat *A*
12 linguae: oculorum *add. O*   vel voluntates proprias *O*   carnis: amputare festinet

¹⁰ Auf der ersten Stufe der Demut hält sich der Mensch immer *die Gottesfurcht vor Augen* und hütet sich sehr, sie zu vergessen. ¹¹ Stets denkt er an alle Gebote Gottes und erwägt immer in seinem Herzen, daß die Gottesverächter wegen ihrer Sünden das Feuer der Hölle brennen wird, daß aber die Gottesfürchtigen das ewige Leben erwartet. ¹² Jederzeit soll sich der Mensch freihalten von Sünden und Fehlern – von Gedankensünden, von Sünden der Zunge, der Hände, der Füße und des Eigenwillens, aber auch von den Begierden des Fleisches, ¹³ und es soll ihm bewußt sein: Gott schaut immer vom Himmel her auf ihn herab, Gottes Auge sieht überall sein Tun und Lassen, und die Engel erstatten allezeit über ihn Meldung.

¹⁴ Darauf weist der Prophet uns hin und zeigt, daß unsere Gedanken vor Gott stets offenliegen; er sagt: *Gott prüft Herz und Nieren.* ¹⁵ Und: *Der Herr kennt die Gedanken der Menschen.* ¹⁶ Und er sagt auch: *Du durchschaust meine Gedanken von fern.* ¹⁷ Und: *Das Denken des Menschen ist dir bekannt.* ¹⁸ Um aber seine verkehrten Gedanken gewissenhaft zu überwachen, soll der gute Bruder in seinem Herzen ständig das Wort wiederholen: Nur dann *bin ich untadlig vor ihm, wenn ich mich in acht nehme vor meiner Schlechtigkeit.*

¹⁹ Den eigenen Willen zu tun, verwehrt uns die Schrift, wenn sie sagt: *Wende dich ab von den Regungen deines eigenen Willens!* ²⁰ Auch flehen wir zu Gott im Gebet, *daß* sein *Wille an* uns *geschehe.* ²¹ Mit gutem Grund werden wir also belehrt, nicht unseren eigenen Willen zu tun. So beachten wir die Mahnung der Heiligen Schrift: *Es gibt Wege, die den Menschen recht erscheinen, die aber am Ende zur Tiefe der Hölle hinabführen.* ²² Wir zittern auch vor dem Wort, das über die Nachlässigen gesagt ist: *Verwerflich und abscheulich sind sie geworden, weil sie ihrem Willen gehorcht haben.*

²³ Daß aber auch die Begierden des Fleisches vor Gott immer offen zutage liegen, glauben wir deshalb, weil der Prophet zum Herrn sagt: *All mein Begehren liegt offen vor dir.* ²⁴ Hüten wir uns also vor dem bösen

add. O   **15** item: iterum O   **16** item: iterum O   **19** averte O   **21** sancta *om.* A
putantur: videntur A   **22** pavemus: cavemus O   dictum: scriptum O   abhominabiles O   voluptatibus A

10-69 cf. Cass., Inst. 4,39 (decem humil. indicia)   **10** oblivionem, cf. RM 9,28.47; 10,10; Visio Pauli 11; Vitae Patr. 5,11.46   **10-11** cf. Cypr., Ep. 58, 11; Ps 35,2   **13** respici, cf. Visio Pauli 7; Ps 13,2; Prov 15,3   **14** Ps 7,10   **15** Ps 93,11   **16** Ps 138,3   **17** Ps 75,11   **18** Ps 17,24   **19** Eccli 18,30   **20** Mt 6,10   **21** Prov 16,25   **22** Ps 13,1   **23** Ps 37,10   **24** Passio Sebast. 14

²⁵Unde Scriptura praecepit dicens: *Post concupiscentias tuas non eas.*

²⁶Ergo si *oculi Domini speculantur bonos et malos* ²⁷et *Dominus de caelo* semper *respicit super filios hominum, ut videat si est intellegens aut requirens Deum,* ²⁸et si ab angelis nobis deputatis cotidie die noctuque Domino factorum nostrorum opera nuntiantur, ²⁹cavendum est ergo omni hora, fratres, sicut dicit in psalmo Propheta, ne nos *declinantes* in malo et *inutiles factos* aliqua hora aspiciat Deus ³⁰et, parcendo nobis in hoc tempore, quia pius est et expectat nos converti in melius, ne dicat nobis in futuro: *Haec fecisti et tacui.*

³¹Secundus humilitatis gradus est, si propriam quis non amans voluntatem desideria sua non delectetur implere, ³²sed vocem illam Domini factis imitetur dicentis: *Non veni facere voluntatem meam, sed eius qui me misit.* ³³Item dicit scriptura: *Voluntas habet poenam et necessitas parit coronam.*

³⁴Tertius humilitatis gradus est, ut quis pro Dei amore omni oboedientia se subdat maiori, imitans Dominum, de quo dicit Apostolus: *Factus oboediens usque ad mortem.*

³⁵Quartus humilitatis gradus est, si in ipsa oboedientia duris et contrariis rebus vel etiam quibuslibet *inrogatis iniuriis,* tacite conscientia *patientiam* amplectatur ³⁶et sustinens non lassescat vel discedat, dicente Scriptura: *Qui perseveraverit usque in finem, hic salvus erit.* ³⁷Item: *confortetur cor tuum et sustine Dominum.* ³⁸Et ostendens fidelem pro Domino universa etiam contraria sustinere debere, dicit ex persona sufferentium: *Propter te morte adficimur tota die, aestimati sumus ut oves occisionis.* ³⁹Et securi de spe retributionis divinae subsecuntur gaudentes et dicentes: *Sed in his omnibus superamus propter eum qui dilexit nos.* ⁴⁰Et item alio loco

---

28 factori nostro opera nostra *O*   33 voluptas *A*   34 oboedientiae *O*   dominum: deum *O*   oboediens: patri *add. O*   35 tacete *O*   conscientiam *O*   patientiam *om. O*   36 et *om. O*   lasiscat *O*   39 subsequuntur *O*   his: hiis *O*

25 Eccli 18,30   26 Prov 15,3   27 Ps 13,2   28 cf. Visio Pauli 7 10   29 Ps 13,3

84

Begehren; denn der Tod lauert an der Schwelle der Lust. [25]Deshalb gebietet die Schrift: *Geh deinen Begierden nicht nach!*

[26]Wenn also *die Augen des Herrn die Guten und die Bösen beobachten,* [27]wenn *der Herr* immer *vom Himmel auf die Menschen herabschaut, um zu sehen, ob noch ein Verständiger da ist, der Gott sucht,* [28]und wenn die Engel, die uns zugeteilt sind, dem Herrn täglich, bei Tag und Nacht, unser Tun und Lassen melden, [29]dann müssen wir in jedem Augenblick auf der Hut sein, damit uns Gott nicht irgendeinmal, wie der Prophet im Psalm sagt, *abtrünnig und verdorben* sehen muß. [30]Er soll nicht, weil er uns in seiner Güte jetzt schont und auf unsere Bekehrung und Besserung wartet, dereinst zu uns sagen müssen: *Das hast du getan, und ich habe geschwiegen.*

[31]Auf der zweiten Stufe der Demut liebt der Mönch seinen eigenen Willen nicht und findet kein Gefallen daran, seine Wünsche zu erfüllen, [32]sondern richtet sich in seinem Tun nach dem Wort des Herrn, der sagt: *Ich bin nicht gekommen, um meinen Willen zu tun, sondern den Willen dessen, der mich gesandt hat.* [33]Ebenso heißt es in einer Schrift: Eigenwille bringt Strafe, Gebundenheit [an fremden Willen] erwirbt die Krone.

[34]Auf der dritten Stufe der Demut unterwirft sich der Mönch seinem Oberen aus Liebe zu Gott in vollkommenem Gehorsam. So ahmt er den Herrn nach, von dem der Apostel sagt: *Er war gehorsam bis zum Tod.*

[35]Auf der vierten Stufe der Demut übt der Mönch den Gehorsam in der Weise, daß er auch bei harten Aufträgen und bei solchen, die ihm zuwider sind, ja sogar bei Kränkungen aller Art stillbleibt und bewußt die Geduld bewahrt. [36]Er erträgt das alles, ohne sich entmutigen zu lassen oder wegzulaufen; denn er denkt an das Wort der Schrift: *Wer bis zum Ende standhaft bleibt, der wird gerettet,* [37]und das andere Wort: *Hab festen Mut und ertrage den Herrn!* [38]Um zu zeigen, daß der Getreue für den Herrn auch alles Widrige ertragen muß, legt die Schrift denen, die leiden, diese Worte in den Mund: *Um deinetwillen werden wir hingemordet Tag für Tag und wie Schafe behandelt, die zum Schlachten bestimmt sind.* [39]Weil sie aber zuversichtlich auf Gottes Vergeltung hoffen, fügen sie freudig die Worte hinzu: *Doch all das überwinden wir durch den, der uns geliebt hat.* [40]Und anderswo sagt die Schrift: *Gott, du hast uns geprüft, du*

---

30 Ps 49,21; Eccli 2,13   **32** Ioh 6,38   **33** Passio Anast. 17   **34** Phil 2,8; cf. Basil., Reg. 65; Cass., Conl. 19,6.6   **35** iniuriis, cf. Conl. 16,26   **36** Mt 10,22   **37** Ps 26,14 **38** Ps 43,22; Rom 8,36   **39** Rom 8,37   **40** Ps 65,10–11

Scriptura: *Probasti nos, Deus, igne nos examinasti sicut igne examinatur argentum; induxisti nos in laqueum; posuisti tribulationes in dorso nostro.* [41] Et ut ostendat sub priore debere nos esse, subsequitur dicens: *Inposuisti homines super capita nostra.* [42] Sed et praeceptum Domini in adversis et iniuriis per patientiam adimplentes, qui *percussi in maxillam praebent et aliam, auferenti* tunic*am dimittunt et pallium, angarizati miliario vadunt duo,* [43] cum Paulo Apostolo *falsos fratres* sustinent et *persecutionem sustinent,* et *maledicentes* se *benedicent.*

[44] Quintus humilitatis gradus est, si *omnes cogitationes malas cordi suo advenientes vel mala a se absconse commissa per humilem confessionem abbatem non celaverit suum.* [45] Hortans nos de hac re Scriptura dicens: *Revela ad Dominum viam tuam et spera in eum.* [46] Et item dicit: *Confitemini Domino quoniam bonus, quoniam in saeculum misericordia eius.* [47] Et item Propheta: *Delictum meum cognitum tibi feci et iniustitias meas non operui.* [48] *Dixi: pronuntiabo adversum me iniustitias meas Domino, et tu remisisti impietatem cordis mei.*

[49] Sextus humilitatis gradus est, *si omni vilitate* vel extremitate *contentus sit* monachus, *et ad omnia quae sibi* iniunguntur *velut operarium malum se iudicet et indignum,* [50] dicens sibi cum Propheta: *Ad nihilum redactus sum et nescivi; ut iumentum factus sum apud te et ego semper tecum.*

[51] Septimus humilitatis gradus est, si *omnibus se inferiorem* et viliorem *non* solum sua lingua *pronuntiet, sed* etiam *intimo cordis credat affectu,* [52] humilians se et dicens cum Propheta: *Ego autem sum vermis et non homo, obprobrium hominum et abiectio plebis.* [53] *Exaltatus sum et humiliatus et confusus.* [54] Et item: *Bonum mihi quod humiliasti me, et discam mandata tua.*

[55] Octavus humilitatis gradus est, *si nihil agat* monachus, *nisi quod communis* monasterii *regula vel maiorum cohortantur exempla.*

hast uns im Feuer geläutert, wie man das Silber im Feuer läutert; du hast uns in die Schlinge geraten lassen, hast drückende Lasten auf unsere Schultern gelegt. [41]Und um zu zeigen, daß wir unter einem Oberen stehen müssen, fügt sie hinzu: *Du hast uns in die Gewalt von Menschen gegeben.* [42]Sie erfüllen aber auch das Gebot des Herrn durch ihre Geduld bei Unrecht und Kränkung: *Wenn sie auf eine Wange geschlagen werden, halten sie auch die andere hin; dem, der ihnen das Hemd wegnimmt, überlassen sie auch den Mantel; werden sie gezwungen, eine Meile mitzugehen, dann gehen sie zwei mit.* [43]Wie der Apostel Paulus ertragen sie *falsche Brüder* und *Verfolgung* und *segnen die Menschen, die sie verfluchen.*

[44]Auf der fünften Stufe der Demut *bekennt der Mönch seinem Abt* demütig, und *ohne etwas zu verbergen, alle* bösen *Gedanken,* die in seinem Herzen aufsteigen, und alles Böse, das er heimlich getan hat. [45]Dazu mahnt uns die Schrift mit den Worten: *Offenbare dem Herrn deinen Weg und vertraue ihm!* [46]Sie sagt auch: *Bekennt dem Herrn; denn er ist gütig; denn ewig währt sein Erbarmen.* [47]Und der Prophet sagt: *Ich bekannte dir meine Sünde, und mein Unrecht verhehlte ich nicht.* [48]*Ich sagte: Ich will mich anklagen und vor dem Herrn mein Unrecht gestehen. Da hast du alle Schuld meines Herzens verziehen.*

[49]Auf der sechsten Stufe der Demut ist der Mönch mit dem Allergeringsten und Schlechtesten zufrieden, und bei jedem Auftrag, den er erhält, betrachtet er sich als schlechten und untauglichen Arbeiter. [50]Er sagt sich mit dem Propheten: *Ich bin zunichte geworden und war ohne Verstand. Wie ein dummes Tier bin ich vor dir. Und doch bleibe ich stets bei dir.*

[51]Auf der siebten Stufe der Demut bekennt sich der Mönch nicht nur mit Worten als den Niedrigsten und Geringsten von allen, sondern ist davon auch im innersten Herzensgrund überzeugt. [52]Er demütigt sich und sagt mit dem Propheten: *Ich bin ein Wurm und kein Mensch, der Leute Spott, vom Volk verachtet.* [53]*Ich habe mich erhoben, da wurde ich erniedrigt und beschämt.* [54]Und wieder: *Es war gut für mich, daß du mich gedemütigt hast; so lernte ich deine Gebote.*

[55]Auf der achten Stufe der Demut tut der Mönch nur das, wozu die gemeinsame Regel des Klosters und das Beispiel der Älteren mahnen.

40 scriptura: dicit *add.* O   **42** demittunt O   et duo O   **43** et persecutionem sustinent *om.* A   **44** abbati . . . suo O   **53** exaltatus autem humiliatus sum O

41 Ps 65,12   **42** Mt 5,39-41   **43** 2 Cor 11,26; 1 Cor 4,12   **44** cogitationes, cf. Cass., Conl. 2,10.11; cf. RB 4,50   **45** Ps 36,5   **46** Ps 105,1; 117,1   **47-48** Ps 31,5   **50** Ps 72,22-23   **52** Ps 21,7   **53** Ps 87,16   **54** Ps 118,71.73

⁵⁶Nonus humilitatis gradus est, *si linguam* ad loquendum pro*hibeat* monachus et, taciturnitatem habens, usque ad interrogationem non loquatur, ⁵⁷monstrante Scriptura quia *in multiloquio non effugitur peccatum*, ⁵⁸et quia *vir linguosus non dirigitur super terram.*

⁵⁹Decimus humilitatis gradus est, *si non sit facilis ac promtus in risu,* quia scriptum est: *Stultus in risu exaltat vocem suam.*

⁶⁰Undecimus humilitatis gradus est, si, cum loquitur monachus, leniter et sine risu, humiliter cum gravitate vel pauca verba et rationabilia loquatur, *et non sit clamosus in voce,* ⁶¹sicut scriptum est: *Sapiens verbis innotescit paucis.*

⁶²Duodecimus humilitatis gradus est, si non solum corde monachus, sed etiam ipso corpore humilitatem videntibus se semper indicet, ⁶³id est in Opere Dei, in oratorio, in monasterio, in horto, in via, in agro vel ubicumque sedens, ambulans vel stans, inclinato sit semper capite, defixis in terram aspectibus, ⁶⁴reum se omni hora de peccatis suis aestimans iam se tremendo iudicio repraesentari aestimet, ⁶⁵dicens sibi in corde semper illud, quod publicanus ille evangelicus fixis in terram oculis dixit: *Domine, non sum dignus, ego peccator, levare oculos meos ad caelos.* ⁶⁶Et item cum Propheta: *Incurvatus sum et humiliatus sum usquequaque.*

⁶⁷Ergo, his omnibus humilitatis gradibus ascensis, monachus mox *ad caritatem* Dei perveniet illam *quae perfecta foris mittit timorem,* ⁶⁸*per quam universa quae prius non sine formidine observabat absque ullo labore velut naturaliter* ex consuetudine *incipiet custodire,* ⁶⁹*non iam timore* gehennae, sed *amore* Christi et consuetudine *ipsa bona et dilectatione virtutum.* ⁷⁰Quae Dominus iam in operarium suum mundum a vitiis et peccatis Spiritu Sancto dignabitur demonstrare.

---

59 prumtus *O*   in risum . . . risum *O*   **60** est: si *om. O*   verba *om. O*   vocem *O*   **61** in verbis *O*   **63** dei *om. O*   **64** existimans *O*   estimet *O*   **65** puplicanus *O*   **67** his: hiis *O*   illa que *O*   **68** formidinem *A*

⁵⁶Auf der neunten Stufe der Demut hält der Mönch seine Zunge vom Reden zurück, bleibt still und redet nicht, bis er gefragt wird. ⁵⁷Lehrt doch die Schrift, daß man *beim vielen Reden der Sünde nicht entgeht* ⁵⁸und daß *der Schwätzer auf der Erde keine Richtung hat.*

⁵⁹Auf der zehnten Stufe der Demut ist der Mönch nicht leicht zum Lachen bereit, weil geschrieben steht: *Nur der Tor bricht in schallendes Gelächter aus.*

⁶⁰Auf der elften Stufe der Demut spricht der Mönch, wenn er redet, freundlich und ohne zu lachen, bescheiden und gesetzt; er sagt wenige und überlegte Worte und macht kein Geschrei, ⁶¹wie es in einer Schrift heißt: Den Weisen erkennt man an der Kürze seiner Rede.

⁶²Auf der zwölften Stufe der Demut ist der Mönch nicht nur im Herzen demütig; auch an seinem ganzen äußeren Verhalten kann man seine Demut jederzeit erkennen: ⁶³beim Gottesdienst, im Oratorium, im Kloster, im Garten, unterwegs, auf dem Feld, kurz überall; mag er sitzen, gehen oder stehen, senkt er stets den Kopf und richtet den Blick auf den Boden. ⁶⁴Wegen seiner Sünden hält er sich jederzeit für schuldig und denkt, er sei bereits vor das schreckliche Gericht Gottes gestellt. ⁶⁵Ständig wiederholt er in seinem Herzen die Worte des Zöllners im Evangelium, der den Blick auf den Boden richtete und sagte: *Herr, ich Sünder bin es nicht wert, meine Augen zum Himmel zu erheben.* ⁶⁶Und mit dem Propheten sagt er: *Gebeugt bin ich und tief gedemütigt.*

⁶⁷Hat nun der Mönch alle diese Stufen der Demut erstiegen, dann gelangt er bald zu jener Gottesliebe, *die vollkommen ist und die Furcht vertreibt.* ⁶⁸In der Kraft dieser [Liebe] beginnt er, alle Vorschriften, die er bisher nur aus Angst beobachtete, jetzt ohne jede Mühe, infolge der Gewöhnung wie von selbst zu erfüllen, ⁶⁹nicht mehr aus Furcht vor der Hölle, sondern aus Liebe zu Christus, und weil das Gute ihm zur Gewohnheit, die Tugend zur Freude geworden ist. ⁷⁰Diesen Zustand der Vollendung wird der Herr durch den Heiligen Geist huldvoll an seinem Arbeiter offenbar machen, der frei geworden ist von Fehlern und Sünden.

56 cf. Ps 33,14   **57** Prov 10,19   **58** Ps 139,12   **59** Eccli 21,23   **61** Sextus, Enchirid. 145   **62-64** cf. Basil., Reg. 86   **65** Lc 18,13; Or. Manasse 9; cf. Mt 8,8   **66** Ps 37,9   **67-69** Cass., Inst. 4,39.3   **67** 1 Ioh 4,18   **70** cf. Rom 5,5

VIII

[1] Hiemis tempore, id est a Kalendas Novembres usque in Pascha, iuxta considerationem rationis, octava hora noctis surgendum est, [2] ut modice amplius de media nocte pausetur et iam digesti surgant. [3] Quod vero restat post Vigilias a fratribus qui psalterii vel lectionum aliquid indigent, meditationi inserviatur.

[4] A Pascha autem usque ad supradictas Novembres sic temperetur hora, ut Vigiliarum Agenda parvissimo intervallo, quo fratres ad necessaria naturae exeant, mox Matutini qui incipiente luce agendi sunt, subsequantur.

IX

[1] Hiemis tempore suprascripto, in primis versu tertio dicendum: *Domine, labia mea aperies, et os meum adnuntiabit laudem tuam.* [2] Cui subiungendus est tertius psalmus et *Gloria.* [3] Post hunc, psalmum nonagesimum quartum cum antefana, aut certe decantandum. [4] Inde sequatur Ambrosianum, deinde sex psalmi cum antefanas.

[5] Quibus dictis, dicto versu, benedicat abbas et, sedentibus omnibus in scamnis, legantur vicissim a fratribus in codice super analogium tres lectiones, inter quas et tria responsoria cantentur. [6] Duo

---

VIII 1 kalendis novimbris *O*   pasca *O*   **2** degesti *O*   **3** a vigiliis *O*   psaltyrii *O*
meditatione *O*   **4** ut *om. O*   quo *om. O*   naturae *om. O*
IX 1 h. t. suprascripto: h. t. sancto *O*   versum in secundum dicendum *O*
3 post h. psalmum XCIIII venite exultemus in domino *O*   antiphona *A*   **4** sequitur
O   **5** verso *O*   legatur *O*   in codice *om. O*   trea *O*   cantentur *usque*   **6** di-

---

VIII cf. RM 33   **3** meditationi, cf. RB 48,23; 58,5; cf. RM 44,10–14; 50   **4** n.
naturae, cf. Pachom., Reg., praec. 11; Cass., Inst. 4,10
IX 1 cf. RM 33,27–34; 44,1–4   tertio Ps 50,17; cf. RM 32,12–13; 30,14.21
4 ambrosianum, cf. RB 12,4; 13,11; 17,8   **5** legantur, cf. RM 46,3–7

Der Gottesdienst in der Nacht

Der Gottesdienst in der Nacht KAPITEL **8**

¹ Zur Winterzeit, das heißt vom ersten November bis Ostern, wird man bei vernünftiger Überlegung* zur achten Stunde der Nacht aufstehen. ² So können die Brüder etwas länger als die halbe Nacht schlafen und dann ausgeruht aufstehen. ³ Was nach den Vigilien an Zeit noch übrigbleibt, sollen die Brüder, die es brauchen, auf das Einüben der Psalmen und Lesungen verwenden.

⁴ Von Ostern bis zum erwähnten ersten November wird die Zeit, wie folgt, festgesetzt: an die Feier der Vigilien schließt sich nach kurzer Pause, in der die Brüder für die leibliche Notdurft hinausgehen können, alsbald die Morgenfeier an, die bei Tagesanbruch zu halten ist.

Die Zahl der Psalmen beim Nachtgottesdienst KAPITEL **9**

¹ Während der oben erwähnten Winterzeit singe man zuerst dreimal den Vers: *Herr, öffne mir die Lippen, und mein Mund wird deinen Ruhm verkünden.* ² Darauf folgt der dritte Psalm und das *Ehre sei dem Vater.* ³ Dann der vierundneunzigste Psalm, mit Antiphon* oder doch wenigstens einfach [ohne Antiphon] gesungen. ⁴ Es folgt der Hymnus des Ambrosius*, darauf sechs Psalmen mit Antiphonen.

⁵ Sind diese gesungen, und ist der Vers gesungen, so spricht der Abt das Segensgebet; dann setzen sich alle auf die Bänke, und die Brüder lesen abwechselnd aus einem Buch auf dem Pult drei Lesungen vor, zwischen denen auch drei Responsorien gesungen werden. ⁶ Zwei Re-

---

***8,1** Die RB berücksichtigt die möglichste Wahrung der mitternächtlichen Stunde als ehrwürdiger Zeit des Gebetes und *zugleich* die Sorge, den Brüdern die notwendige Nachtruhe zu geben.

***9,3** Die RB unterscheidet Psalmengesang *mit* und *ohne* Antiphon, d. h. *mit* und *ohne* Unterbrechung durch eine Antiphon. Wir wissen nicht sicher, ob der Psalm *ohne* Antiphon langsam, gedehnt oder mit verzögernden Pausen gesungen wurde. Vgl. RB 12,1; 13,2; 17,6.9; 43,4.

***9,4** Seit dem 6. Jh. heißen kirchliche Psalmen »Ambrosianum«. Es ist möglich, daß die RB wirklich an die von Ambrosius († 397) verfaßten Hymnen denkt.

91

responsoria sine *Gloria* dicantur; post tertiam vero lectionem, qui cantat dicat *Gloriam*. [7]Quam dum incipit cantor dicere, mox omnes de sedilia sua surgant ob honorem et reverentiam Sanctae Trinitatis.

[8]Codices autem legantur in Vigiliis divinae auctoritatis tam Veteris Testamenti quam Novi, sed et expositiones earum, quae a nominatis et orthodoxis catholicis Patribus factae sunt.

[9]Post has vero tres lectiones cum responsoria sua, sequantur reliqui sex psalmi cum *Alleluia* canendi. [10]Post hos, lectio Apostoli sequatur ex corde recitanda, et versus, et supplicatio litaniae, id est *Quirie eleison*. [11]Et sic finiantur Vigiliae nocturnae.

CAPUT

X

Qualiter aestatis tempore agatur nocturna Laus

[1]A Pascha autem usque ad Kalendas Novembres, omnis ut supra dictum est psalmodiae quantitas teneatur, [2]excepto quod lectiones in codice propter brevitatem noctium minime legantur, sed pro ipsis tribus lectionibus una de Veteri Testamento memoriter dicatur, quam brevis responsorius subsequatur. [3]Et reliqua omnia, ut dictum est, impleantur, id est ut numquam minus a duodecim psalmorum quantitate ad Vigilias nocturnas dicantur, exceptis tertio et nonagesimo quarto psalmo.

cantur *om*. *O*   **8** nominatis doctorum orthodoxis *O*   **9** reliqui: qui *O*
sex *om*. *O*   **10** ex corde: exinde *O*   cyriaeleison *O*   **11** fiant *O*
   X 1 novembris *O*   **2** codicem *O*   memoriae *O*   dicatur: legatur *O*   **3** nocturnas: noctis *O*

sponsorien singt man ohne *Ehre sei dem Vater;* aber nach der dritten Lesung singt der Vorsänger das *Ehre sei dem Vater.* [7]Sobald der Vorsänger es anstimmt, stehen alle sogleich in tiefer Ehrfurcht vor der heiligen Dreifaltigkeit von ihren Sitzen auf.

[8]Die Bücher, die man zu den Vigilien liest, sind die von Gott beglaubigten Bücher des Alten wie des Neuen Testaments, aber auch deren Erklärungen, die von den anerkannten und rechtgläubigen katholischen Vätern verfaßt sind.

[9]Auf diese drei Lesungen mit ihren Responsorien folgen die sechs übrigen Psalmen, die man mit *Alleluia* singt. [10]Auf sie folgt die Lesung aus dem Apostel, die auswendig vorzutragen ist, der Vers und das Bittgebet der Litanei, das heißt das *Kyrie eleison.* [11]Damit schließt die Feier der nächtlichen Vigilien.

Die Feier des nächtlichen Lobes zur Sommerzeit　　KAPITEL

10

[1]Von Ostern bis zum ersten November wird die oben erwähnte [Zwölf-] Zahl der Psalmen voll beibehalten; [2]nur fallen wegen der kurzen Nächte die Lesungen aus dem Buch weg; statt der drei Lesungen wird e i n e aus dem Alten Testament auswendig vorgetragen; auf sie folgt ein kurzes Responsorium. [3]Alles übrige wird so gehalten, wie es [für die Winterzeit] bestimmt wurde, das heißt: zu den nächtlichen Vigilien dürfen nie weniger als zwölf Psalmen gesungen werden, der dritte und der vierundneunzigste Psalm nicht gerechnet.

8 testamenti, cf. RB 73,4–5; Caes., Reg. virg. 69; Cass., Conl. 1,20.6　　**9** alleluia, cf. RM 44,1–8

X cf. RM 33,35–41; 40,5–8　　**3** duodecim, cf. RB 18,21; Cass., Inst. 2,3–4

[1]Dominico die temperius surgatur ad Vigilias. [2]In quibus Vigiliis teneatur mensura, id est, modulatis ut supra disposuimus sex psalmis et versu, residentibus cunctis disposite et per ordinem in subselliis, legantur in codice, ut supra diximus, quattuor lectiones cum responsoriis suis. [3]Ubi tantum in quarto responsorio dicatur a cantante *Gloria*; quam dum incipit, mox omnes cum reverentia surgant.

[4]Post quibus lectionibus sequantur ex ordine alii sex psalmi cum antefanas sicut anteriores, et versu. [5]Post quibus iterum legantur aliae quattuor lectiones cum responsoriis suis, ordine quo supra.

[6]Post quibus dicantur tria cantica de Prophetarum, quas instituerit abbas; quae cantica cum *Alleluia* psallantur. [7]Dicto etiam versu et benedicente abbate, legantur aliae quattuor lectiones de Novo Testamento, ordine quo supra. [8]Post quartum autem responsorium incipiat abbas hymnum *Te Deum laudamus*. [9]Quo perdicto, legat abbas lectionem de Evangelia, cum honore et timore stantibus omnibus. [10]Qua perlecta, respondeant omnes *Amen*, et subsequatur mox abbas hymnum *Te decet laus*, et data benedictione incipiant Matutinos.

[11]Qui ordo Vigiliarum omni tempore tam aestatis quam hiemis aequaliter in die dominico teneatur, [12]nisi forte – quod absit – tardius surgant, aliquid de lectionibus breviandum est aut responsoriis. [13]Quod tamen omnino caveatur ne proveniat; quod si contigerit, digne inde satisfaciat Deo in oratorio per cuius evenerit neglectum.

XI 1 dominicis diebus temporius *O*   **2** verso *O*   codicem *O*   **4** sex *om. O*
6 trea *O*   **7** verso *O*   supra: superius *O*   **8** incipit *O*   ymnum *O*   **9** evangelio
O   timore: tremore *O*   **11** tempore *om. O*

¹Am Sonntag steht man zu den Vigilien früher auf. ²Man halte bei den Vigilien folgende Ordnung ein: Man singt, wie wir angeordnet haben, sechs Psalmen und den Vers. Dann setzen sich alle geordnet und der Rangordnung entsprechend auf die Bänke, und man liest, wie wir oben bestimmt haben, aus einem Buch vier Lesungen mit ihren Responsorien. ³Nur zum vierten Responsorium singt der Vorsänger das *Ehre sei dem Vater*. Sobald er es anstimmt, stehen alle sofort in Ehrfurcht auf.

⁴Auf diese Lesungen folgen der Reihe nach sechs weitere Psalmen mit Antiphonen wie vorher [vgl. Kap. 9,9] und der Vers. ⁵Darauf liest man wieder vier weitere Lesungen mit ihren Responsorien, in der gleichen Ordnung wie oben.

⁶Dann singt man drei Lobgesänge aus den Propheten, die der Abt festsetzt. Diese Lobgesänge singt man mit *Alleluia*. ⁷Nachdem auch der Vers gesungen ist, und der Abt das Segensgebet gesprochen hat, liest man weitere vier Abschnitte aus dem Neuen Testament, in der gleichen Ordnung wie oben. ⁸Nach dem vierten Responsorium stimmt der Abt den Hymnus *Dich, Gott, loben wir* an. ⁹Wenn dieser zu Ende gesungen ist, liest der Abt einen Abschnitt aus dem Evangelium, wobei alle in Ehrfurcht stehen. ¹⁰Ist das Evangelium gelesen, so antworten alle: *Amen*, und der Abt schließt sogleich den Hymnus *Dir gebührt Lob* an, und nach dem Segensgebet beginnt die Morgenfeier.

¹¹Diese Ordnung der Vigilien soll am Sonntag zu jeder Jahreszeit, im Sommer wie im Winter, in gleicher Weise eingehalten werden; ¹²es müßte denn sein, daß man – was Gott verhüte – zu spät aufsteht; dann müßte man an den Lesungen und Responsorien kürzen. ¹³Man sorge aber auf jede Weise dafür, daß es nicht vorkommt. Sollte es dennoch geschehen, dann leiste der, dessen Nachlässigkeit daran schuld ist, dafür Gott im Oratorium die entsprechende Genugtuung.

XI RM 49   **8** Te Deum, cf. Caes., Reg. virg. 69   **9** abbas, cf. RM 46,4–7   **10** Te decet, cf. Constitut. apostol. 7,48   **12** tardius, cf. Caes., Reg. virg. 69

Quomodo Matutinorum sollemnitas agatur

XII

¹In Matutinis dominico die, in primis dicatur sexagesimus sextus psalmus, sine antefana, in directum. ²Post quem dicatur quinquagesimus cum *Alleluia*. ³Post quem dicatur centesimus septimus decimus et sexagesimus secundus. ⁴Inde Benedictiones et Laudes, lectionem de Apocalipsis una ex corde et responsorium, Ambrosianum, versu, canticum de Evangelia, litania, et conpletum est.

Privatis diebus qualiter agantur Matutini

XIII

¹Diebus autem privatis Matutinorum sollemnitas ita agatur, ²id est, ut sexagesimus sextus psalmus dicatur sine antefana, subtrahendo modice, sicut Dominica, ut omnes occurrant ad quinquagesimum, qui cum antefana dicatur. ³Post quem alii duo psalmi dicantur secundum consuetudinem, id est: ⁴secunda feria quintus et tricesimus quintus; ⁵tertia feria quadragesimus secundus et quinquagesimus sextus; ⁶quarta feria sexagesimum tertium et sexagesimum quartum; ⁷quinta feria octogesimum septimum et octogesimum nonum; ⁸sexta feria septuagesimum quintum et nonagesimum primum; ⁹sabbatorum autem centesimum quadragesimum secundum et canticum Deuteronomium, qui dividatur in duas *Glorias*. ¹⁰Nam ceteris diebus canticum unumquemque die suo ex Prophetis, sicut psallit Ecclesia Romana, dicantur. ¹¹Post haec sequantur Laudes; deinde lectio una Apostoli memoriter recitanda, responsorium, Ambrosianum, versu, canticum de Evangelia, litania, et conpletum est.

XII 4 lectio de apocalipsis *O* versum *O* evangelio *O* litania *om. O*
XIII 2 ut *om. O* **4-6** *psalmi in nominativo A* **6-9** *psalmi in accusativo A*
9 sabbato *O* deuteronomii *O* **10** canticum *om. O* unumquodque *O* **11** versum
O evangelio *O* laetaniae *O*

Die Morgenfeier

[1] Zur Morgenfeier am Sonntag singt man zuerst den sechsundsechzigsten Psalm, ohne Antiphon, ohne Unterbrechung. [2] Dann den fünfzigsten Psalm mit *Alleluia*. [3] Dann den hundertsiebzehnten und zweiundsechzigsten, [4] darauf den Lobpreis und die Lobpsalmen, dann eine Lesung aus der Apokalypse, auswendig, und das Responsorium, den Hymnus des Ambrosius, den Vers, den Lobgesang aus dem Evangelium und die Litanei. Damit ist die Feier beendet.

Die Morgenfeier an den gewöhnlichen Tagen

[1] An den gewöhnlichen Tagen wird die Morgenfeier, wie folgt, gehalten: [2] Man singt den sechsundsechzigsten Psalm ohne Antiphon wie am Sonntag, ein wenig langsam, so daß alle zum fünfzigsten Psalm da sind, der mit Antiphon gesungen wird. [3] Dann singt man, wie üblich, zwei weitere Psalmen, nämlich: [4] am Montag den fünften und den fünfunddreißigsten, [5] am Dienstag den zweiundvierzigsten und sechsundfünfzigsten, [6] am Mittwoch den dreiundsechzigsten und den vierundsechzigsten, [7] am Donnerstag den siebenundachtzigsten und den neunundachtzigsten, [8] am Freitag den fünfundsiebzigsten und einundneunzigsten, [9] am Samstag aber den hundertzweiundvierzigsten und den Lobgesang aus dem Deuteronomium, den man in zwei *Ehre sei dem Vater* teilt. [10] An den andern Tagen [Montag bis Freitag] singt man nämlich jeden Tag den entsprechenden Lobgesang aus den Propheten, wie es in der Römischen Kirche Brauch ist. [11] Danach folgen die Lobpsalmen, dann eine Lesung aus dem Apostel, auswendig, das Responsorium, der Hymnus des Ambrosius, der Vers, der Lobgesang aus dem Evangelium und die Litanei. Damit ist die Feier beendet.

XII cf. RM 39,1–7; 35,1; 45,12
XIII cf. RM 39,1–4

¹²Plane Agenda matutina vel vespertina non transeat aliquando, nisi in ultimo per ordinem oratio dominica, omnibus audientibus, dicatur a priore propter scandalorum spinas quae oriri solent, ¹³ut conventi per ipsius orationis sponsionem qua dicunt: *Dimitte nobis sicut et nos dimittimus*, purgent se ab huiusmodi vitio. ¹⁴Ceteris vero Agendis ultima pars eius orationis dicatur, ut ab omnibus respondeatur: *Sed libera nos a malo*.

CAPUT
XIV
In nataliciis Sanctorum qualiter agantur Vigiliae

¹In Sanctorum vero festivitatibus vel omnibus sollemnitatibus, sicut diximus dominico die agendum, ita agatur, ²excepto quod psalmi aut antefanae vel lectiones ad ipsum diem pertinentes dicantur; modus autem suprascriptus teneatur.

CAPUT
XV
Alleluia quibus temporibus dicatur

¹A sanctum Pascha usque Pentecosten sine intermissione dicatur *Alleluia*, tam in psalmis quam in responsoriis. ²A Pentecosten autem usque caput Quadragesimae, omnibus noctibus, cum sex posterioribus psalmis tantum ad Nocturnos dicatur. ³Omni vero Dominica extra Quadragesima cantica, Matutinos, Prima, Tertia, Sexta Nonaque cum *Alleluia* dicatur, Vespera vero iam antefana. ⁴Responsoria vero numquam dicantur cum *Alleluia*, nisi a Pascha usque Pentecosten.

---

12 vespertina: vespera *O*   in ultimo ordine *O*   13 demitte . . . demittimus *O*
  XIV 2 antifanae *O*
  XV 1 sancto *O*   2 usque: in *add. O*   ad nocturnas *O*   3 a matutinis *O*   dicantur
O   vero *om. O*   4 usque ad *O*

¹²Die Morgen- und die Abendfeier dürfen auf keinen Fall zu Ende gehen, ohne daß der Obere am Schluß das ganze Gebet des Herrn so spricht, daß alle es hören, wegen der Dornen, das heißt wegen der Streitigkeiten, die leicht entstehen. ¹³Dadurch, daß die Brüder die Bitte aussprechen *Vergib uns, wie auch wir vergeben,* verpflichten sie sich, sich von einer solchen Schuld zu reinigen. ¹⁴Bei den anderen Gebetszeiten spricht man nur den Schluß dieses Gebetes laut, so daß alle antworten: *Sondern erlöse uns von dem Bösen!*

Die Vigilien an den Festtagen der Heiligen

14

vgl. Kap. 19

¹An den Gedenktagen der Heiligen und an allen Festen hält man es so, wie wir es für den Sonntag bestimmt haben. ²Nur nimmt man die Psalmen, Antiphonen und Lesungen, die zum betreffenden Tag gehören. Doch wird die oben angegebene Ordnung beibehalten.

Die Zeiten des Alleluia-Gesangs

KAPITEL

15

¹Vom heiligen Ostern bis Pfingsten singt man ohne Unterbrechung *Alleluia**, sowohl zu den Psalmen wie zu den Responsorien. ²Von Pfingsten bis zum Beginn der Fastenzeit singt man es jede Nacht nur zu den letzten sechs Psalmen der Nachtfeier. ³An allen Sonntagen außerhalb der Fastenzeit singt man die Lobgesänge [der Vigilien], die Morgenfeier, Prim, Terz, Sext und Non mit *Alleluia,* die Vesper aber mit Antiphon. ⁴Die Responsorien jedoch singt man nie mit *Alleluia,* außer in der Zeit von Ostern bis Pfingsten.

---

12 non transeat, cf. Concil. Gerunda (517) can. 10 (Mansi 8,549sqq.)   spinas, cf. Cass., Conl. 9,33   **13-14** Mt 6,12–13   dimitte, cf. August., Serm. 49,8   sponsionem, cf. Cypr., Or. 23; August., Serm. 56,13
   XIV cf. RM 45,12–18   **1** cf. RB 11
   XV RM 45; cf. RM 28.44–47   **1** cf. RM 45,1   **3** dominica, cf. RM 45,12

***15,1** »Alleluia« bedeutet »Lobt den Herrn«.

CAPUT

XVI

Qualiter divina Opera per diem agantur

[1]Ut ait Propheta: *Septies in die laudem dixi tibi.* [2]Qui septenarius sacratus numerus a nobis sic implebitur, si Matutino, Primae, Tertiae, Sextae, Nonae, Vesperae Conpletoriique tempore nostrae servitutis officia persolvamus, [3]quia de his diurnis Horis dixit: *Septies in die laudem dixi tibi.* [4]Nam de nocturnis Vigiliis idem ipse Propheta ait: *Media nocte surgebam ad confitendum tibi.*

[5]Ergo his temporibus referamus *laudes* Creatori nostro *super iudicia iustitiae* suae, id est Matutinis, Prima, Tertia, Sexta, Nona, Vespera, Conpletorios, et *nocte surgamus ad confitendum* ei.

CAPUT

XVII

Quot psalmi per easdem Horas dicendi sunt

[1]Iam de Nocturnis vel Matutinis digessimus ordinem psalmodiae; nunc de sequentibus Horis videamus.

[2]Prima Hora dicantur psalmi tres singillatim et non sub una *Gloria,* [3]hymnum eiusdem Horae post versum *Deus, in adiutorium,* antequam psalmi incipiantur. [4]Post expletionem vero trium psalmorum recitetur lectio una, versu et *Quirie eleison* et missas.

[5]Tertia vero, Sexta et Nona item eo ordine celebretur oratio, id est versu, hymnos earundem Horarum, ternos psalmos, lectionem et versu, *Quirie eleison* et missas. [6]Si maior congregatio fuerit, cum antefanas, si vero minor, in directum psallantur.

XVI 2 matutini *O*   3 diurnis *om. O*   5 conpleturio *O*   et *om. O*
XVII T cantandi *O*   1 degessimus *O*   3 eius horae *O*   adiutorium meum *O*
4 vero *om. O*   verso *O*   5 item: idem *O*   versum *O*   hymnus *O*   missas
sunt *A*   misa sunt *O*

XVI RM 34   **1** Ps 118, 164   **2** septenarius, cf. RM 38,2; 42,3; 43,2   **3** Ps 118,
164   **4** Ps 118,62   **5** Ps 118,164.62

16

¹Wie der Prophet sagt: *Siebenmal am Tag singe ich dein Lob.* ²Diese geheiligte Siebenzahl erfüllen wir dann, wenn wir in der Morgenfrühe sowie zu den Stunden der Prim, Terz, Sext, Non, Vesper und Komplet unseren schuldigen Dienst leisten; ³denn von diesen Gebetsstunden am Tag sagt der Prophet: *Siebenmal am Tag singe ich dein Lob.* ⁴Von der Feier der nächtlichen Vigilien sagt der gleiche Prophet: *Um Mitternacht stehe ich auf, um dir zu lobsingen.*

⁵Zu diesen Zeiten wollen wir also unserem Schöpfer den Lobpreis darbringen *wegen seiner gerechten Entscheidungen,* nämlich bei der Morgenfeier, Prim, Terz, Sext, Non, Vesper und Komplet; und auch *bei Nacht wollen wir aufstehen, um ihn zu preisen.*

## *Die Zahl der Psalmen bei diesen Gottesdiensten*	KAPITEL
17

¹Für die Feier in der Nacht und am Morgen haben wir die Ordnung des Psalmengesangs bereits festgelegt; nun wenden wir uns den folgenden Gebetsstunden zu.

²Zur Prim singt man drei Psalmen, jeden für sich, also nicht unter einem einzigen *Ehre sei dem Vater,* ³vor dem Beginn der Psalmen den Vers: *Gott, komm mir zu Hilfe* und den Hymnus dieser Gebetszeit. ⁴Nach den drei Psalmen wird eine Lesung vorgetragen, der Vers, *Kyrie eleison* und der Schluß.*

⁵Die Gebetszeiten der Terz, Sext und Non werden in der gleichen Ordnung gefeiert, das heißt: der Vers, die Hymnen dieser Gebetszeiten, je drei Psalmen, die Lesung und der Vers, *Kyrie eleison* und der Schluß. ⁶Wenn die Klostergemeinde größer ist, singt man die Psalmen mit Antiphonen; ist sie kleiner, ohne Unterbrechung.

XVII RM 35–37	3 Ps 69,2	4 missas, cf. RB 17,5.8.10; 35,14; 38,2; 60,4

*17,4 »Missae« bedeutet in der RB wohl immer »Schluß«, Schlußgebet.

7 Vespertina autem sinaxis quattuor psalmis cum antefanas terminetur. 8 Post quibus psalmis lectio recitanda est; inde responsorium, Ambrosianum, versu, canticum de Evangelia, litania, et oratione dominica fiant missae.

9 Conpletorios autem trium psalmorum dictione terminentur; qui psalmi directanei sine antefana dicendi sunt. 10 Post quos hymnum eiusdem Horae, lectionem unam, versu, *Quirie eleison*, et benedictione missae fiant.

Quo ordine ipsi psalmi dicendi sunt

XVIII

1 In primis dicatur versu: *Deus, in adiutorium meum intende ; Domine, ad adiuvandum me festina, Gloria,* inde hymnum uniuscuiusque Horae.

2 Deinde Prima Hora, Dominica, dicenda quattuor capitula psalmi centesimi octavi decimi. 3 Reliquis vero Horis, id est Tertia, Sexta vel Nona, terna capitula suprascripti psalmi centesimi octavi decimi dicantur.

4 Ad Primam autem secundae feriae dicantur tres psalmi, id est primus, secundus et sextus. 5 Et ita per singulos dies ad Primam, usque Dominica, dicantur per ordinem terni psalmi usque nonum decimum psalmum, ita sane, ut nonus psalmus et septimus decimus partiantur in binos. 6 Et sic fit, ut ad Vigilias Dominica semper a vicesimo incipiatur.

7 Ad Tertiam vero, Sextam Nonamque secundae feriae novem capitula quae residua sunt de centesimo octavo decimo, ipsa terna per easdem Horas dicantur.

8 Expenso ergo psalmo centesimo octavo decimo duobus diebus, id est Dominico et secunda feria, 9 tertia feria iam ad Tertiam, Sextam vel Nonam psallantur terni psalmi a centesimo nono decimo usque centesimo vicesimo septimo, id est psalmi novem. 10 Quique

---

8 evangelio *O*   et fiant *O*   **9** conpleturius *O*   terminetur *O*   **10** lectione una *O* et misae *O*

⁷Für die Vesper beschränkt man sich auf vier Psalmen mit Antiphonen. ⁸Nach diesen Psalmen trägt man die Lesung vor, dann das Responsorium, den Hymnus des Ambrosius, den Vers, den Lobgesang aus dem Evangelium, die Litanei und das Gebet des Herrn als Schlußgebet.

⁹Für die Komplet beschränkt man sich auf das Singen von drei Psalmen. Diese Psalmen singt man ohne Unterbrechung, ohne Antiphon. ¹⁰Dann folgt der Hymnus dieser Gebetszeit, eine Lesung, der Vers, *Kyrie eleison* und das Segensgebet als Schluß.

Die Reihenfolge, in der die Psalmen zu singen sind KAPITEL

18

¹Zuerst singt man den Vers: *Gott, komm mir zu Hilfe ; eile, Herr, mir zu helfen, Ehre sei dem Vater*, dann den Hymnus jeder Gebetszeit.

²Dann singt man am Sonntag zur Prim vier Abschnitte des hundertachtzehnten Psalms. ³Zu den anderen Gebetszeiten, nämlich zur Terz, Sext und Non singt man je drei Abschnitte des oben erwähnten hundertachtzehnten Psalms.

⁴Zur Prim am Montag singt man drei Psalmen, nämlich den ersten, zweiten und sechsten. ⁵So singt man jeden Tag zur Prim der Reihe nach bis zum Sonntag je drei Psalmen bis zum neunzehnten Psalm, wobei man den neunten und siebzehnten Psalm in zwei Abschnitte teilt. ⁶So ergibt es sich, daß man zu den Vigilien am Sonntag immer mit dem zwanzigsten beginnt.

⁷Zur Terz, Sext und Non des Montags singt man die neun noch übrigen Abschnitte des hundertachtzehnten Psalms, drei in jeder Gebetszeit.

⁸So wird der ganze hundertachtzehnte Psalm an diesen zwei Tagen, nämlich am Sonntag und Montag gesungen. ⁹Am Dienstag werden zur Terz, Sext und Non je drei Psalmen gesungen: vom hundertneunzehnten bis zum hundertsiebenundzwanzigsten, also neun Psalmen. ¹⁰Diese

XVIII 1 inprimis: semper diurnis horis *add. O*   versum *O*   unum cuiusque *O*
3 id est *om. O*   5 ad dominicam *O*   partiantur: dividantur *O*   binas glorias *O*
6 fiat *O*   vicissimo *O*   9 id est *om. O*

XVIII 1 Ps 69,2   5 partiantur, cf. Cass. Inst. 2,11.1–2

psalmi semper usque Dominica per easdem Horas itidem repetantur, hymnorum nihilominus, lectionum vel versuum dispositionem uniformem cunctis diebus servatam. [11] Et ita scilicet semper Dominica a centesimo octavo decimo incipietur.

[12] Vespera autem cotidie quattuor psalmorum modulatione canatur. [13] Qui psalmi incipiantur a centesimo nono usque centesimo quadragesimo septimo, [14] exceptis his qui in diversis Horis ex eis sequestrantur, id est a centesimo septimo decimo usque centesimo vicesimo septimo et centesimo tricesimo tertio et centesimo quadragesimo secundo; [15] reliqui omnes in Vespera dicendi sunt. [16] Et quia minus veniunt tres psalmi, ideo dividendi sunt qui ex numero suprascripto fortiores inveniuntur, id est centesimum tricesimum octavum et centesimum quadragesimum tertium et centesimum quadragesimum quartum; [17] centesimus vero sextus decimus, quia parvus est, cum centesimo quinto decimo coniungatur.

[18] Digesto ergo ordine psalmorum vespertinorum, reliqua, id est lectionem, responsum, hymnum, versum vel canticum, sicut supra taxavimus impleatur.

[19] Ad Conpletorios vero cotidie idem psalmi repetantur, id est quartum, nonagesimum et centesimum tricesimum tertium.

[20] Disposito ordine psalmodiae diurnae, reliqui omnes psalmi qui supersunt aequaliter dividantur in septem noctium Vigilias, [21] partiendo scilicet qui inter eos prolixiores sunt psalmi et duodecim per unamquamque constituens noctem.

[22] Hoc praecipue commonentes ut, si cui forte haec distributio psalmorum displicuerit, ordinet si melius aliter iudicaverit, [23] dum omnimodis id adtendat, ut omni ebdomada psalterium ex integro numero centum quinquaginta psalmorum psallatur, et dominico die semper a caput reprendatur ad Vigilias. [24] Quia nimis inertem devotionis suae servitium ostendunt monachi qui minus a psalterio cum canticis consuetudinariis per septimanae circulum psallunt,

---

16 fortiores: potiores *O*   **18** degesto *O*   lectionum *O*   **19** conpletorium *O*
20 supra sunt *O*   septe *O*   **22** ut *om. O*   **23** idem *om. O*   adtendatur *O*
psallantur *A*   reprendatur: repetatur *O*

Psalmen wiederholt man bei diesen Gebetszeiten immer in gleicher Weise bis zum Sonntag; auch die Anordnung der Hymnen, Lesungen und Verse wird an allen Tagen unverändert beibehalten. [11] So kann man am Sonntag immer mit dem hundertachtzehnten Psalm beginnen.

[12] Zur Vesper singt man täglich vier Psalmen. [13] Diese Psalmen beginnen mit dem hundertneunten und gehen bis zum hundertsiebenundvierzigsten. [14] Ausgenommen sind jene Psalmen, die schon für andere Gebetszeiten ausgeschieden sind, nämlich Psalm hundertsiebzehn bis hundertsiebenundzwanzig, ferner Psalm hundertdreiunddreißig und hundertzweiundvierzig. [15] Alle übrigen werden zur Vesper gesungen. [16] Weil man dabei drei Psalmen zu wenig bekommt, so teilt man von den oben erwähnten die längeren, nämlich den Psalm hundertachtunddreißig, hundertdreiundvierzig und hundertvierundvierzig. [17] Der hundertsechzehnte Psalm wird wegen seiner Kürze mit dem hundertfünfzehnten verbunden.

[18] Damit ist die Reihenfolge der Vesperpsalmen festgelegt. Für alles übrige, nämlich die Lesung, das Responsorium, den Hymnus, den Vers und den Lobgesang gelten die oben gegebenen Anordnungen.

[19] Zur Komplet wiederholt man täglich dieselben Psalmen, nämlich den vierten, neunzigsten und hundertdreiunddreißigsten.

[20] Damit ist die Ordnung für den Psalmengesang unter Tags festgelegt; alle noch übrigen Psalmen verteilt man gleichmäßig auf die sieben Vigilien, [21] und zwar so, daß man die längeren Psalmen teilt und jeder Nacht zwölf zuteilt.

[22] Wir machen ausdrücklich auf folgendes aufmerksam: Wenn jemand diese Verteilung nicht annehmen will, dann soll er nach besserer Einsicht eine andere Reihenfolge aufstellen. [23] Nur soll er unter allen Umständen darauf achten, daß man jede Woche den Psalter mit seinen hundertfünfzig Psalmen ungekürzt singt und zu den Vigilien am Sonntag immer wieder von vorn beginnt. [24] Denn allzu träge zeigen sich die Mönche in ihrem Dienst und in ihrer Frömmigkeit, wenn sie im Verlauf einer Woche nicht den ganzen Psalter und dazu die üblichen Lobgesänge [aus den Propheten] singen. [25] Lesen wir doch, daß einst unsere heiligen Vä-

16 cf. RB 18,4–6   **21** duodecim, cf. RB 10,3

²⁵dum quando legamus sanctos Patres nostros uno die hoc strenue implesse, quod nos tepidi utinam septimana integra persolvamus.

CAPUT   *De disciplina psallendi*
XIX

¹Ubique credimus divinam esse praesentiam et *oculos Domini in omni loco speculari bonos et malos,* ²maxime tamen hoc sine aliqua dubitatione credamus, cum ad Opus divinum adsistimus.

³Ideo semper memores simus quod ait Propheta: *Servite Domino in timore,* ⁴et iterum: *Psallite sapienter,* ⁵et: *In conspectu angelorum psallam tibi.* ⁶Ergo consideremus qualiter oporteat in conspectu Divinitatis et angelorum eius esse, ⁷et sic stemus ad psallendum, ut mens nostra concordet voci nostrae.

CAPUT   *De reverentia orationis*
XX

¹Si, cum hominibus potentibus volumus aliqua suggerere, non praesumimus nisi cum humilitate et reverentia, ²quanto magis Domino Deo universorum cum omni humilitate et puritatis devotione supplicandum est. ³Et non in multiloquio, sed in puritate cordis et conpunctione lacrimarum nos exaudiri sciamus.

⁴Et ideo brevis debet esse et pura oratio, nisi forte ex affectu inspirationis divinae gratiae protendatur. ⁵In conventu tamen omnino brevietur oratio, et facto signo a priore omnes pariter surgant.

25 quod nos tepidi *om. O*
  XIX 1 domini: dei *O*   in omni loco *om. O*   **5** psallam tibi *om. O*
  XX 4 nisi: si *O*

25 legamus, cf. Vitae Patr. 5,4.57; cf. RB 40,6
  XIX RM 47 **1** Prov 15,3; cf. Cypr., Or. 4   **3** Ps 2,11   **4** Ps 46,8   **5** Ps 137,1
6 consideremus, cf. Cypr., Or. 4
  XX RM 48   **2** supplicandum, cf. Basil., Reg. 108; Cass., Conl. 23,6.3   **3** puritate, cf. Cass., Inst. 5,32–33; Conl. 1,6–7; 9,15; 19,6.8   conpunctione, cf. Cass., Conl. 9,28

ter in ihrem Eifer an einem einzigen Tag das vollbracht haben, was wir
lauen Mönche wenigstens in einer ganzen Woche leisten sollten.

Das Verhalten beim Psalmensingen

KAPITEL
19

[1] Wir glauben, daß Gott überall gegenwärtig ist und daß *die Augen des
Herrn an jedem Ort die Guten und die Bösen beobachten.* [2] Das sollen wir noch
mehr als sonst glauben und für gewiß halten, wenn wir am Gottesdienst
teilnehmen.

[3] Immer sollen wir daher an das Wort des Propheten denken: *Dient
dem Herrn in Furcht!* [4] Und: *Singt eure Psalmen mit Verstand!* [5] Und: *In
Gegenwart der Engel singe ich dir Psalmen.* [6] Wir wollen also bedenken, wie
wir vor dem Angesicht der Gottheit und ihrer Engel sein müssen, [7] und
so beim Psalmensingen stehen, daß unser Herz im Einklang ist mit unserem Wort.

Von der Ehrfurcht beim Gebet

KAPITEL
20

[1] Wenn wir mächtigen Menschen eine Bitte unterbreiten wollen, wagen
wir es nur in Demut und Ehrfurcht. [2] Um wieviel mehr müssen wir zum
Herrn, dem Gott des Weltalls, in aller Demut und mit reiner Hingabe
flehen. [3] Und wir sollen wissen, daß wir nicht durch die vielen Worte,
sondern durch die Reinheit des Herzens und die Tränen der Zerknirschung Erhörung finden.

[4] Deshalb soll das Gebet* kurz und rein sein, es sei denn, es werde durch
den Antrieb und die Eingebung der göttlichen Gnade verlängert. [5] Doch
in der Gemeinschaft soll das Gebet ganz kurz sein; und wenn der Obere
das Zeichen gegeben hat, sollen alle zusammen aufstehen.

4 pura, cf. Cass., Conl. 4,2; 9,26   5 pariter, cf. Pachom., Reg., praec. 6; Cass., Inst. 2,7

*20,4-5 Die RB setzt, altmonastischem Brauch gemäß, neben dem gemeinsamen
Gebet das *stille* voraus, das in seinem Vollzug dem einzelnen Mönch überlassen war
(RB 52,3 f). Doch innerhalb des gemeinsamen Gebetes wurde seine Dauer vom Abt
bestimmt.

XXI

[1] Si maior fuerit congregatio, elegantur de ipsis fratres boni testimonii et sanctae conversationis, et constituantur decani, [2] qui sollicitudinem gerant super decanias suas in omnibus secundum mandata Dei et praecepta abbatis sui. [3] Qui decani tales elegantur in quibus securus abbas partiat onera sua. [4] Et non elegantur per ordinem, sed secundum vitae meritum et sapientiae doctrinam.

[5] Quique decani, si ex eis aliqua forte quis inflatus superbia repertus fuerit reprehensibilis, correptus semel et iterum atque tertio si emendare noluerit, deiciatur, [6] et alter in loco eius qui dignus est subrogetur.

[7] Et de praeposito eadem constituimus.

XXII

[1] Singuli per singula lecta dormiant. [2] Lectisternia pro modo conversationis secundum dispensationem abbatis sui accipiant.

[3] Si potest fieri omnes in uno loco dormiant; sin autem multitudo non sinit, deni aut viceni cum senioribus qui super eos solliciti sint, pausent. [4] Candela iugiter in eadem cella ardeat usque mane.

[5] Vestiti dormiant et cincti cingulis aut funibus, ut cultellos suos ad latus suum non habeant dum dormiunt, ne forte per somnum vulnerent dormientem; [6] et ut parati sint monachi semper et, facto

XXI 1 fratribus *O*   **2** suas *om. O*   **5** correctus *O*   atque: ac *O*   **6** subrogetur: succedat *O*

XXII 1 lectula *O*   **2** abbe *A*   **3** sin: si *O*   sinet *O*   **5** cingellis *O*   suum: eorum *O*   somnium *O*   vulneret *O*

XXI RM 11   **1** elegantur, cf. Act 6,3; Deut 1,13–15   decani, cf. Hieron., Ep. 22, 35; August., Mor. eccl. 1,31.67   **2** decanias, cf. Cass., Inst. 4,10; 4,17   **3** decani, cf. Ex 18,21–22   **3-4** cf. RB 64,2   **5** tertio, cf. RB 23,1   emendare, cf. Caes., Reg. virg. 12   **7** praeposito, cf. RB 65,12. 18–21

Die Dekane des Klosters

[1] Wenn die Klostergemeinde größer ist, sollen aus ihrer Mitte Brüder von gutem Ruf und heiligem Leben gewählt und zu Dekanen bestellt werden. [2] Diese führen in allen Angelegenheiten die Aufsicht über ihre Dekanien, im Einklang mit den Geboten des Herrn und den Weisungen ihres Abtes. [3] Zu Dekanen sollen Brüder gewählt werden, auf die der Abt ruhig einen Teil seiner Bürde legen kann. [4] Für die Wahl soll nicht die Rangordnung maßgebend sein, sondern das vorbildliche Leben und die Weisheit der Lehre.

[5] Gibt ein Dekan, von Stolz aufgebläht, Anlaß zum Tadel, dann soll er einmal, ein zweites und drittes Mal zurechtgewiesen werden; will er sich nicht bessern, so werde er abgesetzt, [6] und ein anderer, der würdig ist, soll an seine Stelle treten.

[7] Das gleiche bestimmen wir für den Prior.

Vom Schlaf der Mönche

[1] Jeder soll in einem eigenen Bett schlafen. [2] Nach der Anweisung ihres Abtes erhalten sie Bettzeug, wie es der klösterlichen Lebensweise* entspricht.

[3] Wenn es möglich ist, schlafen alle in e i n e m Raum; wenn die große Zahl es nicht zuläßt, ruhen sie zu zehn oder zwanzig mit ihren Älteren, die über sie wachen. [4] Im Schlafraum brennt bis zum Morgen ständig eine Lampe.

[5] Sie schlafen bekleidet und gegürtet mit Gürtel oder Strick. Während der Nachtruhe sollen sie ihr Messer nicht bei sich tragen, damit sie sich nicht etwa im Schlaf damit verletzen. [6] Die Mönche seien stets bereit.

XXII cf. RM 11,108–121; 29   **2** pro modo c., cf. Dionys., Vita Pachom. 22; Vitae Patr. 5,15.9   **3** uno loco, cf. RM 29,2–4; 44,19; 52,4   **5-6** vestiti-parati, cf. Lc 12, 34.40; Apc 16,15

*22,2 Pro modo conversationis: Es ist kaum sicher zu entscheiden, ob der Ausdruck auf die klösterliche Einfachheit oder auf den Platz im Schlafraum hinweisen will. Grundsätzlich sind die Brüder gleichgestellt, doch sind persönliche Bedürfnisse zu berücksichtigen (RB 34).

signo absque mora surgentes, festinent invicem se praevenire ad Opus Dei, cum omni tamen gravitate et modestia.

[7] Adulescentiores fratres iuxta se non habeant lectos, sed permixti cum senioribus. [8] Surgentes vero ad Opus Dei invicem se moderate cohortentur propter somnulentorum excusationes.

CAPUT   *De excommunicatione culparum*

XXIII

[1] Si quis frater contumax aut inoboediens aut superbus aut murmurans vel in aliquo contrarius existens sanctae Regulae et praeceptis seniorum suorum contemptor repertus fuerit, [2] hic secundum Domini nostri praeceptum admoneatur semel et secundo secrete a senioribus suis. [3] Si non emendaverit, obiurgetur publice coram omnibus. [4] Si vero neque sic correxerit, si intellegit qualis poena sit, excommunicationi subiaceat; [5] sin autem inprobus est, vindictae corporali subdatur.

CAPUT   *Qualis debet esse modus excommunicationis*

XXIV

[1] Secundum modum culpae, et excommunicationis vel disciplinae mensura debet extendi. [2] Qui culparum modus in abbatis pendat iudicio.

[3] Si quis tamen frater in levioribus culpis invenitur, a mensae participatione privetur. [4] Privati autem a mensae consortio ista erit

7 adoliscentiores autem *O*
    XXIII 1 vel: aut *O*   contrario consistens *O*   2 secreto *O*
    XXIV 1 et *om. O*   2 qui: quae *O*   pendet *A*

6 gravitate, cf. RB 7,60; 42,11; 43,2; 47,4
    XXIII RM 12   1 contumax, cf. Cass., Inst. 4,41.2; Reg. Macarii 12; Horsies., Liber

Wenn das Zeichen gegeben wird, sollen sie unverzüglich aufstehen und sich beeilen, einander zum Gottesdienst zuvorzukommen, jedoch mit allem Ernst und Anstand. [7] Die jüngeren Brüder haben ihre Betten nicht nebeneinander, sondern zwischen den Älteren. [8] Beim Aufstehen zum Gottesdienst sollen sie einander bescheiden aufmuntern, so daß die Schläfrigen keine Ausrede haben.

Die Ausschließung bei Verfehlungen

KAPITEL

23

[1] Wenn ein Bruder widerspenstig, ungehorsam oder stolz ist, wenn er murrt und sich in einem Punkt der Heiligen Regel und den Befehlen seiner Oberen widersetzt und sich damit als Verächter erweist, [2] sollen seine Oberen ihn nach dem Gebot des Herrn ein und ein zweites Mal unter vier Augen ermahnen. [3] Bessert er sich nicht, so werde er öffentlich vor allen zurechtgewiesen. [4] Lenkt er auch jetzt nicht ein, so verfalle er der Ausschließung, wenn er die Schwere dieser Strafe begreift. [5] Erweist er sich aber als Querkopf, dann gehe man mit körperlicher Strafe gegen ihn vor.

Die Art der Ausschließung

KAPITEL

24

[1] Der Schwere der Verfehlung muß die Art der Ausschließung und Bestrafung entsprechen. [2] Die Schwere der Verfehlungen zu beurteilen steht dem Abt zu.

[3] Wenn ein Bruder sich leichtere Verfehlungen zuschulden kommen ließ, soll er vom gemeinsamen Tisch ausgeschlossen werden. [4] Für den, der von der Teilnahme am gemeinsamen Tisch ausgeschlossen ist, gilt

25   sanctae R., cf. RB 65,18; Dionys., Vita Pachomii 29; Caes., Reg. virg. 62 64
2 cf. Mt 18,15–16   **3** cf. Mt 18,17; 1 Tim 5,20   **5** vindictae c., cf. Pachom., Reg., praec. atque iud. 4; Reg. Macarii 27; Cass., Inst. 4,16.3; RM 13,69; 14,87; cf. RB 2,28; 28,1.3; 30,3; 45,3; 71,9
XXIV cf. RM 13   **1-2** cf. RM 12,4–5   **3** cf. RM 13,60   **4** cf. RM 13,66–67

ratio, ut in oratorio psalmum aut antefanam non inponat, neque lectionem recitet, usque ad satisfactionem. [5]Refectionem autem cibi post fratrum refectionem solus accipiat, [6]ut, si verbi gratia fratres reficiunt sexta hora, ille frater nona, si fratres nona, ille vespera, [7]usque dum satisfactione congrua veniam consequatur.

CAPUT   *De gravioribus culpis*

XXV

[1]Is autem frater qui gravioris culpae noxa tenetur, suspendatur a mensa, simul ab oratorio. [2]Nullus ei fratrum in nullo iungatur consortio nec in conloquio. [3]Solus sit ad opus sibi iniunctum, persistens in paenitentiae luctu, sciens illam terribilem Apostoli sententiam dicentis: [4]*Traditum eiusmodi hominem in interitum carnis, ut spiritus salvus sit in diem Domini.* [5]Cibi autem refectionem solus percipiat, mensura vel hora qua praeviderit abbas ei conpetere; [6]nec a quoquam benedicatur transeunte nec cibum quod ei datur.

CAPUT   *De his qui sine iussione iungunt se*
                                                 excommunicatis

XXVI

[1]Si quis frater praesumpserit sine iussione abbatis fratri excommunicato quolibet modo se iungere aut loqui cum eo vel mandatum ei dirigere, [2]similem sortiatur excommunicationis vindictam.

---

4 oraturio *O*   **6** frater *om. O*
   XXV 2 nullo: ullo *O*   nec: neque *O*   **5** refectionem: perceptione *O*   **6** cibus *O*
   XXVI T iunguntur *O*   **1** iussionem *A*   diregere *O*

diese Regel: Im Oratorium darf er keinen Psalm und keine Antiphon singen und keine Lesung vortragen, bis er Genugtuung geleistet hat. [5]Die Mahlzeit nimmt er allein ein, nach der Mahlzeit der Brüder. [6]Wenn die Brüder zum Beispiel zur sechsten Stunde essen, ißt dieser Bruder zur neunten; wenn die Brüder zur neunten Stunde essen, dann er am Abend, [7]bis er nach entsprechender Genugtuung Verzeihung erlangt.

Schwere Verfehlungen

KAPITEL

25

[1]Der Bruder, der eine schwere Schuld auf sich geladen hat, soll zugleich von Tisch und Oratorium ausgeschlossen werden. [2]Kein Bruder darf mit ihm irgendwie Gemeinschaft haben oder mit ihm reden. [3]Allein soll er die Arbeit verrichten, die man ihm aufträgt. Er soll in Buße und Trauer verharren und an den furchtbaren Urteilsspruch des Apostels denken: [4]*Ein solcher Mensch ist dem Tod des Fleisches übergeben, damit der Geist am Tag des Herrn gerettet wird.* [5]Die Mahlzeit erhalte er für sich allein, in dem Maß und zu der Zeit, wie es der Abt für richtig befindet. [6]Auch soll ihm beim Vorübergehen niemand den Segensgruß bieten, noch darf die Speise gesegnet werden, die man ihm reicht.

Von Brüdern, die ohne Erlaubnis mit Ausgeschlossenen verkehren

KAPITEL

26

[1]Wagt es ein Bruder, ohne Erlaubnis des Abtes irgendwie mit einem Ausgeschlossenen zu verkehren, mit ihm zu reden oder ihm etwas auszurichten, [2]dann trifft ihn die gleiche Strafe der Ausschließung.

6 cf. RM 13,51–52   7 cf. RM 13,61
   XXV cf. RM 13   1 cf. RM 13,62   2 cf. RM 13,45   3 cf. RM 13,44–49   4 1 Cor
5,5   5 cf. RM 13,47   6 benedicatur, cf. Ps 128,8; RM 13, 46–47
   XXVI cf. RM 13,54–56   1-2 cf. Cass., Inst. 2,16; Reg. oriental. 33

[1] Omni sollicitudine curam gerat abbas circa delinquentes fratres, quia *non est opus sanis medicus, sed male habentibus.* [2] Et ideo uti debet omni modo ut sapiens medicus: inmittere senpectas, id est seniores sapientes fratres, [3] qui quasi secrete consolentur fratrem fluctuantem et provocent ad humilitatis satisfactionem et *consolentur* eum *ne abundantiori tristitia absorbeatur*, [4] sed, sicut ait item Apostolus: *Confirmetur in eo caritas*, et oretur pro eo ab omnibus.

[5] Magnopere enim debet sollicitudinem gerere abbas et omni sagacitate et industria currere, ne aliquam de ovibus sibi creditis perdat. [6] Noverit enim se infirmarum curam suscepisse animarum, non super sanas tyrannidem. [7] Et metuat Prophetae comminationem per quam dicit Deus: *Quod crassum videbatis adsumebatis, et quod debile erat proiciebatis.* [8] Et Pastoris boni pium imitetur exemplum, qui, relictis nonaginta novem ovibus in montibus, abiit unam ovem quae erraverat quaerere. [9] Cuius infirmitati in tantum conpassus est, ut eam in sacris humeris suis dignaretur inponere et sic reportare ad gregem.

XXVII 2 inmittere: quasi occultos consolatores *add. O*   **3** secreto *O*   habundantiore *O*   **8** habiit *A*   **9** umeris *O*

XXVII 1 Mt 9,12   **2** sapiens medicus, cf. Origen., Lev. Hom. 7,1–2; 8,1.4; Vitae Patr. 5,5.4; 5,10.85   senpectas, cf. Pallad., Hist. Laus. 37   **3** fluctuantem, cf. RM 15,12   2 Cor 2,7   **4** cf. 2 Cor 2,8   oretur, cf. RM 15,26   **6** tyrannidem, cf. RB 65,2   **7** Ez 34,3–4   **8** pastoris boni, cf. Ioh 10,11; Mt 18,12; Lc 15,4; RM 14,7.13; Origen., Ios. Hom. 7,6   **9** humeris, cf. Lc 15,5; RM 14,8

Die Art und Weise, wie der Abt für die Ausgeschlossenen Sorge tragen soll

¹ Der Abt muß auf jegliche Weise um die Brüder besorgt sein, die sich verfehlt haben; denn *nicht die Gesunden brauchen den Arzt, sondern die Kranken.* ² Deshalb muß er wie ein erfahrener Arzt alle Mittel anwenden; er soll Senpekten* vorschicken, das heißt ältere und erfahrene Brüder, ³ die unter vier Augen dem schwankenden Bruder freundlich zureden und versuchen, ihn zu demütiger Genugtuung zu bewegen; sie sollen ihm *freundlich zureden, damit er nicht in übermäßiger Trauer versinkt.* ⁴ Wie der Apostel sagt, *soll man ihm gegenüber vielmehr die Liebe walten lassen,* und alle sollen für ihn beten.

⁵ Der Abt muß sich große Mühe geben und mit Umsicht und Beharrlichkeit alles daransetzen, um keines der ihm anvertrauten Schafe zu verlieren. ⁶ Er muß wissen, daß er die Sorge für kranke Seelen*, nicht die Gewaltherrschaft über gesunde übernommen hat. ⁷ Und er fürchte das Drohwort, das Gott durch den Propheten spricht: *Was euch fett schien, habt ihr für euch genommen, und was schwach war, habt ihr weggeworfen.* ⁸ Auch ahme er den Guten Hirten nach, der das Beispiel treuer Liebe gab; er ließ die neunundneunzig Schafe in den Bergen zurück und machte sich auf, um das e i n e verirrte Schaf zu suchen. ⁹ Er hatte solches Mitleid mit dessen Schwäche, daß er es huldvoll auf seine heiligen Schultern nahm und so zur Herde zurücktrug.

*27,2 Benedikt, des Griechischen unkundig, hört im vulgären Fremdwort *sen*-pecta (sympáiktes – »Spielgefährte«) das Wort *sen*-ior. Ein neuer Deutungsversuch sieht in den »Senpekten« medizinische »Senfpflaster«, Heilmittel (RB 28,3), ein Bild für die seelsorglich-heilende Tätigkeit der »erfahrenen Brüder«.
*27,6 Die RB will nicht sagen, daß *alle* Mönche irgendwie »krank« sind, sondern nur den gültigen Grundsatz betonen, sich der »Kranken«, d. h. Fehlenden besonders anzunehmen.

De his qui saepius correpti emendare noluerint

XXVIII

[1] Si quis frater frequenter correptus pro qualibet culpa, si etiam excommunicatus non emendaverit, acrior ei accedat correptio, id est ut verberum vindicta in eum procedant. [2] Quod si nec ita correxerit, aut forte – quod absit – in superbia elatus etiam defendere voluerit opera sua, tunc abbas faciat quod sapiens medicus: [3] si exhibuit fomenta, si unguenta adhortationum, si medicamina Scripturarum divinarum, si ad ultimum ustionem excommunicationis vel plagarum virgae, [4] et iam si viderit nihil suam praevalere industriam, adhibeat etiam, quod maius est, suam et omnium fratrum pro eo orationem, [5] ut Dominus qui omnia potest operetur salutem circa infirmum fratrem. [6] Quod si nec isto modo sanatus fuerit, tunc iam utatur abbas ferro abscisionis, ut ait Apostolus: *Auferte malum ex vobis;* [7] et iterum: *Infidelis si discedit, discedat,* [8] ne una ovis morbida omnem gregem contagiet.

Si debeant fratres exeuntes de monasterio iterum recipi

XXIX

[1] Frater qui proprio vitio egreditur de monasterio, si reverti voluerit, spondeat prius omnem emendationem pro quo egressus est, [2] et sic in ultimo gradu recipiatur, ut ex hoc eius humilitas conprobetur. [3] Quod si denuo exierit, usque tertio ita recipiatur, iam postea sciens omnem sibi reversionis aditum denegari.

XXVIII T hiis *O*   **1** vindictae *O*   **2** superbiam *O*   **3** ustionem: ultionem *O*
5 omnia potest: omnipotens est *O*   **6** iam *om. O*
　　XXIX 1 aut proicitur *add. O*   emendationem: vitii *add. O*   **2** et *om. O*
3 ita *om. O*

　　XXVIII cf. RM 13,68–73; 15   **1** verberum, cf. RB 23,5   **2** cf. 1 Tim 3,6   medicus, cf. RB 27,2   **3** fomenta, cf. Origen., Ios. Hom. 7,6; Cass., Inst. 10,7; Vitae

Von denen, die sich trotz öfterer Zurechtweisung KAPITEL
nicht bessern wollen

28

[1] Wenn ein Bruder wegen irgendeines Vergehens öfter zurechtgewiesen und sogar ausgeschlossen wurde und sich dennoch nicht bessert, komme eine noch schärfere Strafe hinzu, das heißt, man gehe mit Rutenschlägen gegen ihn vor. [2] Bessert er sich auch so nicht, oder will er sogar – was Gott verhüte – hochmütig sein Tun verteidigen, dann mache es der Abt wie ein erfahrener Arzt: [3] Wenn er alles versucht hat: Umschläge, Salben der Ermahnungen, das Heilmittel der göttlichen Schriften, zuletzt das Brennmittel der Ausschließung und der Stockschläge, [4] dann aber sieht, daß seine Mühe nichts fruchtet, so greife er zu einem wirksameren Mittel: Er selbst und alle Brüder sollen für ihn beten, [5] damit der Herr, der alles vermag, den kranken Bruder wieder gesund macht. [6] Erst wenn auch so keine Heilung eintritt, greife der Abt zum Messer, um abzuschneiden, wie der Apostel sagt: *Schafft den Bösen fort aus eurer Mitte!* [7] Er sagt auch· *Wenn der Ungläubige weggehen will,* dann *soll er gehen,* [8] damit nicht ein räudiges Schaf die ganze Herde verseucht.

Über die Wiederaufnahme von Brüdern, KAPITEL
die aus dem Kloster gehen

29

[1] Wenn ein Bruder aus eigener Schuld das Kloster verlassen hat und dann wieder zurückkehren will, so muß er zuerst versprechen, sich in dem Fehler völlig zu bessern, der Anlaß zu seinem Austritt war. [2] Dann nimmt man ihn auf, stellt ihn aber an den letzten Platz, um dadurch seine Demut zu prüfen. [3] Wenn er nochmals weggeht, wird er in der gleichen Weise bis zu drei Malen wieder aufgenommen; danach aber muß er wissen, daß ihm keinerlei Möglichkeit mehr gegeben wird, ins Kloster zurückzukehren.

Patr. 5,5.4; 5,10.85 **4** orationem, cf. RM 15, 25–26; 14,25–32 **5** omnia potest, cf. RM 14,65–66 **6** 1 Cor 5,13 **7** 1 Cor 7,15 **8** morbida, cf. Origen., Ios. Hom. 7,6; Cypr., Ep. 59,15; August., Reg. 11,111–112; Vincent. Ler., Comm. 1,8 **XXIX** RM 64 **2** recipiatur, cf. Pachom., Reg., praec. 136

CAPUT

XXX

De pueris minori aetate qualiter corripiantur

¹Omnis aetas vel intellectus proprias debet habere mensuras.
²Ideoque quotiens pueri vel adulescentiores aetate, aut qui minus
intellegere possunt, quanta poena sit excommunicationis, ³hii tales
dum delinquunt, aut ieiuniis nimiis affligantur aut acris verberibus
coerceantur, ut sanentur.

CAPUT

XXXI

De cellarario monasterii qualis sit

¹Cellararius monasterii elegatur de congregatione sapiens, maturis
moribus, *sobrius*, non multum edax, non elatus, *non turbulentus*, non
iniuriosus, non tardus, non prodigus, ²sed timens Deum; qui omni
congregationi sit sicut pater.

³Curam gerat de omnibus. ⁴Sine iussione abbatis nihil faciat.
⁵Quae iubentur custodiat. ⁶Fratres non contristet. ⁷Si quis frater
ab eo forte aliqua inrationabiliter postulat, non spernendo eum
contristet, sed rationabiliter cum humilitate male petenti deneget.

⁸Animam suam custodiat, memor semper illud apostolicum,
quia *qui bene ministraverit, gradum bonum sibi adquirit.* ⁹Infirmorum,
infantum, hospitum pauperumque cum omni sollicitudine curam
gerat, sciens sine dubio, quia pro his omnibus in die iudicii rationem redditurus est.

¹⁰Omnia vasa monasterii cunctamque substantiam ac si altaris
vasa sacrata conspiciat. ¹¹Nihil ducat neglegendum. ¹²Neque ava-

---

XXX 2 adoliscentiores *O*   3 hi *O*
XXXI 4 iussionem *A*   7 postulet *O*   cum humilitate *om. O*   9 omni *om. O*
diem *A*

XXX cf. RM 14,79–86   2 quanta poena, cf. Pachom., Reg., praec. atque iud. 13
3 ieiuniis, cf. RM 13,50   verberibus, cf. RB 23,5

Die Bestrafung minderjähriger Knaben

¹ Jede Alters- und Erkenntnisstufe verlangt die ihr entsprechende Behandlung. ² Sooft sich daher Kinder und Jugendliche oder auch Erwachsene, die nicht recht begreifen können, was für eine schwere Strafe die Ausschließung ist, ³ sooft sich also solche verfehlen, bestraft man sie mit strengem Fasten oder züchtigt sie mit harten Schlägen, damit sie geheilt werden.

Die Eigenschaften des Cellerars des Klosters

¹ Zum Cellerar des Klosters wählt man einen aus der Gemeinschaft aus, der lebenserfahren ist und einen reifen Charakter hat, der *mäßig* und kein großer Esser ist, nicht hochmütig, *nicht aufgeregt*, nicht grob, nicht umständlich, nicht verschwenderisch, ² der vielmehr Gott fürchtet. Er soll für die ganze Klostergemeinde wie ein Vater sein.

³ Er soll Sorge tragen für alles. ⁴ Nichts soll er ohne Auftrag des Abtes tun. ⁵ Er soll sich an die erhaltenen Anweisungen halten. ⁶ Er soll die Brüder nicht betrüben. ⁷ Falls ein Bruder unvernünftige Wünsche vorbringt, dann soll er ihn nicht betrüben, indem er ihn mit Verachtung zurückweist, sondern die unvernünftige Bitte mit Angabe des Grundes bescheiden ablehnen.

⁸ Er soll über seine Seele wachen und immer an das Wort des Apostels denken: *Wer seinen Dienst gut versieht, erlangt einen hohen Rang.* ⁹ Er sorge unermüdlich für die Kranken, Kinder, Gäste und Armen, in der festen Überzeugung, daß er am Tag des Gerichtes für diese alle Rechenschaft ablegen muß.

¹⁰ Alles Gerät und die ganze Habe des Klosters soll er als heiliges Altargerät betrachten. ¹¹ Nichts soll er nachlässig behandeln. ¹² Er soll nicht dem Geiz ergeben, aber auch kein Verschwender und Vergeuder

XXXI RM 16   **1** cf. 1 Tim 3,2   turbulentus, cf. Is 2,4; cf. RB 64,9.16   **1-16** Reg. orient. 25   **6** contristet, cf. Vitae Patr. 7,5.2   **8** 1 Tim 3,13; cf. Reg. 4 Patr. 3,26–27   **10-11** vasa, cf. Basil., Reg. 103–104; Cass., Inst. 4,19.3; Reg. 4 Patr. 3,28–30

ritiae studeat neque prodigus sit et stirpator substantiae monasterii, sed omnia mensurate faciat et secundum iussionem abbatis.

¹³Humilitatem ante omnia habeat, et cui substantia non est quod tribuatur, sermo responsionis porrigatur bonus, ¹⁴ut scriptum est: *Sermo* bonus *super datum optimum*. ¹⁵Omnia quae ei iniunxerit abbas, ipsa habeat sub cura sua; a quibus eum prohibuerit, non praesumat. ¹⁶Fratribus constitutam annonam sine aliquo tyfo vel mora offerat, ut non scandalizentur, memor divini eloquii, quid mereatur *qui scandalizaverit unum de pusillis*.

¹⁷Si congregatio maior fuerit, solacia ei dentur, a quibus adiutus et ipse aequo animo impleat officium sibi commissum. ¹⁸Horis conpetentibus et dentur quae danda sunt et petantur quae petenda sunt, ¹⁹ut nemo perturbetur neque contristetur in domo Dei.

CAPUT

XXXII

De ferramentis vel rebus monasterii

¹Substantia monasterii in ferramentis vel vestibus seu quibuslibet rebus praevideat abbas fratres de quorum vita et moribus securus sit, ²et eis singula, ut utile iudicaverit, consignet custodienda atque recolligenda. ³Ex quibus abbas brevem teneat, ut dum sibi in ipsa adsignata fratres vicissim succedunt, sciat quid dat aut quid recipit.

⁴Si quis autem sordide aut neglegenter res monasterii tractaverit, corripiatur; ⁵si non emendaverit, disciplinae regulari subiaceat.

12 sit: et *om. O*   **13** quod: quae *A*   **16** tyfo: typo *O*   **18** et dentur: dentur *A*
   XXXII 2 iudicaverit utile *A*   custodienda: constituenda *O*   **3** vicissim: vicibus *O*   aut: et *O*   **4** autem: aut *O*

des klösterlichen Besitzes sein, sondern in allem Maß halten und die Weisungen des Abtes befolgen. [13]Vor allem muß er demütig sein. Kann er einem Bruder nichts geben, dann gebe er ihm wenigstens eine freundliche Antwort. [14]Es steht ja geschrieben: *Ein freundliches Wort geht über die beste Gabe.* [15]Er hat die Verantwortung für alles, was ihm der Abt aufträgt. In Dinge, die der Abt ihm vorenthalten hat, mische er sich nicht ein. [16]Er gebe den Brüdern das festgesetzte Maß an Speise und Trank, ohne sie von oben herab zu behandeln oder warten zu lassen. Er könnte sie sonst zum Zorn verleiten. Er bedenke, was nach Gottes Wort der verdient, *der einen der Kleinen zum Zorn verleitet.*

[17]Wenn die Klostergemeinde größer ist, soll man ihm Gehilfen geben. Mit ihrer Unterstützung kann er das ihm anvertraute Amt verwalten, ohne den Frieden der Seele zu verlieren. [18]Zur bestimmten Zeit gebe man, was zu geben, und erbitte man, was zu erbitten ist, [19]damit im Haus Gottes niemand verwirrt oder traurig wird.

Die Werkzeuge und die Habe des Klosters KAPITEL

32

[1]Den Besitz des Klosters an Werkzeugen, Kleidern und sonstiger Habe soll der Abt Brüdern anvertrauen, auf deren Leben und Charakter er sich verlassen kann. [2]Er soll ihnen, wie er es für zweckmäßig hält, die verschiedenen Sachen zuweisen, die sie aufzubewahren und wieder einzufordern haben. [3]Von diesen Sachen soll der Abt eine Liste haben, damit er weiß, was er ausgibt und was er zurückbekommt, wenn die Brüder an ihren Arbeitsplätzen einander ablösen.

[4]Wenn einer die Sachen des Klosters verschmutzen läßt oder nicht in Ordnung hält, werde er zurechtgewiesen. [5]Bessert er sich nicht, dann treffe ihn die in der Regel festgesetzte Strafe.

---

13 sermo bonus, cf. August., Enarr. in Ps 103,1,19   14 Eccli 18,17   16 Mt 18,6
17 solacia, cf. RB 35,3–4; 53,18; 66,5   19 domo dei, RB 53,22; 64,5
    XXXII RM 17   3 brevem, cf. Eccli 42,7   quid dat, cf. Pachom., Reg., praec. 66
4-5 neglegenter, cf. Reg. 4 Patr. 3,29

XXXIII

¹Praecipue hoc vitium radicitus amputandum est de monasterio, ²ne quis praesumat aliquid dare aut accipere sine iussione abbatis, ³neque aliquid habere proprium, nullam omnino rem, neque codicem, neque tabulas, neque grafium, sed nihil omnino, ⁴quippe quibus nec corpora sua nec voluntates licet habere in propria voluntate; ⁵omnia vero necessaria a patre sperare monasterii, nec quicquam liceat habere quod abbas non dederit aut permiserit.

⁶*Omniaque* omnibus *sint communia*, ut scriptum est, *ne quisquam suum aliquid dicat* vel praesumat.

⁷Quod si quisquam huic nequissimo vitio deprehensus fuerit delectari, admoneatur semel et iterum; ⁸si non emendaverit, correptioni subiaceat.

XXXIV

¹Sicut scriptum est: *Dividebatur singulis prout cuique opus erat.* ²Ubi non dicimus ut personarum – quod absit – acceptio sit, sed infirmitatum consideratio; ³ubi qui minus indiget, agat Deo gratias et non contristetur, ⁴qui vero plus indiget, humilietur pro infirmitate, non extollatur pro misericordia; ⁵et ita omnia membra erunt in pace.

⁶Ante omnia, ne murmurationis malum pro qualicumque causa in aliquo qualicumque verbo vel significatione appareat. ⁷Quod si deprehensus fuerit, districtiori disciplinae subdatur.

XXXIII 2 iussionem *A*   3 omnino *om. O*   5 abbas: aut *add. O*   6 omnibus: omnia *A*   ne: nec *O*   7 ammonitus *O*
XXXIV T debent *O*   4 indiget *om. O*   7 quis fuerit *A*

XXXIII cf. RM 82; 16,58–61; Basil., Reg. 29.106   **1** radicitus, cf. RB 2,26; 55,18; Cass., Inst. 7,21.27   **3** codicem, cf. RB 54,1; 55,19; Cass., Inst. 4,13   **5** a patre, cf.

33

[1]Vor allem dieses Laster muß im Kloster mit der Wurzel ausgerottet werden. [2]Keiner darf sich herausnehmen, ohne Erlaubnis des Abtes etwas zu verschenken oder anzunehmen [3]oder etwas als Eigentum zu besitzen, durchaus nichts: kein Buch, keine Schreibtafel, keinen Griffel, überhaupt gar nichts; [4]sie haben ja nicht einmal das Recht, über ihren eigenen Leib zu verfügen. [5]Alles Notwendige aber dürfen sie vom Vater des Klosters erwarten, und es ist ihnen nicht erlaubt, etwas zu besitzen, was der Abt nicht gegeben oder gestattet hat.

[6]*Alles sei* allen *gemeinsam,* wie es in der Schrift heißt, *so daß keiner etwas sein Eigentum nennt* oder es als solches beansprucht.

[7]Stellt es sich heraus, daß einer an diesem ganz üblen Laster Gefallen findet, dann werde er einmal und ein zweites Mal verwarnt. [8]Bessert er sich nicht, so werde er bestraft.

Ob alle in gleichem Maß das Notwendige erhalten sollen   KAPITEL

34

[1]Wie es in der Schrift heißt: *Jedem wurde zugeteilt, was er nötig hatte.* [2]Damit wollen wir nicht sagen, daß es ein Ansehen der Person geben darf – was Gott verhüte –, sondern daß man auf die verschiedenen Bedürfnisse Rücksicht nimmt. [3]Wer also weniger braucht, danke Gott und sei nicht traurig; [4]wer aber mehr braucht, demütige sich wegen seiner Armseligkeit und überhebe sich nicht, weil man auf ihn Rücksicht nimmt. [5]Auf diese Weise bleiben alle Glieder in Frieden.

[6]Vor allem darf aus keinem Grund, in keinem Wort und keiner Andeutung das Übel des Murrens aufkommen. [7]Sollte es aber festgestellt werden, so muß der Betreffende sehr streng bestraft werden.

Pachom., Reg., praec. 81   **6** Act 4,32; August., Reg. 5,4–5   **7-8** vitio, cf. Cass., Inst. 7,21; RB 55, 16–18
   XXXIV cf. Augustini Regulam   **1** Act 4,35   **1-5** cf. August., Reg. 5–6 9
2 cf. Rom 2,11   **5** cf. 1 Cor 12,12.26

XXXV

[1]Fratres sibi invicem serviant, ut nullus excusetur a coquinae officio, nisi aut aegritudo aut in causa gravis utilitatis quis occupatus fuerit, [2]quia exinde maior mercis et caritas adquiritur. [3]Inbecillibus autem procurentur solacia, ut non cum tristitia hoc faciant; [4]sed habeant omnes solacia secundum modum congregationis aut positionem loci. [5]Si maior congregatio fuerit, cellararius excusetur a coquina, vel si qui, ut diximus, maioribus utilitatibus occupantur. [6]Ceteri sibi sub caritate invicem serviant.

[7]Egressurus de septimana, sabbato munditias faciat. [8]Lintea cum quibus sibi fratres manus aut pedes tergunt, lavent. [9]Pedes vero tam ipse qui egreditur quam ille qui intraturus est omnibus lavent. [10]Vasa ministerii sui munda et sana cellarario reconsignet; [11]qui cellararius item intranti consignet, ut sciat quod dat aut quod recipit.

[12]Septimanarii autem ante unam horam refectionis accipiant super statutam annonam singulas biberes et panem, [13]ut hora refectionis sine murmuratione et gravi labore serviant fratribus suis. [14]In diebus tamen sollemnibus usque ad missas sustineant.

[15]Intrantes et exeuntes ebdomadarii in oratorio mox Matutinis finitis Dominica omnium genibus provolvantur postulantes pro se orari. [16]Egrediens autem de septimana dicat hunc versum: *Benedictus es, Domine Deus*, qui *adiuvasti me et consolatus es me*. [17]Quo dicto tertio accepta benedictione egrediens, subsequatur ingrediens

XXXV 1 ut: et *A*   utilitatis *om. A*   2 merces *A*   et caritas *om. O*   8 aut: ac *A*   tergent *O*   10 resignet *O*   11 item: iterum *O*   12 singulas sibi bibere et pane *O*   15 omnium: omnibus *A*   17 accipiat benedictionem *O*

XXXV RM 18   1 excusetur, cf. Caes., Serm. 196,2 (G. Morin)   utilitatis, cf. RM 20,1.4.20   2 mercis, cf. RM 31,12   3 solacia, cf. RB 31,17; RM 19,18.20–21; 23, 51–52   tristitia, cf. RB 31,6–7; 34,3; 48,7; 54,4   5 si maior, cf. RB 17,6; 21,1; 31,7; RM 19,18; 22,3   7-8 munditias, cf. RM 19,22–25   9 pedes, cf. RM 30,3–7; Cass., Inst. 4,19.2   10-11 vasa, cf. RM 16, 39–42;   12 ante unam horam, cf. B. Steidle, Stud. Anselm. 42 [1957] 73–104   super statutam, cf. RM 21,8–10; Caes.,

¹Die Brüder dienen sich gegenseitig, und keiner ist vom Dienst in der Küche entschuldigt, außer er ist krank oder durch eine besonders wichtige Aufgabe beansprucht; ²denn dieser Dienst hat großen Lohn und vermehrt die Liebe. ³Den Schwachen soll man Gehilfen geben, damit sie ihren Dienst verrichten können, ohne den Mut zu verlieren. ⁴Überhaupt soll jeder Hilfe erhalten, wie es die Größe der Klostergemeinde und die örtliche Lage erfordern. ⁵Ist die Klostergemeinde größer, dann ist der Cellerar vom Küchendienst entschuldigt, ebenso, wie gesagt, wer durch wichtigere Aufgaben beansprucht ist. ⁶Die übrigen sollen einander in Liebe dienen.

⁷Wer den Wochendienst beendet, besorgt am Samstag das Reinemachen. ⁸Er wäscht die Tücher, mit denen sich die Brüder Hände und Füße abtrocknen. ⁹Der Bruder, der den Wochendienst beendet, wäscht zusammen mit dem Bruder, der den Dienst beginnt, allen die Füße. ¹⁰Er gibt das zu seinem Dienst gehörende Gerät sauber und ordentlich dem Cellerar zurück. ¹¹Der Cellerar wiederum übergibt es dem, der den Dienst antritt. So weiß er, was er ausgibt und was er zurückerhält.

¹²Die Brüder, die den Wochendienst versehen, bekommen an Tagen mit nur e i n e r Mahlzeit über die festgesetzte Nahrung hinaus vorher etwas zu trinken und ein Stück Brot, ¹³damit sie ihren Brüdern bei der Mahlzeit ohne Murren und große Mühe dienen können. ¹⁴An den Nicht-Fasttagen warten sie bis zum Schluß.

¹⁵Die Brüder, die den Wochendienst beginnen und die ihn beenden, verbeugen sich* gleich nach der Morgenfeier am Sonntag im Oratorium tief vor allen und bitten um das Gebet. ¹⁶Wer den Wochendienst beendet, spricht folgenden Vers: *Gepriesen bist du, Herr, unser Gott, weil du mir geholfen und mich getröstet hast.* ¹⁷Diesen Vers spricht er dreimal; dann erhält er den Segen, und sein Dienst ist beendet. Anschließend spricht

---

Reg. virg. 14   **13** murmuratione, cf. RB 40,9; 41,5; 53,18; August., Reg. 13,161–162 **14** missas, cf. RB 17,4; sed cf. RM 45,14–17; 46,6; 53,48.50; 67,5; 75,5; 89,3; 93,8.11 **15** genibus, cf. Cass., Inst. 4,3; Conl. 20,1.3; cf. Inst., 2,18; RM 19,4; 25,5   **16** Dan 3,52; Ps 85,17

*35,15 Weil der Segen am Sonntag erteilt wird, unterbleibt, altchristlichem Brauch gemäß, die Kniebeuge. Die Brüder stehen, der Bittende verneigt sich tief.

et dicat: *Deus, in adiutorium meum intende, Domine, ad adiuvandum me festina,* 18et hoc idem tertio repetatur ab omnibus et accepta benedictione ingrediatur.

De infirmis fratribus
XXXVI

1Infirmorum cura ante omnia et super omnia adhibenda est, ut sicut revera Christo ita eis serviatur, 2quia ipse dixit: *Infirmus fui, et visitastis me,* 3et: *Quod fecistis uni de his minimis, mihi fecistis.* 4Sed et ipsi infirmi considerent in honorem Dei sibi serviri, et non superfluitate sua contristent fratres suos servientes sibi; 5qui tamen patienter portandi sunt, quia de talibus copiosior mercis adquiritur. 6Ergo cura maxima sit abbati, ne aliquam neglegentiam patiantur.

7Quibus fratribus infirmis sit cella super se deputata et servitor timens Deum et diligens ac sollicitus. 8Balnearum usus infirmis quotiens expedit offeratur, sanis autem et maxime iuvenibus tardius concedatur. 9Sed et carnium esus infirmis omnino debilibus pro reparatione concedatur; at ubi meliorati fuerint, a carnibus more solito omnes abstineant.

10Curam autem maximam habeat abbas ne a cellarariis aut a servitoribus neglegantur infirmi; et ipsum respicit quidquid a discipulis delinquitur.

---

17 et *om. O*
XXXVI 3 minimis meis *O*   **4** servire *A*   **9** fuerunt *A*   a carnibus *om. O*
10 et: quia ad *O*

der Bruder, der den Dienst beginnt: *Gott, komm mir zu Hilfe ; eile, Herr, mir zu helfen !* [18] Alle wiederholen dreimal diesen Vers; dann erhält der Bruder den Segen und beginnt seinen Dienst.

Die kranken Brüder

[1] Die Sorge für die Kranken steht vor und über allen anderen Pflichten. Man soll ihnen wirklich wie Christus dienen. [2] Er hat ja gesagt: *Ich war krank, und ihr habt mich besucht,* [3] und: *Was ihr für einen meiner geringsten Brüder getan habt, das habt ihr für mich getan.* [4] Aber auch die Kranken müssen bedenken, daß man ihnen dient, um Gott zu ehren, und sie dürfen die Brüder, die ihnen dienen, nicht durch ihre Ansprüche betrüben. [5] Doch muß man solche Kranke in Geduld ertragen; denn an ihnen erwirbt man reicheren Lohn. [6] Es soll also die oberste Sorge des Abtes sein, daß sie nicht vernachlässigt werden.

[7] Für die kranken Brüder werde ein eigener Raum bestimmt, und ein gottesfürchtiger, gewissenhafter und besorgter Pfleger soll ihnen dienen. [8] Man biete den Kranken die Gelegenheit, ein Bad zu nehmen, sooft es ihnen zuträglich ist. Doch den Gesunden und besonders den Jüngeren soll man die Erlaubnis dazu seltener geben. [9] Außerdem erlaube man den ganz schwachen Kranken zu ihrer Kräftigung den Genuß von Fleisch; doch sobald es ihnen bessergeht, sollen alle, wie es üblich ist, auf Fleischgenuß verzichten.

[10] Der Abt soll aber sehr darum besorgt sein, daß die Kranken vom Cellerar und von den Pflegern nicht vernachlässigt werden. Er ist für jeden Fehler verantwortlich, den die Jünger begehen.

---

17 Ps 69,2

XXXVI cf. RM 69–70; 28,13–18   **1-3** cf. Basil., Reg. 36–37   **4** superfluitate, cf. RB 61,2   **5** portandi, cf. RB 72,5   **8-9** balnearum, cf. August., Reg. 13,147–155   **9** carnium, cf. RB 39,11; RM 53,26–27.31–32; Caes., Reg. mon. 24; Reg. virg. 71   **10** respicit, cf. RB 65,10

De senibus vel infantibus

XXXVII

[1] Licet ipsa natura humana trahatur ad misericordiam in his aetatibus, senum videlicet et infantum, tamen et Regulae auctoritas eis prospiciat. [2] Consideretur semper in eis inbecillitas et ullatenus eis districtio Regulae teneatur in alimentis; [3] sed sit in eis pia consideratio et praeveniant horas canonicas.

De ebdomadario lectore

XXXVIII

[1] Mensis fratrum lectio deesse non debet, nec fortuito casu qui arripuerit codicem legere ibi, sed lecturus tota ebdomada Dominica ingrediatur. [2] Qui ingrediens post missas et Communionem petat ab omnibus pro se orari, ut avertat ab ipso Deus spiritum elationis. [3] Et dicatur hic versus in oratorio tertio ab omnibus, ipso tamen incipiente: *Domine, labia mea aperies, et os meum adnuntiabit laudem tuam.* [4] Et sic accepta benedictione ingrediatur ad legendum.

[5] Et summum fiat silentium, ut nullius musitatio vel vox nisi solius legentis ibi audiatur. [6] Quae vero necessaria sunt comedentibus et bibentibus sic sibi vicissim ministrent fratres, ut nullus indigeat petere aliquid. [7] Si quid tamen opus fuerit, sonitu cuiuscumque signi potius petatur quam voce. [8] Nec praesumat ibi aliquis de ipsa lectione aut aliunde quicquam requirere, ne detur occasio; [9] nisi forte prior pro aedificatione voluerit aliquid breviter dicere.

XXXVII **1** trahitur *O*   **2** nullatenus *O*   **3** praeveniat *O*
XXXVIII **1** mensa *O*   fratrum: edentium *add. O*   nec: ne *O*   qui: quis *O*
3 dicat hunc versum *O*   ab: cum *O*   **5** silentium: ad mensam *add. O*   **6** vicissim: vicibus *O*   **7** si quis *A*

XXXVII RM 28,19–26   **1** senum et infantum, cf. RM 55,4.52   **2-3** consideretur, cf. RB 48,25; RM 59,7   **3** praeveniant, cf. RB 67,3; RM 38,3; 43,2; cf. Cass., Inst. 5,23.1

Die Greise und Kinder

[1] Zwar neigt das natürliche Empfinden des Menschen schon von selbst zur Nachsicht gegenüber diesen Altersstufen, nämlich den Greisen und Kindern; dennoch soll auch die Regel mit ihrem Ansehen für sie sorgen. [2] Auf ihre Schwäche soll man immer Rücksicht nehmen; für ihre Nahrung gilt in keiner Weise die Strenge der Regel, [3] sondern man nehme liebevolle Rücksicht auf sie und lasse sie schon vor der festgesetzten Zeit essen.

Der Wochendienst des Lesers

[1] Beim Tisch der Brüder darf die Lesung nie fehlen. Doch soll dort nicht der nächste beste das Buch nehmen und lesen, sondern der für die Woche bestimmte Leser beginne am Sonntag. [2] Wer den Dienst beginnt, bittet nach den Schlußgebeten und der Kommunion alle ums Gebet, damit Gott den Geist des Hochmuts von ihm fernhalte. [3] Alle sprechen im Oratorium diesen Vers, den er selbst anstimmt: *Herr, öffne mir die Lippen, dann wird mein Mund deinen Ruhm verkünden.* [4] Darauf erhält er den Segen und beginnt seinen Dienst als Leser.

[5] Es soll tiefstes Schweigen herrschen, so daß man kein Flüstern und keine Stimme hört außer der Stimme des Lesers allein. [6] Was die Brüder beim Essen und Trinken benötigen, reichen sie sich gegenseitig, so daß keiner um etwas zu bitten braucht. [7] Fehlt aber dennoch etwas, so bittet man darum eher mit irgendeinem vernehmbaren Zeichen als mit Worten. [8] Niemand darf es wagen, über die Lesung oder sonst etwas eine Frage zu stellen, damit kein Anlaß zum Reden gegeben wird, [9] es sei denn, der Obere wolle zur Erbauung ein paar Worte sagen.

XXXVIII RM 24 **1** lectio, cf. Cass., Inst. 4,17 **2** post missas, cf. RM 24,8 **3** oratorio, cf. RM 24,8; Ps 50,17 **5** silentium, cf. Cass., Inst. 4,17; Reg. 4 Patr. 2,42; RB 52,2 **6** necessaria, cf. Pachom., Reg., praec. 33; Caes., Reg. virg. 18 **7** sonitu, cf. Cass., Inst. 4,17 **8-9** cf. RM 24,19; 9,25–26 **8** occasio, cf. RB 43,8; 54,4; RM 16,64

¹⁰Frater autem lector ebdomadarius accipiat mixtum, priusquam incipiat legere, propter Communionem sanctam, et ne forte grave sit ei ieiunium sustinere. ¹¹Postea autem cum coquinae ebdomadariis et servitoribus reficiat.

¹²Fratres autem non per ordinem legant aut cantent, sed qui aedificant audientes.

CAPUT   *De mensura cibus*

XXXIX

¹Sufficere credimus ad refectionem cotidianam tam sextae quam nonae, omnibus mensis, cocta duo pulmentaria propter diversorum infirmitatibus, ²ut forte qui ex illo non potuerit edere, ex alio reficiatur. ³Ergo duo pulmentaria cocta fratribus omnibus sufficiant et, si fuerit unde poma aut nascentia leguminum, addatur et tertium.

⁴Panis libra una propensa sufficiat in die, sive una sit refectio sive prandii et cenae. ⁵Quod si cenaturi sunt, de eadem libra tertia pars a cellarario servetur reddenda cenandis.

⁶Quod si labor forte factus fuerit maior, in arbitrio et potestate abbatis erit, si expediat, aliquid augere, ⁷remota prae omnibus crapula, et ut numquam subripiat monacho indigeries; ⁸quia nihil sic contrarium est omni christiano quomodo crapula, ⁹sicut ait Dominus noster: *Videte ne graventur corda vestra crapula.*

¹⁰Pueris vero minori aetate non eadem servetur quantitas, sed minor quam maioribus, servata in omnibus parcitate.

---

10 lector *om. O*   **11** coquine *A*   **12** aedificent *O*
    XXXIX 3 tertius *O*   **7** et *om. O*   **8** omni: homini *O*

10 communionem, cf. RM 24,14; RB 35,12–13   **11** reficiat, cf. RM 24,30.40
12 aedificant, cf. RM 24,3
    XXXIX RM 26   **1-2** pulmentaria, cf. Hieron., Pachom., Reg. praef. 5   **6** augere,
cf. RM 26,11–13; 27, 44–46   **9** Lc 21,34

¹⁰Der Bruder, der den Wochendienst des Lesers versieht, bekommt vor Beginn des Lesens etwas Mischwein, wegen der heiligen Kommunion, und damit ihm das Fasten nicht zu beschwerlich ist. ¹¹Nachher ißt er dann mit den Küchen- und Tischdienern der Woche.

¹²Die Brüder dürfen nicht der Reihe nach vorlesen und vorsingen, sondern nur solche, die ihre Zuhörer erbauen.

Das Maß der Speise

¹Wir glauben, daß zur täglichen Hauptmahlzeit, sei sie zur sechsten oder zur neunten Stunde, mit Rücksicht auf die verschiedenen Bedürfnisse, für jeden Tisch zwei gekochte Speisen genügen. ²Wer von der einen Speise nicht essen kann, hat so die Möglichkeit, sich an der anderen zu sättigen. ³Zwei gekochte Gerichte sollen also für alle Brüder genügen; ist noch Obst oder frisches Gemüse zu haben, so kann man noch ein drittes hinzugeben.

⁴Ein gut gewogenes Pfund Brot* genügt für den Tag, ob man nur einmal ißt [an Fasttagen] oder am Mittag und am Abend [an Nicht-Fasttagen]. ⁵Gibt es auch ein Abendessen, so behalte der Cellerar ein Drittel von diesem Pfund zurück, um es den Brüdern am Abend zu geben.

⁶War die Arbeit sehr anstrengend, so steht es im freien Ermessen des Abtes, etwas mehr zu gewähren, wenn es angebracht erscheint. ⁷Doch muß vor allem die Unmäßigkeit vermieden werden, und nie darf der Mönch bis zur Übersättigung essen; ⁸denn nichts verträgt sich so wenig mit jedem Christen wie die Unmäßigkeit. ⁹Sagt doch unser Herr: *Nehmt euch in acht, daß nicht euer Herz durch Unmäßigkeit beschwert wird.*

¹⁰Den Knaben in jüngeren Jahren reiche man nicht das gleiche Maß wie den Erwachsenen, sondern weniger; und man achte in allem auf Sparsamkeit.

---

*39,4 Das »Pfund« der Kaiserzeit hatte etwas mehr als 300 Gramm. Es ist anzunehmen, daß die RB damit ein beim Landvolk gebräuchliches größeres Maß, etwa ein Kilo, meint.

¹¹Carnium vero quadrupedum omnimodo ab omnibus abstineatur comestio, praeter omnino debiles aegrotos.

CAPUT   *De mensura potus*
XL

¹*Unusquisque proprium habet donum ex Deo, alius sic, alius vero sic;* ²et ideo cum aliqua scrupulositate a nobis mensura victus aliorum constituitur. ³Tamen infirmorum contuentes inbecillitatem, credimus eminam vini per singulos sufficere per diem. ⁴Quibus autem donat Deus tolerantiam abstinentiae, propriam se habituros mercedem sciant.

⁵Quod si aut loci necessitas vel labor aut ardor aestatis amplius poposcerit, in arbitrio prioris consistat, considerans in omnibus ne subrepat satietas aut ebrietas. ⁶Licet legamus *vinum omnino monachorum non esse*, sed quia nostris temporibus id monachis persuaderi non potest, saltim vel hoc consentiamus ut non usque ad satietatem bibamus, sed parcius, ⁷quia *vinum apostatare facit etiam sapientes.*

⁸Ubi autem necessitas loci exposcit, ut nec suprascripta mensura inveniri possit, sed multo minus aut ex toto nihil, benedicant Deum qui ibi habitant et non murmurent, ⁹hoc ante omnia admonentes, ut absque murmurationibus sint.

CAPUT   *Quibus horis oportet reficere fratres*
XLI

¹A sancto Pascha usque Pentecosten ad sextam reficiant fratres et sera cenent.

11 vero *om. O*   omnimodo: omnino *O*   et aegrotos *O*
   XL 3 contuentes: cogitantes continentiae *O*   5 vel: aut *O*   8 benedicat . . . habitet . . . murmuret *O*
   XLI T fratres *om. O*   1 ad penticosten *O*   et ad seram *O*

11 quadrupedum, cf. RB 36,9; RM 53,27
   XL RM 27   1 1 Cor 7,7   3 inbecillitatem, cf. RB 34,2; 37,2–3   sufficere, cf.

¹¹ Auf den Genuß des Fleisches von vierfüßigen Tieren aber sollen alle vollständig verzichten, mit Ausnahme der ganz schwachen Kranken.

Das Maß des Getränks

KAPITEL

40

¹ *Jeder hat seine besondere Gabe von Gott, der eine diese, der andere jene.* ² Deshalb bestimmen wir nur mit einer gewissen Ängstlichkeit das Maß der Nahrung für andere. ³ Indessen glauben wir mit Rücksicht auf die Unzulänglichkeit der Schwachen, daß eine Hemina* Wein für jeden im Tag reichen sollte. ⁴ Wem Gott aber die Kraft gibt, sich davon zu enthalten, der wisse, daß er einen besonderen Lohn empfangen wird.

⁵ Sollten jedoch die Ortsverhältnisse, Arbeit oder Sommerhitze mehr fordern, so ist das dem Ermessen des Oberen überlassen; doch muß er immer darauf achten, daß nicht Sättigung oder Trunkenheit aufkommt. ⁶ Zwar lesen wir, der Wein sei überhaupt nichts für Mönche; da man aber die Mönche unserer Zeit davon nicht überzeugen kann, sollten wir uns wenigstens dazu verstehen, nicht bis zur Sättigung zu trinken, sondern weniger; ⁷ denn *der Wein bringt sogar die Weisen zum Abfall.*

⁸ Wo es die Ortsverhältnisse mit sich bringen, daß nicht einmal das oben angegebene Maß aufzubringen ist, sondern weniger oder gar nichts, sollen die Brüder, die dort wohnen, Gott preisen und nicht murren. ⁹ Vor allem mahnen wir dazu, daß man das Murren unterlasse.

Die Zeiten für das Essen

KAPITEL

41

¹ Vom heiligen Ostern bis Pfingsten nehmen die Brüder die Hauptmahlzeit zur sechsten Stunde und den Imbiß am Abend ein.

RB 39,1   eminam, cf. RM 27,39   **4** donat, cf. 1 Cor 3,8; Cass., Conl. 24,2; RM 27, 47–51   **5** amplius, cf. RB 39,6–9; RM 27,43–45   **6** legamus, Vitae Patr. 5,4.31; cf. Basil., Reg. 9   **7** Eccli 19,2
    XLI RM 28

*40,3 Etwa ein Viertelliter.

² A Pentecosten autem tota aestate, si labores agrorum non habent monachi aut nimietas aestatis non perturbat, quarta et sexta feria ieiunent usque ad nonam; ³ reliquis diebus ad sextam prandeant. ⁴ Quam prandii sextam, si operis in agris habuerint aut aestatis fervor nimius fuerit, continuanda erit et in abbatis sit providentia. ⁵ Et sic omnia temperet atque disponat, qualiter et animae salventur et quod faciunt fratres absque iusta murmuratione faciant.

⁶ Ab Idus autem Septembres usque caput Quadragesimae ad nonam semper reficiant.

⁷ In Quadragesima vero usque in Pascha ad vesperam reficiant. ⁸ Ipsa tamen Vespera sic agatur, ut lucernae lumen non indigeant reficientes, sed luce adhuc diei omnia consummentur. ⁹ Sed et omni tempore, sive cena sive refectionis hora sic temperetur, ut luce fiant omnia.

CAPUT   *Ut post Conpletorium nemo loquatur*
XLII

¹ Omni tempore silentium debent studere monachi, maxime tamen nocturnis horis. ² Et ideo omni tempore, sive ieiunii sive prandii: ³ si tempus fuerit prandii, mox surrexerint a cena, sedeant omnes in unum, et legat unus Collationes vel Vitas Patrum aut certe aliud quod aedificet audientes, ⁴ non autem Eptaticum aut Regum, quia infirmis intellectibus non erit utile illa hora hanc Scripturam audire, aliis vero horis legantur.

4 quae prandii sexta si opera in agro *O*   5 disponet *O*   iusta *om. O*   murmurationem *A*   6 septembris *O*   ad caput *O*   7 vesperum *O*   8 tamen: autem *O*
9 refectionis sit *O*   cum luce *O*
    XLII T de silentio *O*   1 silentio *O*   3 fuerit prandii *om. O*   3 in uno loco *O*
aliud: aliquid *O*   4 non autem *om. O*   vero *om. O*

2 quarta et sexta, cf. RM 28,9.19.21: et sabbato   4 providentia, cf. RB 39,6; 40,5;

²Von Pfingsten an fasten die Brüder während des ganzen Sommers am Mittwoch und Freitag bis zur neunten Stunde, wenn sie keine Feldarbeit haben oder die Sommerhitze nicht zu drückend ist. ³An den übrigen Tagen nehmen sie die Hauptmahlzeit zur sechsten Stunde ein. ⁴Die Hauptmahlzeit wird zur sechsten Stunde [am Mittwoch und Freitag] beibehalten, wenn Feldarbeiten zu verrichten sind oder die Sommerhitze sehr drückend ist. Darüber entscheidet der Abt. ⁵Er muß alles so anordnen und regeln, daß es den Seelen zum Heil dient und die Brüder ohne Grund zum Murren ihre Arbeit tun können.

⁶Vom vierzehnten September bis zum Beginn der Fastenzeit ist die [einzige] Mahlzeit immer zur neunten Stunde.

⁷Während der Fastenzeit bis Ostern ist die [einzige] Mahlzeit gegen Abend. ⁸Die Abend-Hore jedoch werde so gehalten, daß man bei Tisch kein Lampenlicht braucht, sondern noch bei Tageslicht mit allem fertig wird. ⁹Aber auch zu den anderen Jahreszeiten, gleich ob es einen Abendimbiß gibt [an Nicht-Fasttagen] oder nur eine einzige Mahlzeit [an Fasttagen], setze man die Stunde dafür so früh an, daß alles noch bei Tageslicht geschehen kann.

Das Stillschweigen nach der Komplet KAPITEL

42

¹Die Mönche müssen das Stillschweigen immer üben, besonders aber während der Stunden der Nacht. ²Deshalb gilt immer, mag es sich um einen Fasttag oder Nicht-Fasttag handeln, folgende Regelung: ³An Nicht-Fasttagen setzen sich alle zusammen, sobald man vom Abendimbiß aufgestanden ist, und einer liest die »Unterredungen« oder die »Lebensbeschreibungen« der Väter oder sonst etwas vor, was die Hörer erbaut, ⁴nicht aber den »Heptateuch« und die Bücher der »Könige«, denn für schwache Gemüter ist es nicht gut, diese Schrifttexte zur Abendstunde zu hören; man lese sie aber zu anderen Zeiten.

---

cf. RM 72   5 temperet, cf. RB 64,19   iusta m., cf. Pachom., Reg., praec. atque iud. 5; RM 78,11-12; Gregor. M., Ev. Hom. 1,17.8; Moral. 22,52   8-9 luce, cf. RM 50,70-71; 34,12-13; 36,10
XLII RM 30   3 sedeant . . . legat, cf. Ordo monast. 2   aedificet, cf. RB 38,12; 47,3; 53,9   4 infirmis, cf. Cass., Conl. 19,12.3; 19,16.3

⁵Si autem ieiunii dies fuerit, dicta Vespera, parvo intervallo mox accedant ad lectionem Collationum, ut diximus. ⁶Et lectis quattuor aut quinque foliis vel quantum hora permittit, ⁷omnibus in unum occurrentibus per hanc moram lectionis, si qui forte in adsignato sibi commisso fuit occupatus, ⁸omnes ergo in unum positi conpleant, et exeuntes a Conpletoriis nulla sit licentia denuo cuiquam loqui aliquid.

⁹Quod si inventus fuerit quisquam praevaricare hanc taciturnitatis regulam, gravi vindictae subiaceat, ¹⁰excepto si necessitas hospitum supervenerit aut forte abbas alicui aliquid iusserit. ¹¹Quod tamen et ipsud cum summa gravitate et moderatione honestissima fiat.

CAPUT

XLIII

De his qui ad Opus Dei vel ad mensam
tarde occurrunt

¹Ad horam divini Officii, mox auditus fuerit signus, relictis omnibus quaelibet fuerint in manibus, summa cum festinatione curratur, ²cum gravitate tamen, ut non scurrilitas inveniat fomitem.

³Ergo *nihil* Operi Dei *praeponatur*.

⁴Quod si quis in nocturnis Vigiliis post *Gloriam* psalmi nonagesimi quarti, quem propter hoc omnino subtrahendo et morose volumus dici, occurrerit, non stet in ordine suo in choro, ⁵sed ultimus omnium stet aut in loco, quem talibus neglegentibus seorsum constituerit abbas, ut videantur ab ipso vel ab omnibus, ⁶usque dum conpleto Opere Dei publica satisfactione paeniteat. ⁷Ideo autem eos in ultimo aut seorsum iudicavimus debere stare ut, visi ab omnibus, vel pro ipsa verecundia sua emendent; ⁸nam si foris oratorium

5 fuerint *O*   7 per hanc moram lectionis *om. O*   si qui: nisi quis *O*   fuerit *O*
10 fortasse *O*   11 honestissime *O*
    XLIII 1 mox: ut auditum … signum *O*   2 scurrilitatis *O*   4 in: ex *O*   n. quarti:
XCIIII venite exultemus in domino *O*   7 sua *om. O*   8 oratorio remanent *O*

    XLIII RM 73   1 festinatione, cf. RM 54,1–2   2 gravitate, cf. RB 22,6; RM 55,10

⁵An Fasttagen dagegen begibt man sich alsbald nach der Vesper und einer kurzen Pause zur Lesung der »Unterredungen«, wie wir es angeordnet haben. ⁶Man liest vier oder fünf Blätter oder soviel eben die Zeit erlaubt. ⁷Während der Dauer der Lesung kommen alle zusammen, auch wer noch mit einer ihm aufgetragenen Arbeit beschäftigt war. ⁸Sind dann alle beisammen, so halten sie die Komplet. Wenn sie aus der Komplet kommen, ist es niemand mehr erlaubt, mit irgend jemand über irgend etwas zu reden.

⁹Findet sich einer, der diese Regel des Stillschweigens übertritt, so verfalle er schwerer Strafe, ¹⁰außer es sei der Gäste wegen notwendig oder der Abt gebe jemand einen Auftrag. ¹¹Aber auch das soll mit größtem Ernst und würdiger Zurückhaltung geschehen.

Von denen, die zum Gottesdienst oder zu Tisch KAPITEL
zu spät kommen

43

¹Sobald man zur Stunde des göttlichen Dienstes das Zeichen hört, lasse man alles liegen, was man in den Händen hat, und komme in größter Eile herbei, ²jedoch mit Ernst, um keinen Anlaß zur Leichtfertigkeit zu geben.

³Man soll also dem Gottesdienst nichts vorziehen.

⁴Wer zur Feier der nächtlichen Vigilien erst nach dem *Ehre sei dem Vater* des vierundneunzigsten Psalms kommt, den wir deshalb sehr langsam und mit Pausen gesungen haben wollen, darf nicht an seinem Platz im Chor stehen, ⁵sondern er stehe am allerletzten Platz oder für sich allein an dem Platz, den der Abt für solche Nachlässige bestimmt hat, damit er selbst und alle anderen sie sehen können. ⁶Dort bleibt er, bis er nach Schluß des Gottesdienstes durch öffentliche Genugtuung Buße getan hat. ⁷Daß sie aber am letzten oder an einem abgesonderten Platz stehen sollen, haben wir deshalb bestimmt, damit sie von allen gesehen werden und sich wenigstens unter dem Eindruck der Beschämung

---

3 Reg. Macarii 14; cf. RB 4,21; 72,11   4 cf. RM 73,1–5; 32,9–15   6 satisfactione, cf. Cass., Inst. 3,7

remaneant, erit forte talis qui se aut recollocet et dormit, aut certe sedit sibi foris vel fabulis vacat, et datur occasio maligno; 9sed ingrediantur intus, ut nec totum perdant et de reliquo emendent.

10Diurnis autem Horis, qui ad Opus Dei post versum et *Gloriam* primi psalmi qui post versum dicitur non occurrerit, lege qua supra diximus, in ultimo stent, 11nec praesumant sociari choro psallentium usque ad satisfactionem, nisi forte abbas licentiam dederit remissione sua, 12ita tamen ut satisfaciat reus ex hoc.

13Ad mensam autem qui ante versu non occurrerit, ut simul omnes dicant versu et orent et sub uno omnes accedant ad mensam, 14qui per neglegentiam suam aut vitio non occurrerit, usque secunda vice pro hoc corripiatur; 15si denuo non emendaverit, non permittatur ad mensae communis participationem, 16sed sequestratus a consortio omnium reficiat solus, sublata ei portione sua vinum, usque ad satisfactionem et emendationem.

17Similiter autem patiatur, qui et ad illum versum non fuerit praesens, qui post cibum dicitur.

18Et ne quis praesumat ante statutam horam vel postea quicquam cibi aut potus praesumere; 19sed et cui offertur aliquid a priore et accipere rennuit, hora qua desideraverit hoc quod prius recusavit aut aliud, omnino nihil percipiat usque ad emendationem congruam.

8 conlocet *O*   **10** stet *O*   **11** praesumat *O*   remissione: permisione *O*   **13** ut: et *O*   versum *O*   **14** qui per neglegentiam suam *om. O*   ad secundam vicem *O* hoc: id *O*   **16** vini *O*   **17** et *om. O*   **18** et *om. O*   praesumere: sibi sumere *O* **19** rennuet *O*   aut *om. O*   accipiat *O*

bessern. [8]Denn wenn sie außerhalb des Oratoriums bleiben, wird vielleicht manch einer sich wieder hinlegen und schlafen oder sich draußen hinsetzen und die Zeit verplaudern; dadurch würde dem Bösen Gelegenheit gegeben. [9]Es ist besser, sie gehen hinein, damit sie nicht das Ganze versäumen und sich in Zukunft bessern.

[10]Wer bei den Gebetszeiten untertags zum Gottesdienst nach dem Vers und dem *Ehre sei dem Vater* des ersten Psalms, der nach dem Vers gesungen wird, noch nicht da ist, soll nach der Vorschrift, die wir oben gaben, am letzten Platz stehen; [11]er darf sich nicht erlauben, sich dem Chor der Psalmen singenden Brüder anzuschließen, bis er Genugtuung geleistet hat, es sei denn, der Abt übt Nachsicht und gibt die Erlaubnis. [12]Doch muß der Schuldige auch dann noch dafür Genugtuung leisten.

[13]Wer bei Tisch noch nicht vor dem Vers da ist, so daß alle zusammen den Vers und das Gebet sprechen und sich dann alle gemeinsam zu Tisch setzen, [14]der werde bis zu zwei Malen gerügt, wenn er aus Nachlässigkeit oder Schuld nicht rechtzeitig da ist. [15]Wenn er sich danach nicht bessert, darf er nicht mehr am gemeinsamen Tisch teilnehmen, [16]sondern er esse allein, abgesondert von der Gemeinschaft aller Brüder, und ohne seinen Anteil an Wein, bis er Genugtuung geleistet und sich gebessert hat.

[17]Ebenso verfahre man gegen den, der bei dem Vers nach dem Essen nicht anwesend ist.

[18]Auch darf sich keiner erlauben, vor oder nach der festgesetzten Stunde nach Belieben etwas zu essen oder zu trinken. [19]Wenn aber sich jemand weigert, etwas anzunehmen, das ihm der Obere anbietet, der soll, wenn er zu einer anderen Zeit das, was er früher ausschlug, oder etwas anderes haben möchte, gar nichts bekommen, bis er sich entsprechend gebessert hat.

16 vinum, cf. RM 11,110; 69,12   **18** praesumat, cf. Cass., Inst. 4,18; 5,20; August., Reg. 8,39–41   **19** offertur, cf. RB 39,6; 40,5; 41,4–5; RM 22,7–8; Basil., Reg. 96

CAPUT

XLIV

De his qui excommunicantur quomodo
satisfaciant

[1] Qui pro gravibus culpis ab oratorio et a mensa excommunicantur, hora qua Opus Dei in oratorio percelebratur, ante fores oratorii prostratus iaceat nihil dicens, [2] nisi tantum posito in terra capite, stratus pronus omnium de oratorio exeuntium pedibus. [3] Et hoc tamdiu faciat, usque dum abbas iudicaverit satisfactum esse.

[4] Qui dum iussus ab abbate venerit, volvat se ipsius abbatis, deinde omnium vestigiis ut orent pro ipso. [5] Et tunc, si iusserit abbas, recipiatur in choro vel in ordine quo abbas decreverit, [6] ita sane, ut psalmum aut lectionem vel aliud quid non praesumat in oratorio inponere, nisi iterum abbas iubeat. [7] Et omnibus Horis, dum perconpletur Opus Dei, proiciat se in terra in loco quo stat. [8] Et sic satisfaciat, usque dum ei iubeat iterum abbas, ut quiescat iam ab hac satisfactione.

[9] Qui vero pro levibus culpis excommunicantur tantum a mensa, in oratorio satisfaciant usque ad iussionem abbatis. [10] Hoc perficiant usque dum benedicat et dicat: »Sufficit«.

CAPUT

XLV

De his qui falluntur in oratorio

[1] Si quis dum pronuntiat psalmum, responsorium, antefanam vel lectionem fallitus fuerit, nisi satisfactione ibi coram omnibus humiliatus fuerit, maiori vindictae subiaceat, [2] quippe qui noluit humilitate corrigere quod neglegentia deliquit. [3] Infantes autem pro tali culpa vapulent.

XLIV 1 a *om. A*   foris *O*   2 terram *O*   5 vel: in *om. O*   6 sane: plane *O*
7 conpletur *O*   8 iterum *om. O*   9 et in *O*
    XLV 1 aut antephanam *O*   2 humilitatem *A*   3 autem: vero *O*   vapulant *O*

140

[1] Wer für ein schweres Vergehen vom Oratorium und Tisch ausgeschlossen ist, werfe sich zur Zeit, da im Oratorium der Gottesdienst beendet wird, vor der Tür des Oratoriums nieder und bleibe, ohne etwas zu sagen, [2] mit dem Gesicht zur Erde am Boden liegen vor den Füßen aller, die aus dem Oratorium kommen. [3] Das tut er so lang, bis er nach dem Urteil des Abtes genug Buße geleistet hat.

[4] Wenn er vom Abt gerufen wird, kommt er und wirft sich dem Abt und allen zu Füßen, damit sie für ihn beten. [5] Wenn der Abt es dann befiehlt, wird er in den Chor aufgenommen oder an den Platz, den der Abt bestimmt. [6] Doch darf er im Oratorium keinen Psalm und keine Lesung noch sonst etwas vortragen ohne neue Erlaubnis des Abtes. [7] Bei allen Gebetszeiten wirft er sich, wenn der Gottesdienst beendet ist, an dem Platz, wo er sich befindet, auf den Boden [8] und leistet so Genugtuung, bis der Abt ihm befiehlt, auch diese Bußübung zu beenden.

[9] Wer aber für leichte Vergehen nur von Tisch ausgeschlossen ist, leistet im Oratorium Genugtuung, solang es der Abt ihm befiehlt. [10] Er tut das, bis der Abt den Segen gibt und sagt: »Es genügt«.

Von denen, die im Oratorium Fehler machen KAPITEL

45

[1] Wer beim Vortrag eines Psalms, eines Responsoriums, einer Antiphon oder Lesung einen Fehler macht und sich nicht an Ort und Stelle vor allen verdemütigt und Genugtuung leistet, verfällt einer schwereren Strafe. [2] Er wollte ja nicht in Demut gutmachen, was er durch Nachlässigkeit verschuldet hat. [3] Kinder erhalten für ein solches Vergehen Schläge.

XLIV RM 14   **1** gravibus, cf. RB 25,1   prostratus, cf. Cass., Inst. 2,16; 4, 16.1; Reg. Macarii 26   **9** levibus, cf. RB 24,3–4
XLV 1-2 neglegentia, cf. Pachom., Reg., praec. 14; Cass., Inst. 4,16.1   **3** infantes, cf. RM 14, 79–82; Ordo monast. 10

XLVI

[1] Si quis dum in labore quovis, in coquina, in cellario, in ministerio, in pistrino, in horto, in arte aliqua dum laborat, vel in quocumque loco, aliquid deliquerit, [2] aut fregerit quippiam aut perdiderit, vel aliud quid excesserit ubiubi, [3] et non veniens continuo ante abbatem vel congregationem ipse ultro satisfecerit et prodiderit delictum suum, [4] dum per alium cognitum fuerit, maiori subiaceat emendationi.

[5] Si animae vero peccati causa fuerit latens, tantum abbati aut spiritalibus senioribus patefaciat, [6] qui sciat curare et sua et aliena vulnera, non detegere et publicare.

XLVII

[1] Nuntianda hora Operis Dei dies noctisque sit cura abbatis: aut ipse nuntiare aut tali sollicito fratri iniungat hanc curam, ut omnia horis conpetentibus conpleantur.

[2] Psalmos autem vel antefanas post abbatem ordine suo quibus iussum fuerit inponant. [3] Cantare autem et legere non praesumat, nisi qui potest ipsud officium implere ut aedificentur audientes; [4] quod cum humilitate et gravitate et tremore fiat, et cui iusserit abbas.

XLVI T in aliquibus rebus *O*   delinquant *O*   **1** ministerio: monasterio *O*
artem aliquam *A*   **2** vel aliquid *O*   ubiubi: ubi *A*   ibi *O*   **5** vero: venia *O*
si fuerit *O*   tantum *om. O*   **6** sciant *O*   vulnera *om. O*
XLVII T ora *AO*   **1** die noctuque *O*   sit: sub *O*   tali: tam *O*   impleantur *O*
2 fuerint *A* fuerat *O*   **3** et: vel *O*   ipsum *O*

¹Wer bei irgendeiner Arbeit in der Küche, im Vorratsraum, beim Tisch-
dienst, in der Bäckerei, im Garten, bei der Ausübung eines Handwerks
oder sonstwo einen Fehler macht ²oder etwas zerbricht oder verliert
oder sich irgendwo etwas anderes zuschulden kommen läßt, ³und nicht
unverzüglich kommt und von sich aus vor dem Abt und der Klostergemeinde Genugtuung leistet und seinen Fehler bekennt, ⁴verfällt einer
schwereren Strafe, wenn der Fehler durch einen anderen bekannt wird.

⁵Handelt es sich aber um eine verborgene Sünde der Seele, so offenbare er sie nur dem Abt oder den geistlichen Vätern, ⁶die es verstehen,
eigene und fremde Wunden zu heilen, ohne sie aufzudecken und be-
kanntzumachen.

Das Zeichen zum Gottesdienst   KAPITEL

47

¹Es ist die Sorge des Abtes, die Zeit zum Gottesdienst bei Tag und
Nacht anzuzeigen; das tut er entweder selbst, oder er überträgt die Sorge
dafür einem pünktlichen Bruder, damit alles zur richtigen Zeit geschehen
kann.

²Die Psalmen und Antiphonen werden, beim Abt angefangen, der
Reihe nach von denen vorgetragen, die dazu den Auftrag bekommen.
³Niemand darf sich herausnehmen, vorzusingen oder vorzulesen, wenn
er diesen Dienst nicht zur Erbauung der Zuhörer erfüllen kann. ⁴Das
muß mit Demut, Ernst und Furcht geschehen und im Auftrag des Abtes.

XLVI 1 horto... arte, cf. RB 7,63; 66,6; RM 86,27   2 fregerit, cf. Pachom., Reg.,
praec. 125; Cass., Inst. 4,16; RM 16,41–42   perdiderit, cf. Pachom., Reg., praec. 131
3-4 ultro, cf. August., Reg. 11,116–119   5-6 latens, cf. RB 7,44; RM 10,61; Cass.,
Inst. 4,9; Conl. 2,12–13; Vitae Patr. 5,5.4; 5,10.85; Basil., Reg. 200
XLVII cf. RM 31   1 nuntianda, cf. RM 31,9; 32,8–9   2 inponant, cf. RM 22,13–
14; 46,1–2; Reg. 4 Patr. 2,10   4 humilitate, cf. Cass., Inst. 11,13

XLVIII

¹Otiositas inimica est animae, et ideo certis temporibus occupari debent fratres in labore manuum, certis iterum horis in lectione divina.

²Ideoque hac dispositione credimus utraque tempore ordinari: ³id est: ut a Pascha usque Kalendas Octobres a mane exeuntes a prima usque hora pene quarta laborent quod necessarium fuerit. ⁴Ab hora autem quarta usque hora qua Sextam agent, lectioni vacent. ⁵Post Sextam autem surgentes a mensa pausent in lecta sua cum omni silentio, aut forte qui voluerit legere sibi sic legat, ut alium non inquietet. ⁶Et agatur Nona temperius mediante octava hora, et iterum quod faciendum est operentur usque ad Vesperam.

⁷Si autem necessitas loci aut paupertas exegerit, ut ad fruges recollegendas per se occupentur, non contristentur, ⁸quia tunc vere monachi sunt, si labore manuum suarum vivunt, sicut et Patres nostri et Apostoli. ⁹Omnia tamen mensurate fiant propter pusillanimes.

¹⁰A Kalendas autem Octobres usque caput Quadragesimae usque in hora secunda plena lectioni vacent; ¹¹hora secunda agatur Tertia; et usque nona omnes in opus suum laborent quod eis iniungitur. ¹²Facto autem primo signo nonae horae, deiungant ab opera sua singuli et sint parati, dum secundum signum pulsaverit. ¹³Post refectionem autem vacent lectionibus suis aut psalmis.

¹⁴In Quadragesimae vero diebus, a mane usque tertia plena vacent lectionibus suis, et usque decima hora plena operentur quod eis iniungitur. ¹⁵In quibus diebus Quadragesimae accipiant omnes

---

XLVIII 2 tempora *O*   **3** octobris *O*   **4** usque hora quasi sexta agent *A*   usque hora qua sextam agent *O*   **5** alium: alterum *O*   **6** iterum: ideo *O*   **7** colligendas *O*   **10** horam secundam plenam *O*   **12** disiungant se *O*   opere suo *O*

XLVIII cf. RM 50   **1** otiositas, cf. Basil., Reg. 192   certis horis, cf. August., Op. mon. 37   **3** a mane, cf. Vitae Patr. 5,6.21   **3-5** cf. Ordo monast. 3   **5** pausent,

48

¹Müßiggang ist der Feind der Seele. Deshalb sollen sich die Brüder zu bestimmten Zeiten mit Handarbeit, zu bestimmten Stunden dagegen mit heiliger Lesung beschäftigen.

²Wir glauben also, daß durch folgende Ordnung die Zeit für beides geregelt werden kann: ³Von Ostern bis zum ersten Oktober verrichten die Brüder in der Frühe nach der Prim bis etwa zur vierten Stunde die notwendigen Arbeiten. ⁴Von der vierten Stunde bis zur Zeit, da sie die Sext halten, sind sie frei für die Lesung. ⁵Wenn sie nach der Sext vom Tisch aufstehen, ruhen sie unter völligem Schweigen auf ihren Betten; falls aber einer für sich lesen will, lese er so, daß er keinen anderen stört. ⁶Die Non wird früher gehalten, etwa um die Mitte der achten Stunde. Dann verrichtet man bis zur Vesper die anfallenden Arbeiten.

⁷Wenn die Brüder jedoch wegen der Ortsverhältnisse oder infolge ihrer Armut die Ernte selbst einbringen müssen, dürfen sie nicht verdrossen sein; ⁸denn erst dann sind sie wirklich Mönche, wenn sie von der Arbeit ihrer Hände leben, wie unsere Väter und die Apostel. ⁹Doch muß alles mit Maß geschehen wegen der Kleinmütigen.

¹⁰Vom ersten Oktober bis zum Beginn der Fastenzeit sind sie bis zum Ende der zweiten Stunde frei für die Lesung. ¹¹Nach der zweiten Stunde wird die Terz gehalten; dann verrichten alle bis zur Non die ihnen zugewiesene Arbeit. ¹²Beim ersten Zeichen zur Non bricht jeder seine Arbeit ab und hält sich bereit, bis das zweite Zeichen ertönt. ¹³Nach Tisch sind sie frei für ihre Lesungen oder für die Psalmen.

¹⁴Während der Tage der Fastenzeit sind die Brüder vom Morgen bis zum Ende der dritten Stunde frei für ihre Lesung und verrichten dann bis zum Ende der zehnten Stunde die ihnen aufgetragene Arbeit. ¹⁵Für diese Tage der Fastenzeit erhält jeder aus der Bibliothek* ein Buch, das

---

cf. RM 44,12–19   **7** necessitas, cf. RB 40,5.8   **8** labore, cf. Ps 127,2; 1 Cor 4,12; 2 Thess 3,10–12; cf. Cass., Conl. 24,12.2; RM 3,49; 83,17; RM 86,27: ars sola cum horto

*48,15 Es ist möglich, doch nicht erwiesen, daß die RB (mit manchen Vätern) unter »bibliotheca« die Hl. Schrift meint, die in neun Codices geteilt wurde (Rev. Bénéd. 60 [1950] 63–92).

singulos codices de bibliotheca, quos per ordinem ex integro legant; [16]qui codices in caput Quadragesimae dandi sunt.

[17]Ante omnia sane deputentur unus aut duo seniores qui circumeant monasterium horis quibus vacant fratres lectioni, [18]et videant ne forte inveniatur frater acediosus qui vacat otio aut fabulis et non est intentus lectioni, et non solum sibi inutilis est, sed etiam alios distollit. [19]Hic talis si – quod absit – repertus fuerit, corripiatur semel et secundo; [20]si non emendaverit, correptioni regulari subiaceat taliter ut ceteri timeant. [21]Neque frater ad fratrem iungatur horis inconpetentibus.

[22]Dominico item die lectioni vacent omnes, excepto his qui variis officiis deputati sunt.

[23]Si quis vero ita neglegens et desidiosus fuerit, ut non velit aut non possit meditare aut legere, iniungatur ei opus quod faciat, ut non vacet.

[24]Fratribus infirmis aut delicatis talis opera aut ars iniungatur, ut nec otiosi sint nec violentia laboris opprimantur aut effugentur. [25]Quorum inbecillitas ab abbate consideranda est.

CAPUT

XLIX

De Quadragesimae observatione

[1]*Licet omni tempore* vita monachi Quadragesimae debet observationem habere, [2]tamen *quia paucorum est* ista virtus, ideo suademus istis diebus Quadragesimae omni puritate vitam suam custodire, [3]*omnes* pariter et *neglegentias aliorum temporum* his diebus sanctis *diluere.* [4]Quod tunc digne fit, *si ab omnibus* vitiis temperamus, oratio-

---

17 deputetur O   **18** distollit: extollit O   **20** correctioni O   **24** delecatis tale opus O violenti A   effugantur O
    XLIX 3 aliorum temporum *om.* O

18 acediosus, cf. Cass., Inst. 10,2.1   **20** timeant, cf. 1 Tim 5,20; cf. RB 70,3

er von Anfang bis Ende ganz lesen soll. [16]Diese Bücher werden zu Beginn der Fastenzeit ausgeteilt.

[17]Vor allem muß man unbedingt zwei oder drei ältere Brüder bestimmen, die zur Zeit, in der die Brüder für die Lesung frei sind, im Kloster herumgehen. [18]Sie sollen nachsehen, ob sich kein Bruder findet, der an geistiger Trägheit leidet und sich dem Müßiggang oder dem Geschwätz überläßt, statt aufmerksam zu lesen, und nicht nur sich selbst schadet, sondern auch andere ablenkt. [19]Falls man – was Gott verhüte – einen solchen fände, werde er einmal und ein zweites Mal zurechtgewiesen; [20]bessert er sich nicht, dann verfällt er der Strafe der Regel und zwar so, daß die anderen Furcht bekommen. [21]Auch darf kein Bruder mit einem anderen Bruder zu einer Zeit verkehren, zu der es nicht gestattet ist.

[22]Auch am Sonntag sollen sich alle der Lesung widmen, mit Ausnahme von denen, die für die verschiedenen Dienste bestimmt sind.

[23]Ist aber einer so nachlässig und träge, daß er nicht üben oder lesen will oder dazu nicht imstande ist, so weise man ihm eine Arbeit zu, die er tun soll, damit er nicht untätig ist.

[24]Den Kranken oder schwächlichen Brüdern soll man eine geeignete Arbeit oder Beschäftigung zuweisen, damit sie nicht müßig sind und auch nicht durch die Last der Arbeit erdrückt oder zum Fortgehen veranlaßt werden. [25]Der Abt muß auf ihre Schwäche Rücksicht nehmen.

Die Beobachtung der Fastenzeit

KAPITEL
49

[1]Eigentlich soll der Mönch die ganze Zeit seines Lebens als österliche Bußzeit verbringen. [2]Da jedoch nur wenige die Kraft dazu haben, so empfehlen wir, man soll wenigstens während dieser Tage der Fastenzeit sein Leben ganz rein bewahren [3]und zugleich alle Nachlässigkeiten der anderen Zeiten während dieser heiligen Tage sühnen. [4]Das geschieht dann in angemessener Weise, wenn wir uns vor allen Fehlern hüten, uns

---

21 inconpetentibus, cf. RB 31,18   22 dominico, cf. Hieron., Ep. 22,35; Reg. 4 Patr. 3,6–7; cf. RM 75
    XLIX RM 51–53   1-3 licet, Leo, Serm. de Quadrag. 1,2; 4,1; 5,2   4 omnibus vitiis, Leo, ibid., 4,6   orationi, cf. RM 51–52

ni cum fletibus, lectioni et conpunctioni cordis atque abstinentiae operam damus.

⁵Ergo his diebus *augeamus* nobis aliquid solito pensu servitutis nostrae, orationes peculiares, ciborum et potus abstinentiam, ⁶ut unusquisque super mensuram sibi indictam aliquid propria voluntate *cum gaudio Sancti Spiritus* offerat Deo, ⁷id est: subtrahat corpori suo de cibo, de potu, de somno, de loquacitate, de scurrilitate, et cum spiritalis desiderii gaudio sanctum Pascha expectet.

⁸Hoc ipsud tamen quod unusquisque offerit, abbati suo suggerat, et cum eius fiat oratione et voluntate; ⁹quia quod sine permissione patris spiritalis fit, praesumptioni deputabitur et vanae gloriae, non mercedi. ¹⁰Ergo cum voluntate abbatis omnia agenda sunt.

CAPUT
L
De fratribus qui longe ab oratorio laborant aut in via sunt

¹Fratres qui omnino longe sunt in labore et non possunt occurrere hora conpetenti ad oratorium – ²et abbas hoc perpendet, quia ita est – ³agant ibidem Opus Dei, ubi operantur, cum tremore divino flectentes genua.

⁴Similiter qui in itinere directi sunt, non eos praetereant Horae constitutae, sed, ut possunt, agant sibi et servitutis pensum non neglegant reddere.

---

4 compunctione *O*   demus *O*   **5** penso *O*   abstinentia *O*   **7** spectet *O*
8 orationem . . . voluntatem *A*   **9** permissionem *A*   p. sp. voluntate *O*
    L T sunt: sua *O*   **1** in labore *om. O*   **2** perpenderit *O*   **3** ibidem: ibi *O*
operentur *O*

dem Gebet mit Tränen, der Lesung, der Zerknirschung des Herzens und der Entsagung hingeben.

⁵Während dieser Tage sollen wir also zu unserer gewöhnlichen Dienstleistung etwas hinzufügen: besondere Gebete, Verzichte beim Essen und Trinken. ⁶Ein jeder soll also von sich aus über das ihm bestimmte Maß hinaus *in der Freude des Heiligen Geistes* Gott etwas als Opfer darbringen, ⁷das heißt: Er entziehe seinem Leib etwas an Essen, Trinken, Schlafen, Reden, Scherzen und harre in Freude und Sehnsucht des Geistes dem heiligen Osterfest entgegen.

⁸Was aber jeder als Opfer darbringt, muß er seinem Abt unterbreiten, damit es mit seinem Gebet und seiner Zustimmung geschieht; ⁹denn was ohne Erlaubnis des geistlichen Vaters geschieht, gilt als Anmaßung und eitle Ruhmsucht, nicht als Verdienst. ¹⁰Deshalb soll man alles mit Zustimmung des Abtes tun.

Die Brüder, die weit entfernt vom Oratorium arbeiten oder unterwegs sind
KAPITEL 50

¹Brüder, die sehr weit entfernt bei der Arbeit sind und nicht rechtzeitig zum Oratorium kommen können – ²das Urteil darüber steht dem Abt zu –, ³sollen den Gottesdienst dort halten, wo sie arbeiten, und sollen aus Ehrfurcht vor Gott die Knie beugen.

⁴Ebenso sollen die Brüder, die auf Reisen geschickt sind, die festgesetzten Gebetsstunden nicht übergehen, sondern sie für sich halten, so gut sie können, und nicht versäumen, den schuldigen Dienst zu leisten.

lectioni, cf. RB 48,14–16; Caes., Serm. 196–199 238   conpunctioni, cf. Cass., Inst. 12,16   abstinentiae, cf. RM 53   5 augeamus, Leo, ibid., 2,1   pensu, cf. RB 50,4 6 1 Thess 1,6   7 subtrahat, Leo, ibid. 4,2   **8-10** voluntate, cf. RM 53,11–15
    L RM 55–56   **1-3** non possunt, cf. Basil., Reg. 107   **4** non praetereant, cf. Pachom., Reg., praec. 142

De fratribus qui non longe satis proficiscuntur

LI

¹Frater qui pro quovis responso dirigitur et ea die speratur reverti ad monasterium, non praesumat foris manducare, etiam si omnino rogetur a quovis, ²nisi forte ei ab abbate suo praecipiatur. ³Quod si aliter fecerit, excommunicetur.

De oratorio monasterii

LII

¹Oratorium hoc sit quod dicitur, nec ibi quicquam aliud geratur aut condatur. ²Expleto Opere Dei, omnes cum summo silentio exeant, et habeatur reverentia Deo, ³ut frater qui forte sibi peculiariter vult orare, non inpediatur alterius inprobitate. ⁴Sed et si aliter vult sibi forte secretius orare, simpliciter intret et oret, non in clamosa voce, sed in lacrimis et intentione cordis. ⁵Ergo qui simile opus non facit, non permittatur explicito Opere Dei remorari in oratorio, sicut dictum est, ne alius impedimentum patiatur.

De hospitibus suscipiendis

LIII

¹Omnes supervenientes hospites tamquam Christus suscipiantur, quia ipse dicturus est: *Hospis fui et suscepistis me.* ²Et *omnibus* congruus honor exhibeatur, *maxime domesticis fidei* et peregrinis.

LI T satis *om. O*   **1** omnino *om. O*
LII 1 aliud *om. O*   **2** habeatur: agatur *O*   **4** aliter: alter *O*   **5** in oratorio *om. O*

LI RM 61   **1** manducare, cf. Ordo monast. 8
LII RM 68   **1** hoc sit, cf. August., Reg. 7,31–32   **3** orare, cf. August., Reg. 7,33–34   **4** oret, cf. Cypr., Or. 4–5; Cass., Inst. 2,10.2; Conl. 9,35   intentione, cf.

Von den Brüdern, die sich nicht sehr weit entfernen

¹Ein Bruder, der zu irgendwelcher Besorgung hinausgeschickt und noch am gleichen Tag im Kloster zurückerwartet wird, darf sich nicht erlauben, draußen zu essen, auch wenn er dringend von jemand gebeten wird, ²es sei denn, sein Abt gebe ihm die Erlaubnis. ³Handelt er anders, so werde er ausgeschlossen.

Das Oratorium des Klosters

¹Das Oratorium soll sein, was sein Name besagt, und nichts anderes soll dort getan oder aufbewahrt werden. ²Nach dem Gottesdienst gehen alle in tiefstem Schweigen hinaus; man erweist Gott die schuldige Ehrfurcht. ³So wird ein Bruder, der allein für sich beten will, nicht durch das rücksichtslose Verhalten eines anderen daran gehindert. ⁴Wenn aber zu anderen Zeiten einer still für sich beten will, so trete er einfach ein und bete, nicht mit lauter Stimme, sondern unter Tränen und mit Inbrunst des Herzens. ⁵Wer es nicht so halten will, darf, wie gesagt, nach dem Gottesdienst nicht im Oratorium zurückbleiben, damit nicht ein anderer gestört wird.

Die Aufnahme der Gäste

¹Alle Gäste, die zum Kloster kommen, sollen wie Christus aufgenommen werden; denn er wird einmal sagen: *Ich war Gast, und ihr habt mich aufgenommen.* ²*Allen* soll man die Ehre erweisen, die ihnen zukommt, *besonders den Brüdern im Glauben* und den Pilgern.*

Cass., Inst. 2,5.12   5 impedimentum, cf. August., Reg. 7,33–34
    LIII RM 65; 71–72; 78–79   **1** Mt 25,35   **2** Gal 6,10

*53,2 Unter den »Glaubensgenossen« sind vor allem Kleriker und Mönche zu verstehen. Ob das Wort peregrinus (RB 53,2.15; 56,1; 61) mit »Pilger« oder »Fremder« zu übersetzen ist, entscheidet der Zusammenhang.

³Ut ergo nuntiatus fuerit hospis, occurratur ei a priore vel a fratribus cum omni officio caritatis; ⁴et primitus orent pariter, et sic sibi socientur in pace. ⁵Quod pacis osculum non prius offeratur nisi oratione praemissa, propter inlusiones diabolicas.

⁶In ipsa autem salutatione omnis exhibeatur humilitas omnibus venientibus sive discedentibus hospitibus: ⁷inclinato capite vel prostrato omni corpore in terra, Christus in eis adoretur qui et suscipitur.

⁸Suscepti autem hospites ducantur ad orationem, et postea sedeat cum eis prior aut cui iusserit ipse. ⁹Legatur coram hospite Lex divina ut aedificetur, et post haec omnis ei exhibeatur humanitas. ¹⁰Ieiunium a priore frangatur propter hospitem, nisi forte praecipuus sit dies ieiunii qui non possit violari; ¹¹fratres autem consuetudines ieiuniorum prosequantur. ¹²Aquam in manibus abbas hospitibus det; ¹³pedes hospitibus omnibus tam abbas quam cuncta congregatio lavet; ¹⁴quibus lotis, hunc versum dicant: *Suscepimus, Deus, misericordiam tuam in medio templi tui.*

¹⁵Pauperum et peregrinorum maxime susceptioni cura sollicite exhibeatur, quia in ipsis magis Christus suscipitur; nam divitum terror ipse sibi exigit honorem.

¹⁶Coquina abbatis et hospitum super se sit, ut, incertis horis supervenientes hospites, qui numquam desunt monasterio, non inquietentur fratres. ¹⁷In qua coquina ad annum ingrediantur duo fratres qui ipsud officium bene impleant. ¹⁸Quibus, ut indigent, solacia amministrentur, ut absque murmuratione serviant, et iterum, quando occupationem minorem habent, exeant ubi eis imperatur in opera. ¹⁹Et non solum ipsis, sed et in omnibus officiis monasterii ista sit consideratio, ²⁰ut quando indigent solacia adcommodentur eis, et iterum quando vacant oboediant imperatis.

²¹Item et cellam hospitum habeat adsignatam frater cuius animam

LIII 7 in terra *om. O*   8 cui: quem *O*   11 consuetudinem *O*   14 suscipimus *O*
15 maxime *om. O*   susceptio *A*   18 ministrentur *O*   murmurationem *A*   serviant: sint *O*

3-13 hospis, cf. Hist. mon. 1 7 2 17   8 orationem, cf. Pachom., Reg., praec. 51
9 humanitas, cf. Act 28,2; Hist. mon. 17   10-11 cf. RM 72,1-8; Hist. mon. 17;

³Sobald ein Gast gemeldet ist, sollen ihm der Obere und die Brüder mit aller Freundlichkeit entgegengehen, wie es die Liebe verlangt. ⁴Zuerst sollen sie gemeinsam beten, dann sich den Friedenskuß geben. ⁵Diesen Friedenskuß gibt man erst nach dem Gebet, um den Täuschungen des Teufels zu entgehen.

⁶Bei der Begrüßung behandle man alle Gäste, die ankommen oder weggehen, mit großer Bescheidenheit; ⁷man neigt den Kopf oder wirft sich ganz zur Erde nieder, um in den Gästen Christus zu verehren, den man ja tatsächlich aufnimmt.

⁸Nach der Aufnahme führt man die Gäste zum Gebet; dann setzt sich der Obere zu ihnen oder ein Bruder, den er beauftragt hat. ⁹Man liest dem Gast zur Erbauung aus dem göttlichen Gesetz vor. Dann soll man ihn sehr freundlich bewirten. ¹⁰Der Obere bricht des Gastes wegen das Fasten, außer es handle sich um einen besonderen Fasttag, der gehalten werden muß. ¹¹Die Brüder sollen jedoch das übliche Fasten beibehalten. ¹²Der Abt reicht den Gästen das Wasser für die Hände. ¹³Der Abt und ebenso die ganze Klostergemeinde waschen allen Gästen die Füße. ¹⁴Nach der Fußwaschung spricht man den Vers: *Gott, wir haben deine Barmherzigkeit aufgenommen inmitten deines Tempels.*

¹⁵Ganz besondere Aufmerksamkeit soll man der Aufnahme von Armen und Pilgern schenken; denn in ihnen wird mehr als in anderen Christus aufgenommen. Die Reichen dagegen sorgen schon durch ihr herrisches Auftreten dafür, daß sie geehrt werden.

¹⁶Abt und Gäste sollen eine eigene Küche haben, damit die Gäste, die zu unbestimmten Zeiten kommen und dem Kloster nie fehlen, die Brüder nicht stören. ¹⁷Diese Küche sollen für je ein Jahr zwei Brüder übernehmen, die sich auf diesen Dienst gut verstehen. ¹⁸Wenn es notwendig ist, gibt man ihnen Gehilfen, damit sie ihren Dienst ohne Murren versehen. Haben sie jedoch weniger zu tun, so gehen sie dorthin zur Arbeit, wohin man sie schickt. ¹⁹Übrigens gilt nicht nur hier, sondern bei jedem Amt im Kloster der Grundsatz: ²⁰Wenn jemand Gehilfen braucht, werden sie ihm zugeteilt, wer frei ist, übernimmt gehorsam die Arbeit, die ihm aufgetragen wird.

²¹Was die Gastwohnung betrifft, so werde sie einem Bruder anver-

Cass., Inst. 5,24   **14** Ps 47,10   **18** solacia, cf. RB 35,3   murmuratione, cf. RB 35,13   **19** consideratio, cf. RB 37,3

timor Dei possidet; ²²ubi sint lecti strati sufficienter. Et domus Dei a sapientibus et sapienter amministretur.

²³Hospitibus autem, cui non praecipitur, ullatenus societur neque conloquatur; ²⁴sed si obviaverit aut viderit, salutatis humiliter, ut diximus, et petita benedictione pertranseat, dicens sibi non licere conloqui cum hospite.

CAPUT   *Si debeat monachus litteras vel aliquid suscipere*

LIV

¹Nullatenus liceat monacho neque a parentibus suis neque a quoquam hominum nec sibi invicem *litteras*, eulogias *vel quaelibet munuscula accipere* aut dare sine praecepto abbatis. ²Quod si etiam a parentibus suis ei quicquam directum fuerit, non praesumat suscipere illud, nisi prius indicatum fuerit abbati. ³Quod si iusserit suscipi, *in abbatis sit potestate cui* illud iubeat dari, ⁴et non contristetur frater, cui forte directum fuerat, *ut non detur occasio diabulo.* ⁵Qui autem aliter praesumpserit, disciplinae regulari subiaceat.

CAPUT   *De vestiario vel calciario fratrum*

LV

¹Vestimenta fratribus secundum locorum qualitatem ubi habitant vel aerum temperiem dentur, ²quia in frigidis regionibus amplius indigetur, in calidis vero minus. ³Haec ergo consideratio penes abbatem est. ⁴Nos tamen mediocribus locis sufficere credimus monachis per singulos cucullam et tunicam – ⁵cucullam in hieme vello-

---

23 nullatenus *O*

  LIV 2 eis . . . praesumant *O*   3 dare *O*

   LV T vel: et *O*   1 qualitate *A*   aerum: hiemis *O*   temperie *A*   2 indigitur *A*   3 penes: apud *O*   4 cocullam et tonicam *O*   5 villosam *O*

traut, dessen Seele von Gottesfurcht erfüllt ist. 22 Es sollen dort Betten in genügender Zahl bereitgestellt sein. Und das Haus Gottes soll von Weisen und weise verwaltet werden.

23 Mit den Gästen darf niemand ohne Erlaubnis verkehren und reden. 24 Wer ihnen begegnet oder sie sieht, soll sie, wie schon gesagt, bescheiden grüßen, sie um den Segen bitten und mit dem Bemerken weitergehen, es sei ihm nicht gestattet, mit den Gästen zu reden.

Ob die Mönche Briefe oder sonst etwas annehmen dürfen

KAPITEL

54

1 Es ist den Mönchen durchaus nicht gestattet, von ihren Eltern oder sonst jemand, noch auch voneinander ohne Erlaubnis des Abtes Briefe, Eulogien [gesegnete Brote] oder sonst kleine Geschenke anzunehmen oder zu geben. 2 Selbst wer von seinen Eltern etwas zugeschickt bekommt, darf sich nicht herausnehmen, es anzunehmen, ohne den Abt vorher zu benachrichtigen. 3 Hat der Abt die Annahme erlaubt, so kann er immer noch verfügen, wem das Geschenk zu geben ist. 4 Der Bruder, dem die Sache zugeschickt wurde, soll dann nicht traurig werden, *damit der Teufel keine Handhabe findet.* 5 Wer es wagt, anders zu handeln, verfällt der Strafe, die in der Regel festgesetzt ist.

Die Kleidung und das Schuhwerk der Brüder

KAPITEL

55

1 Man gibt den Brüdern Kleider, die der Lage und dem Klima des Wohnorts entsprechen; 2 denn in kalten Gegenden braucht man mehr, in warmen weniger. 3 Es ist also Sache des Abtes, darauf Rücksicht zu nehmen. 4 Nach unserer Ansicht genügen jedoch in einer Gegend mit gemäßigtem Klima für jeden Mönch eine Kukulle und eine Tunika – 5 eine dichtwol-

23-24 conloquatur, cf. Reg. 4 Patr. 2,37-38 40; Reg. or. 26
    LIV 1 eulogias, cf. August., Reg. 11,115–117; Basil., Reg. 105; Pachom., Reg., praec. 106   2-3 non praesumat, cf. August., Reg. 12,140-144   4 Eph 4,27; 1 Tim 5,14   occasio, cf. RB 38,8
    LV cf. RM 81   1-3 aerum, cf. Cass., Inst. 1,10

sam, in aestate puram aut vetustam – 6et scapulare propter opera, indumenta pedum pedules et caligas.

7De quarum rerum omnium colore aut grossitudine non causentur monachi, sed quales inveniri possunt *in provincia* qua degunt aut *quod vilius conparari* possit.

8Abbas autem de mensura provideat ut non sint curta ipsa vestimenta utentibus ea, sed mensurata.

9Accipientes nova, vetera semper reddant in praesenti reponenda in vestiario propter pauperes. 10Sufficit enim monacho duas tunicas et duas cucullas habere propter noctes et propter lavare ipsas res; 11iam quod supra fuerit superfluum est, amputari debet. 12Et pedules et quodcumque est vetere reddant, dum accipiunt novum.

13Femoralia hii qui in via diriguntur de vestiario accipiant, quae revertentes lota ibi restituant. 14Et cucullae et tunicae sint aliquanto a solito quas habent modice meliores; quas exeuntes in via accipiant de vestiario et revertentes restituant.

15Stramenta autem lectorum sufficiant matta, sagum et lena et capitale. 16Quae tamen lecta frequenter ab abbate scrutinanda sunt propter opus peculiare, ne inveniatur. 17Et si cui inventum fuerit quod ab abbate non accepit, gravissimae disciplinae subiaceat. 18Et ut hoc vitium peculiaris radicitus amputetur, dentur ab abbate omnia quae sunt necessaria: 19id est cuculla, tunica, pedules, caligas, bracile, cultellum, grafium, acum, mappula, tabulas, ut omnis auferatur necessitatis excusatio.

20A quo tamen abbate semper consideretur illa sententia Actuum Apostolorum, quia *dabatur singulis prout cuique opus erat.* 21Ita ergo et abbas consideret infirmitates indigentium, non malam voluntatem invidentium. 22In omnibus tamen iudiciis suis Dei retributionem cogitet.

5 aut: vel *O*   6 scapularem *A*   7 colorem ... grossitudinem *A*   invenire *O*
degunt: habitant *O*   conparare *O*   possit: possunt *O*   9 ponenda *O*   12 vetera *O*
13 quae: qui *O*   15 sufficiat *O*   lina *O*   16 frequenter *om. A*   17 acceperit *O*
19 brachile *O*   cultello *O*   graffio *O*   acu *O*   21 mala voluntate *O*

7-8 in provincia, cf. Basil., Reg. 9 11 95   9 nova, cf. Caes., Reg. virg. 43   10 sufficit, cf. Horsies., Liber 22; Pachom., Reg., praec. 81; Hieron., Pachom., Reg. Praef. 4

lige Tunika im Winter, eine leichte oder abgetragene im Sommer –, [6]dazu ein Skapulier für die Arbeit; als Fußbekleidung Schuhe und Sandalen.*
[7]Über die Farbe oder den groben Stoff all dieser Sachen sollen sich die Brüder keine Sorge machen; man nehme das, was in der betreffenden Gegend zu finden oder was billiger zu beschaffen ist.
[8]Der Abt sorge für das rechte Maß, so daß die Kleider für die, die sie tragen, nicht zu kurz sind, sondern passen.
[9]Wer neue Kleider erhält, gibt die alten jeweils sofort ab, damit sie in der Kleiderkammer für die Armen aufbewahrt werden. [10]Für den Mönch genügt es ja, zwei Tuniken und zwei Kukullen zu haben – wegen der Nacht, und um die Sachen waschen zu können. [11]Was darüber hinausgeht, ist überflüssig und muß entfernt werden. [12]Auch die Schuhe, überhaupt alles, was alt ist, gibt man ab, wenn man Neues bekommt.
[13]Wer auf Reisen geschickt wird, bekommt aus der Kleiderkammer Hosen, die er nach der Rückkehr gewaschen wieder abgibt. [14]Auch die Kukullen und Tuniken, die man für die Reise aus der Kleiderkammer bekommt und nach der Rückkehr wieder abgibt, sollen etwas besser sein, als man sie gewöhnlich trägt.
[15]Als Bettzeug genügt eine Matte, eine gewöhnliche Decke und eine Wolldecke und ein Kopfkissen. [16]Doch soll der Abt oft nachsehen, ob sich in den Betten kein Sonderbesitz findet. [17]Wenn sich bei einem etwas findet, was er nicht vom Abt erhalten hat, dann treffe ihn eine schwere Strafe. [18]Damit aber dieses Laster des Sonderbesitzes mit der Wurzel ausgerottet wird, soll der Abt alles geben, was man braucht, nämlich: [19]Kukulle, Tunika, Schuhe, Sandalen, Gürtel, Messer, Griffel, Nadel, Taschentuch, Schreibtafel, so daß keiner vorgeben kann, es habe ihm etwas Notwendiges gefehlt.
[20]Doch muß der Abt immer den Satz der Apostelgeschichte bedenken: *Jedem wurde zugeteilt, was er nötig hatte.* [21]So muß also auch der Abt auf die Schwächen der Bedürftigen Rücksicht nehmen, nicht auf die Mißgunst der Neider. [22]Doch bei allen seinen Entscheidungen soll der Abt an die Vergeltung Gottes denken.

16-17 scrutinanda, cf. RM 82, 23–31; Horsies., Liber 21; Caes., Reg. virg. 30
18-19 dentur, cf. RM 82,1–5   **20** Act 4,35; cf. Basil., Reg. 94

***55,4–6.19** »Schuhe« für den Winter und die Reise, »Sandalen« für den Sommer und die Arbeit. Die »Tunika« ist ein hemdartiger Leibrock, die »Kukulle« eine Art Kapuzenmantel, das »Skapulier« eine Arbeitsschürze. Nachts tragen die Brüder einen schmalen (RB 22,5), unter Tags einen breiten Gürtel (mit Messer, Griffel usw.).

De mensa abbatis

LVI

¹Mensa abbatis cum hospitibus et peregrinis sit semper. ²Quotiens tamen minus sunt hospites, quos vult de fratribus vocare in ipsius sit potestate. ³Seniorem tamen unum aut duo semper cum fratribus dimittendum propter disciplinam.

De artificibus monasterii

LVII

¹Artifices si sunt in monasterio cum omni humilitate faciant ipsas artes, si permiserit abbas. ²Quod si aliquis ex eis extollitur pro scientia artis suae, eo quod videatur aliquid conferre monasterio, ³hic talis erigatur ab ipsa arte et denuo per eam non transeat, nisi forte humiliato ei iterum abbas iubeat.

⁴Si quid vero ex operibus artificum venundandum est, videant ipsi per quorum manus transigenda sint, ne aliquam fraudem praesumant. ⁵Memorentur semper Ananiae et Safirae, ne forte mortem quam illi in corpore pertulerunt, ⁶hanc isti vel omnes qui aliquam fraudem de rebus monasterii fecerint, in anima patiantur.

⁷In ipsis autem pretiis non subripiat avaritiae malum, ⁸sed semper aliquantulum vilius detur quam ab aliis saecularibus dari potest, ⁹*ut in omnibus glorificetur Deus.*

LVI 3 senior . . . unus . . . duos *O*
LVII 3 erigatur: egrediatur *O*   4 aliqua fraude *O*   6 vel *om. O*   7 praeciis *A*
praetiis *O*   8 dari potest: datur *O*

Der Tisch des Abtes

[1] Der Abt soll immer mit den Gästen und Pilgern essen. [2] Sooft aber keine Gäste da sind, steht es ihm frei, von den Brüdern einzuladen, wen er will. [3] Doch soll er der Ordnung halber immer einen oder zwei von den Älteren bei den Brüdern lassen.

Die Handwerker des Klosters

[1] Sind Handwerker im Kloster, so sollen sie in aller Demut ihr Handwerk ausüben, wenn der Abt es erlaubt. [2] Wenn einer von ihnen auf sein handwerkliches Können stolz ist, weil er sich einbildet, dem Kloster zu nützen, [3] dann soll man ihn von diesem Handwerk wegnehmen und ihn erst wieder darin arbeiten lassen, wenn er sich demütig zeigt und der Abt ihn wieder beauftragt.

[4] Ist von den Arbeiten der Handwerker etwas zu verkaufen, dann dürfen sich jene, die den Handel abschließen, keinen Betrug erlauben. [5] Sie sollen immer an Ananias und Saphira denken, damit sie nicht den Tod, der jene am Leib traf, an der Seele erleiden – sie selbst und alle, [6] die mit den Sachen des Klosters unredlich umgehen.

[7] Bei der Festsetzung des Preises darf sich nicht das Laster der Habsucht einschleichen. [8] Man soll im Gegenteil immer etwas billiger verkaufen, als es Weltleute tun können, [9] *damit in allem Gott verherrlicht werde.*

LVI cf. RM 84   **1** cum hospitibus, cf. Reg. 4 Patr. 2,41
    LVII RM 85   **2** extollitur, cf. Augubt., Reg. 6,24; Cass., Inst. 4,14   **4-6** venum-dandum, cf. Ordo monast. 8,33–35   **5** Ananiae, cf. Act 5,1–11; RM 87,24; Cass., Inst. 7,30   **9** 1 Petr 4,11

LVIII

¹Noviter veniens quis ad conversationem, non ei facilis tribuatur ingressus, ²sed sicut ait Apostolus: *Probate spiritus si ex Deo sunt*.

³Ergo *si* veniens *perseveraverit pulsans* et inlatas sibi iniurias et difficultatem ingressus post quattuor aut quinque dies visus fuerit patienter portare et persistere petitioni suae, ⁴annuatur ei ingressus et sit in cella hospitum paucis diebus.

⁵Postea autem sit in cella noviciorum ubi meditent et manducent et dormiant. ⁶Et senior eis talis deputetur qui aptus sit ad lucrandas animas, qui super eos omnino curiose intendat.

⁷Et sollicitudo sit si revera *Deum quaerit*, si sollicitus est ad Opus Dei, ad oboedientiam, ad obprobria. ⁸Praedicentur ei omnia dura et aspera per quae itur ad Deum.

⁹Si promiserit de stabilitatis suae perseverantia, post duorum mensuum circulum legatur ei haec Regula per ordinem, ¹⁰et dicatur ei: »Ecce lex sub qua militare vis; si potes observare, ingredere; si vero non potes, liber discede«. ¹¹Si adhuc steterit, tunc ducatur in supradictam cellam noviciorum et iterum probetur in omni patientia. ¹²Et post sex mensuum circuitum legatur ei Regula, ut sciat ad quod ingreditur. ¹³Et si adhuc stat, post quattuor menses iterum relegatur ei eadem Regula.

¹⁴Et si habita secum deliberatione promiserit se omnia custodire et cuncta sibi imperata servare, tunc suscipiatur in congregatione, ¹⁵sciens et lege Regulae constitutum quod ei ex illa die non liceat

---

LVIII 2 ait *om. O*   4 adnuatur *O*   5 meditet ... manducet ... dormiat *O*   6 eis: ei *O*   7 et sollicitus sit *O*   oboedientia *A*   8 praedicantur *O*   per quae: qua *O*   9 stabilitate sua perseverantia *A*   11 superdictam *O*   13 legatur *O*   eadem *om. O*   14 congregationem *O*

LVIII RM 87–90   1 conversationem, cf. RM 90,1; Caes., Reg. virg. 58; Pachom., Reg., praec. 49   2 1 Ioh 4,1   3-4 pulsans, cf. Lc 11,8; Reg. 4 Patr. 2,27   post quattuor, cf. Cass., Inst. 4,3.1 (decem dies); Reg. 4 Patr. 2,25 (una hebdomada); RM 88, 7–10 (duobus mensibus)   5 meditent, cf. RB 8,3; 48,23   6 senior, cf. Cass., Inst. 4,7   lucrandas, cf. Mt 18,15; 1 Cor 9,20; Dionys., Vita Pachom. 25   7 sollicitudo, cf. RM 88,10; Basil., Reg. 7   Deum quaerit, cf. Ps 13,2; 22,6 etc.   obprobria, cf.

¹ Wenn einer neu ankommt, um Mönch zu werden, dann soll ihm der Eintritt nicht ohne weiteres gewährt werden, ² sondern man halte sich an das Apostelwort: *Prüft, ob die Geister aus Gott sind.*

³ Kommt also einer und klopft beharrlich an, und zeigt es sich, daß er die schlechte Behandlung und die Erschwernis des Eintritts vier oder fünf Tage lang geduldig erträgt und auf seiner Bitte besteht, ⁴ dann gewähre man ihm den Eintritt, und er soll ein paar Tage in der Wohnung der Gäste bleiben.

⁵ Dann kommt er in die Wohnung der Novizen, wo sie lernen, essen und schlafen. ⁶ Man weist ihnen einen älteren Bruder zu, der es versteht, die Seelen zu gewinnen, und der über sie mit größter Aufmerksamkeit wacht.

⁷ Man achte sorgfältig darauf, ob der Novize wirklich *Gott sucht*, ob er Eifer hat für den Gottesdienst, für den Gehorsam, für Verdemütigungen. ⁸ Im voraus sage man ihm offen, wie rauh und schwierig der Weg ist, der zu Gott führt.

⁹ Wenn er verspricht, standzuhalten und auszuharren, soll man ihm nach Verlauf von zwei Monaten diese ganze Regel vorlesen ¹⁰ und ihm sagen: »Das ist das Gesetz, unter dem du dienen willst. Kannst du es beobachten, so tritt ein! Kannst du es aber nicht, so steht es dir frei wegzugehen«. ¹¹ Bleibt er noch fest, führt man ihn in die oben erwähnte Wohnung der Novizen zurück und prüft ihn in aller Geduld weiter. ¹² Nach Verlauf von sechs Monaten liest man ihm die Regel wieder vor, damit er weiß, zu was er sich beim Eintritt verpflichtet. ¹³ Bleibt er auch jetzt noch fest, so liest man ihm nach vier Monaten diese Regel wieder vor.

¹⁴ Und wenn er nach reiflicher Überlegung verspricht, alles zu beobachten und jedem Befehl nachzukommen, dann nimmt man ihn in die Klostergemeinde auf. ¹⁵ Doch muß er wissen, daß es ihm von diesem Tag an auch durch das Gesetz der Regel nicht mehr erlaubt ist, das

Basil., Reg. 6; Cass., Inst. 4,3.1   **8** praedicentur, cf. RM 87,4; 90,3.67   dura, cf. Cass., Conl. 24,25.2; Reg. 4 Patr. 2,26   **9** legatur ei, cf. RM 87,3; 89,1–2; Reg. Macarii 23; Caes., Reg. virg. 58   **11** probetur, cf. 1 Tim 4,2; RM 88,5; 90,36–71   **13-14** relegatur, cf. RM 90,64.67   **15** lege, cf. RB 58,10; RM 90,66

egredi de monasterio, [16] nec collum excutere desub iugo Regulae quem sub tam morosam deliberationem licuit aut excusare aut suscipere.

[17] Suscipiendus autem in oratorio coram omnibus promittat de stabilitate sua et conversatione morum suorum et oboedientia, [18] coram Deo et Sanctis eius, ut si aliquando aliter fecerit, ab eo se damnandum sciat quem inridit.

[19] De qua promissione sua faciat petitionem ad nomen Sanctorum quorum reliquiae ibi sunt et abbatis praesentis. [20] Quam petitionem manu sua scribat, aut certe, si non scit litteras, alter ab eo rogatus scribat et ille novicius signum faciat et manu sua eam super altare ponat.

[21] Quam dum inposuerit, incipiat ipse novicius mox hunc versum: *Suscipe me*, Domine, *secundum eloquium tuum et vivam, et ne confundas me ab expectatione mea*. [22] Quem versum omnis congregatio tertio respondeat, adiungentes: *Gloria Patri*. [23] Tunc ille frater novicius prosternatur singulorum pedibus ut orent pro eo; et iam ex illa die in congregatione reputetur.

[24] Res si quas habet, aut eroget prius pauperibus aut facta sollemniter donatione conferat monasterio, nihil sibi reservans ex omnibus, [25] quippe qui ex illo die nec proprii corporis potestatem se habiturum scit.

[26] Mox ergo in oratorio exuatur rebus propriis quibus vestitus est, et induatur rebus monasterii. [27] Illa autem vestimenta quibus exutus est reponantur in vestiario conservanda, [28] ut si aliquando suadenti diabulo consenserit ut egrediatur de monasterio – quod absit – tunc exutus rebus monasterii proiciatur. [29] Illam tamen petitionem eius, quam desuper altare abbas tulit, non recipiat, sed in monasterio reservetur.

16 quem: quia O   morosa deliberatione O   licuit aut: ei O   17 oboedientiam AO
18 ab eo: a deo O   inridit: inritat O   19 abbate praesente O   21 posuerit O
23 pro eo: eum O   die: hora A   25 habere O   sciat O   28 suadente O
29 desupra O

17 coram omnibus, cf. RM 89,3–16   conversatione morum, cf. B. Steidle, Stud. Anselm. 44 [1959] 136–144   18 coram Deo, cf. Cass., Inst. 4,36.2   inridit, cf. Gal. 6,7   19–20 scribat, cf. RM 87,33–37; 89,17   21 Ps 118,116; cf. RM 89,24   22 tertio, cf. RB 35,17–18; 38,3; RM 89,25   23 orent, cf. RM 89,3–4.28–30

Kloster zu verlassen [16] oder das Joch der Regel von seinem Nacken abzuschütteln, das er während so langer Überlegung ablehnen oder annehmen konnte.

[17] Vor der Aufnahme verspricht er in Gegenwart aller im Oratorium Beständigkeit, klösterliches Leben und Gehorsam*, [18] vor Gott und seinen Heiligen; falls er je anders handelt, soll er wissen, daß er von dem verdammt wird, dessen er spottet.

[19] Über dieses Versprechen stelle er eine Urkunde* auf den Namen der Heiligen aus, deren Reliquien dort sind, sowie auf den des anwesenden Abtes. [20] Diese Urkunde schreibe er eigenhändig; oder wenn er nicht schreiben kann, schreibe sie auf sein Ersuchen hin ein anderer, und der Novize setze sein Zeichen dazu und lege sie eigenhändig auf den Altar.

[21] Sobald er das getan hat, stimmt der Novize diesen Vers an: *Nimm mich auf, o Herr, wie du verheißen hast, und ich werde leben; laß mich nicht in meiner Hoffnung scheitern.* [22] Diesen Vers wiederholt die ganze Klostergemeinde dreimal und fügt das *Ehre sei dem Vater* hinzu. [23] Dann wirft sich der Novize zu den Füßen eines jeden nieder, damit man für ihn bete. Und von diesem Tag an gilt er als Glied der Klostergemeinde.

[24] Wenn er Vermögen hat, soll er es vorher an die Armen verteilen oder es in einer feierlichen Schenkung dem Kloster vermachen, ohne irgend etwas für sich zurückzuhalten. [25] Er weiß ja, daß er von diesem Tag an nicht einmal mehr über seinen eigenen Leib verfügen kann.

[26] Man nimmt ihm also gleich im Oratorium die eigene Kleidung, die er trägt, ab und bekleidet ihn mit den Sachen des Klosters. [27] Die Kleider aber, die man ihm abgenommen hat, werden in der Kleiderkammer hinterlegt und dort aufbewahrt. [28] Sollte er je einmal der Einflüsterung des Teufels nachgeben und – was Gott verhüte – das Kloster verlassen, dann zieht man ihm die Sachen des Klosters wieder aus, bevor man ihn fortschickt. [29] Die Urkunde jedoch, die der Abt vom Altar weggenommen hat, bekommt er nicht zurück, sondern sie wird im Kloster aufbewahrt.

24 eroget, cf. RM 87,15-23.45   **25** potestatem, cf. 1 Cor 7,4; RB 33,4; Basil., Reg. 29 106; Cass., Inst. 2,3.1; 4,20   **26** exuatur, cf. Pachom., Reg., praec. 49; RM 90,79-80; Cass., Inst. 4,5   **27-29** cf. RM 90,83-85; Cass., Inst. 4,6; RM 89,27-35; 90,88-95

*58,17 Die RB gibt hier keine eigentliche Profeßformel, sondern faßt den *Inhalt* der Profeß nach Art einer Rubrik in drei Punkten zusammen. Mit conversatio morum ist konkret die Beobachtung der Regel gemeint (RB 61,9; 73,1).
*58,19 ff. 29 In der »Bitt-Urkunde« bezeugt der Novize seine freie Bitte um Aufnahme und zugleich das feste Versprechen zum klösterlichen Leben nach der Regel.

LIX

[1] Si quis forte de nobilibus offerit filium suum Deo in monasterio, si ipse puer minor aetate est, parentes eius faciant petitionem quam supra diximus, [2] et cum oblatione ipsam petitionem et manum pueri involvant in palla altaris, et sic eum offerant.

[3] De rebus autem suis aut in praesenti petitione promittant sub iureiurando, quia numquam per se, numquam per suffectam personam nec quolibet modo ei aliquando aliquid dant aut tribuunt occasionem habendi; [4] vel certe si hoc facere noluerint et aliquid offerre volunt in elemosinam monasterio pro mercede sua, [5] faciant ex rebus quas dare volunt monasterio donationem, reservato sibi, si ita voluerint, usum fructum. [6] Atque ita omnia obstruantur ut nulla suspicio remaneat puero per quam deceptus perire possit – quod absit – quod experimento didicimus.

[7] Similiter autem et pauperiores faciant.

[8] Qui vero ex toto nihil habent, simpliciter petitionem faciant et cum oblatione offerant filium suum coram testibus.

LX

[1] Si quis de ordine sacerdotum in monasterio se suscipi rogaverit, non quidem citius ei adsentiatur. [2] Tamen, si omnino persteterit in hac supplicatione, sciat se omnem Regulae disciplinam servaturum, [3] nec aliquid ei relaxabitur, ut sit sicut scriptum est: *Amice, ad*

LIX **1** offeret . . . minore *O*   **2** oblationem *A*   involvat . . . offerat *O*   **3** per petitionem *O*   promittat *O*   suffectam: subiectam *O*   **4** volunt: voluerint *O*   aelimosina *O*   **5** usum fructuum *O*   **6** observantur *O*   **8** habet . . . faciat . . . offerat *O*   oblationem *A*

LX T forte *om. O*   voluerit *O*

LIX RM 91   **8** testibus, cf. Basil., Reg. 7

Die Söhne der Vornehmen und Armen, die dargebracht werden

¹ Wenn ein Vornehmer seinen Sohn* Gott im Kloster darbringt, und der Knabe ist noch minderjährig, dann stellen seine Eltern die Urkunde aus, von der wir oben gesprochen haben. ² Sie wickeln diese Urkunde und die Hand des Knaben mitsamt der Opfergabe in das Altartuch* ein und bringen ihn so dar.

³ Was das Vermögen betrifft, sollen sie in der Urkunde, die sie vorlegen, unter Eid versprechen, daß sie weder selbst noch durch eine Mittelsperson, noch auf irgendeine andere Weise dem Kind jemals etwas schenken, noch die Möglichkeit bieten werden, etwas zu besitzen. ⁴ Wollen sie das nicht tun, sondern wollen sie dem Kloster als Entschädigung ein Almosen zukommen lassen, ⁵ dann sollen sie über ihre Schenkung dem Kloster eine Urkunde ausstellen, wobei sie sich, wenn sie so wollen, die Nutznießung vorbehalten können. ⁶ Auf diese Weise werden Tür und Tor versperrt, so daß dem Knaben keine Aussicht bleibt, die ihn, wie wir aus Erfahrung wissen, betören und – was Gott verhüte – ins Verderben stürzen könnte.

⁷ Ebenso halten es auch die weniger Bemittelten.

⁸ Wer aber gar nichts hat, stellt einfach die Urkunde aus und bringt seinen Sohn mit der Opfergabe in Gegenwart von Zeugen dar.

Die Priester, die im Kloster bleiben wollen

¹ Wenn einer aus dem Priesterstand um Aufnahme ins Kloster bittet, soll man ihm nicht zu schnell zusagen. ² Besteht er jedoch durchaus auf seiner Bitte, so muß er wissen, daß er die Regel in ihrer ganzen Strenge zu halten hat ³ und daß ihm nichts erlassen wird. Es soll gelten, was in der

LX cf. RM 83   **3** Mt 26,50

*59,1 ff Nach weitverbreiteter altchristlicher Auffassung konnte der Wille der Eltern das Kind rechtsgültig zum Mönch machen. Doch nach Basilius d. Gr. († 379) entscheidet das Kind, urteilsfähig geworden, selbst (Reg. fus. 15,4).

*59,2 Vom »Altartuch«, in das die Opfergaben eingehüllt wurden, sind heute nur noch das Corporale und die Palla, mit der der Kelch bedeckt wird, übriggeblieben.

quod venisti? [4]Concedatur ei tamen post abbatem stare et benedicere aut missas tenere, si tamen iusserit ei abbas. [5]Sin alias, ullatenus aliqua praesumat, sciens se disciplinae regulari subditum, et magis humilitatis exempla omnibus det. [6]Et si forte ordinationis aut alicuius rei causa fuerit in monasterio, [7]illum locum adtendat quando ingressus est in monasterio, non illum qui ei pro reverentia sacerdotii concessus est.

[8]Clericorum autem si quis eodem desiderio monasterio sociari voluerit, loco mediocri conlocentur; [9]et ipsi tamen si promittunt de observatione Regulae vel propria stabilitate.

CAPUT *De monachis peregrinis qualiter suscipiantur*

LXI

[1]Si quis monachus peregrinus de longinquis provinciis supervenerit, si pro hospite voluerit habitare in monasterio [2]et contentus est consuetudinem loci quam invenerit, et non forte superfluitate sua perturbat monasterium, [3]sed simpliciter contentus est quod invenerit, suscipiatur quanto tempore cupit.

[4]Si qua sane rationabiliter et cum humilitate caritatis reprehendit aut ostendit, tractet abbas prudenter ne forte pro hoc ipsud eum Dominus direxerit.

[5]Si vero postea voluerit stabilitatem suam firmare, non rennuatur talis voluntas, et maxime quia tempore hospitalitatis potuit eius vita dinosci. [6]Quod si superfluus aut vitiosus inventus fuerit tempore hospitalitatis, non solum non debet sociari corpori monasterii, [7]verum etiam dicatur ei honeste ut discedat, ne eius miseria etiam

---

5 nullatenus *O*   regulari: regulae *O*   **6** ordinationes *O*   **8** sociare *O*
LXI 2 consuetudine *O*

4 concedatur, cf. RM 83,5   missas, cf. RB 17,4   **7** ingressus, cf. RB 63,1–8
8-9 clericorum, cf. RM 77,5–6

Schrift steht: *Freund, wozu bist du gekommen?* 4Doch gestatte man ihm, im Chor den Platz gleich nach dem Abt zu haben, den Segen und die Schlußgebete zu sprechen, vorausgesetzt, daß der Abt ihn beauftragt. 5Andernfalls darf er sich gar nichts herausnehmen, und er muß wissen, daß er der Zucht der Regel unterworfen ist; er gebe vielmehr allen ein Beispiel der Demut. 6Handelt es sich im Kloster um die Besetzung eines Amtes oder sonst eine Angelegenheit, 7so nimmt er den Platz ein, der seinem Eintritt ins Kloster entspricht, nicht den, der ihm aus Ehrfurcht vor dem Priestertum zugestanden wurde.

8Wenn aber Kleriker den gleichen Wunsch äußern, dem Kloster eingegliedert zu werden, weist man ihnen einen mittleren Platz an; 9doch gilt auch für sie, daß sie Beobachtung der Regel und Beständigkeit versprechen.

Die Aufnahme fremder Mönche

KAPITEL

61

1Wenn von weither ein fremder Mönch kommt und als Gast im Kloster bleiben will, 2und wenn er mit der Lebensweise, die er vorfindet, zufrieden ist, wenn er nicht durch seine Ansprüche Verwirrung ins Kloster bringt, 3sondern einfach mit dem zufrieden ist, was er vorfindet, dann nimmt man ihn auf, solang er bleiben will.

4Falls er jedoch bescheiden und liebevoll eine verständige Kritik äußert und auf etwas aufmerksam macht, soll der Abt klug überlegen, ob ihn der Herr nicht gerade deswegen geschickt hat.

5Will er sich aber dann zu beständigem Bleiben verpflichten, so weise man einen solchen Wunsch nicht zurück, um so weniger, als man ja während der Zeit des Gastaufenthaltes sein Leben kennenlernen konnte. 6Zeigt es sich aber während der Zeit seines Gastaufenthaltes, daß er anspruchsvoll oder voller Fehler ist, so muß man ihm nicht nur die Eingliederung in den klösterlichen Verband verweigern, 7sondern ihm überdies höflich bedeuten, er möge gehen; sonst könnten durch seinen beklagenswerten Zustand auch noch andere verdorben werden. 8Gibt

---

LXI RM 78–79   3 quanto tempore, cf. RM 78,5.17   4 tractet, cf. RB 3,2–3
6 sociari, cf. Basil., Reg. 6; Cass., Inst. 1,2.2; 4,5; 7,13   7 miseria, cf. RM 78,13

alii vitientur. 8Quod si non fuerit talis qui mereatur proici, non solum si petierit, suscipiatur congregationi sociandus, 9verum etiam suadeatur ut stet, ut eius exemplo alii erudiantur, 10et quia in omni loco uni Domino servitur, uni Regi militatur. 11Quem si etiam talem esse perspexerit abbas, liceat eum in superiori aliquantum constituere loco. 12Non solum autem monachum, sed etiam de suprascriptis gradibus sacerdotum vel clericorum stabilire potest abbas in maiori quam ingrediuntur loco, si eorum talem perspexerit esse vitam.

13Caveat autem abbas, ne aliquando de alio noto monasterio monachum ad habitandum suscipiat sine consensu abbatis eius aut litteras commendaticias, 14quia scriptum est: *Quod tibi non vis fieri, alio ne feceris.*

CAPUT
De sacerdotibus monasterii

LXII

1Si quis abbas sibi presbyterum vel diaconem ordinari petierit, de suis elegat qui dignus sit *sacerdotio fungi.*

2Ordinatus autem caveat elationem aut superbiam, 3nec quicquam praesumat nisi quod ei ab abbate praecipitur, sciens se multo magis disciplinae regulari subdendum. 4Nec occasione sacerdotii obliviscatur Regulae oboedientiam et disciplinam, sed *magis ac magis in* Deum *proficiat.*

5Locum vero illum semper adtendat quod ingressus est in monasterio, 6praeter officium altaris, et si forte electio congregationis et voluntas abbatis pro vitae merito eum promovere voluerint. 7Qui tamen regulam decanis vel praepositis constitutam sibi servare sciat.

11 superiorem . . . locum *O*   12 supradictis *O*   in *om. A*   14 alio: alteri *O*
    LXII 1 praesbiterum *O*   ordinare *O*   3 subdendum: subditum *O*   6 voluerit
O   7 a decanis vel praeposito se constitutam *O*

13 consensu, cf. Reg. 4 Patr. 4,3–8; Conc. Agath. (506) can. 38   14 Mt 7,12; Tob 4,16; cf. Vitae Patr. 5,1.21

sein Verhalten aber keinen Anlaß dazu, ihn fortzuschicken, dann soll man ihn nicht erst auf seine Bitte hin aufnehmen und in die Klostergemeinde eingliedern, [9] sondern ihm ein Verbleiben sogar nahelegen, damit die anderen an seinem Beispiel lernen; [10] zudem dient man ja an allen Orten dem gleichen Herrn als Sklave, dem gleichen König als Soldat. [11] Der Abt darf ihm auch einen etwas höheren Platz anweisen, wenn er ihn für würdig hält. [12] Aber nicht nur einen Mönch, sondern auch einen, der dem oben erwähnten Priester- oder Klerikerstand angehört, kann der Abt an einen höheren Platz stellen als dem Eintritt entspricht, wenn er sieht, daß ihr Leben das verdient.

[13] Doch soll sich der Abt hüten, jemals einen Mönch aus einem anderen bekannten Kloster ohne Einwilligung oder Empfehlungsschreiben des zuständigen Abtes dauernd aufzunehmen; [14] es steht ja geschrieben: *Was du selbst nicht erleiden möchtest, das tu auch keinem anderen an!*

Die Priester des Klosters   KAPITEL

62

[1] Wenn der Abt einen Priester oder Diakon für sich weihen lassen will, dann wähle er aus seinen Mönchen einen aus, der würdig ist, *das Priestertum auszuüben.*

[2] Der Geweihte hüte sich vor Überheblichkeit und Stolz. [3] Er nehme sich nicht heraus, etwas zu tun, was ihm der Abt nicht befohlen hat. Er soll vielmehr wissen, daß er noch weit mehr der Zucht der Regel untersteht. [4] Das Priestertum darf ihm nicht Anlaß sein, den Gehorsam gegen die Regel und die Zucht zu vergessen, vielmehr soll er danach streben, Gott immer näher zu kommen.

[5] Er nimmt stets den Platz ein, der seinem Eintritt ins Kloster entspricht, [6] außer wenn er den Dienst am Altar versieht oder wenn die Wahl der Klostergemeinde und der Wille des Abtes ihn an einen höheren Platz stellen, weil seine Lebensweise es verdient. [7] Er muß jedoch wissen, daß er sich an die Ordnung zu halten hat, die für die Dekane und den Prior bestimmt ist.

LXII 1 Eccli 45,19   **2** elationem, cf. RB 60,5   **4** disciplinam, cf. RB 60,2   proficiat, Cypr., Ep. 13,6   **6** merito, cf. RB 21,4; 63,1; 64,2

⁸Quod si aliter praesumpserit, non sacerdos sed rebellio iudicetur. ⁹Et saepe admonitus si non correxerit, etiam episcopus adhibeatur in testimonio. ¹⁰Quod si nec sic emendaverit, clarescentibus culpis, proiciatur de monasterio, ¹¹si tamen talis fuerit eius contumacia ut subdi aut oboedire Regulae nolit.

CAPUT   *De ordine congregationis*
LXIII

¹Ordines suos in monasterio ita conservent ut conversationis tempus, ut vitae meritum discernit utque abbas constituerit.

²Qui abbas non conturbet gregem sibi commissum nec, quasi libera utens potestate, iniuste disponat aliquid, ³sed cogitet semper quia de omnibus iudiciis et operibus suis redditurus est Deo rationem.

⁴Ergo secundum ordines quos constituerit vel quos habuerint ipsi fratres, sic accedant ad Pacem, ad Communionem, ad psalmum inponendum, in choro standum. ⁵Et ín omnibus omnino locis aetas non discernat ordines nec praeiudicet, ⁶quia Samuhel et Danihel pueri presbyteros iudicaverunt. ⁷Ergo, excepto hos quos, ut diximus, altiori consilio abbas praetulerit vel degradaverit certis ex causis, reliqui omnes ut convertuntur ita sint, ⁸ut verbi gratia qui secunda hora diei venerit in monasterio iuniorem se noverit illius esse qui prima hora venit diei, cuiuslibet aetatis aut dignitatis sit, ⁹pueris per omnia ab omnibus disciplina conservata.

¹⁰Iuniores igitur priores suos honorent, priores minores suos diligant. ¹¹In ipsa appellatione nominum nulli liceat alium puro appellare nomine, ¹²sed priores iuniores suos fratrum nomine,

8 rebellis O   11 nollit O
  LXIII T de ordines congregationes O   8 a secunda *A*   venit: venerit O

  LXIII RM 92   4-5 accedant, cf. Hieron., Pachom., Reg. Praef. 3; cf. RB 47,2; cf. RM 22,1-3.13-14; 46,1-2; 92,36   6 Samuel, cf. 1 Sam 3; Daniel, cf. Dn 13; cf.

⁸Falls er es wagt, anders zu handeln, sehe man in ihm nicht mehr den Priester, sondern den Aufrührer. ⁹Wenn er sich trotz öfterer Mahnung nicht bessert, so nehme man auch den Bischof zum Zeugen. ¹⁰Wenn er sich auch dann nicht bessert und die Schuld klar zutage liegt, muß er aus dem Kloster verstoßen werden, ¹¹freilich nur, wenn er so widerspenstig ist, daß er sich nicht unterordnen noch der Regel gehorchen will.

Die Rangordnung in der Klostergemeinde

¹Die Brüder sollen im Kloster ihre Rangordnung so einhalten, wie sie durch die Zeit des Eintritts und durch verdienstvolles Leben bestimmt und wie sie vom Abt festgelegt wird.

²Der Abt darf die ihm anvertraute Herde nicht in Verwirrung bringen und keine ungerechte Verfügung treffen, als besäße er uneingeschränkte Gewalt. ³Er muß vielmehr immer bedenken, daß er vor Gott über alle Entscheidungen und Handlungen Rechenschaft ablegen muß.

⁴In der Rangfolge also, die er festsetzt oder die den Brüdern von selbst zukommt, gehen sie zum Friedenskuß, zur Kommunion, zum Psalmenvortrag, und stehen sie an ihren Plätzen im Chor. ⁵Und nirgendwo darf das natürliche Alter die Rangordnung bestimmen oder beeinflussen. ⁶Haben doch Samuel und Daniel, obgleich sie noch jung waren, über Alte Gericht gehalten. ⁷Von denen also abgesehen, denen der Abt, wie wir sagten, nach reiflicher Überlegung einen höheren oder aus bestimmten Gründen einen niedrigeren Platz zuweist, nehmen alle anderen den Platz ein, der ihrem Eintritt entspricht. ⁸Wer zum Beispiel zur zweiten Stunde des Tages ins Kloster kommt, muß wissen, daß er jünger ist als einer, der zur ersten Stunde des Tages kam, welches Alter und welche Würde er auch haben mag. ⁹Den Knaben gegenüber bleibt allen das Recht gewahrt, immer und überall auf Zucht und Ordnung zu dringen.

¹⁰Die jüngeren Brüder sollen die älteren ehren, die älteren die jüngeren lieben. ¹¹Wenn einer den anderen beim Namen ruft, darf er ihn nicht mit dem bloßen Namen anreden; ¹²vielmehr sollen die älteren Brüder die

RB 2,26; 3,3; Hieron., Ep. 37,4; 58,1; Ps. Basil., Admon. 17   11 nomine, cf. Ferrand., Vita Fulg. 53

iuniores autem priores suos nonnos vocent, quod intellegitur paterna reverentia.

13 Abbas autem, quia vices Christi creditur agere, dominus et abbas vocetur, non sua adsumptione sed honore et amore Christi; 14 ipse autem cogitet et sic se exhibeat ut dignus sit tali honore.

15 Ubicumque autem sibi obviant fratres, iunior priorem benedictionem petat. 16 Transeunte maiore minor surgat et det ei locum sedendi, nec praesumat iunior consedere nisi ei praecipiat senior suus, 17 ut fiat quod scriptum est: *Honore invicem praevenientes.*

18 Pueri parvi vel adulescentes in oratorio vel ad mensas cum disciplina ordines suos consequantur. 19 Foris autem vel ubiubi, et custodiam habeant et disciplinam, usque dum ad intellegibilem aetatem perveniant.

CAPUT

De ordinando abbate

LXIV

1 In abbatis ordinatione illa semper consideretur ratio, ut hic constituatur quem sibi omnis concors congregatio secundum timorem Dei, sive etiam pars quamvis parva congregationis saniore consilio elegerit. 2 Vitae autem merito et sapientiae doctrina elegatur qui ordinandus est, etiam si ultimus fuerit in ordine congregationis.

3 Quod si etiam omnis congregatio vitiis suis – quod quidem absit – consentientem personam pari consilio elegerit, 4 et vitia ipsa aliquatenus in notitia episcopi ad cuius diocesim pertinet locus ipse vel ad abbates aut christianos vicinos claruerint, 5 prohibeant pravorum praevalere consensum, sed domui Dei dignum constituant

---

13 agere: agit *O*   15 priorem: a priore *O*   16 resurgat *O*   18 adolescintes in oratorio *O*   19 ubiubi: ubicumque *O*
  LXIV T de ordine abbatis *O*   4 notitiam *O*   5 domus *O*

12 nonnos, cf. Hieron., Ep. 22,16; 117,6; 162,6   13 creditur, cf. RB 2,2; RM 2,2

jüngeren »Bruder«, die jüngeren die älteren »Nonnus« nennen, was »ehrwürdiger Vater« bedeutet.

¹³Der Abt wird »Herr« und »Abt« genannt, weil der Glaube in ihm den Stellvertreter Christi sieht. Das maßt er sich nicht an; vielmehr ehrt und liebt man Christus in ihm. ¹⁴Er muß aber daran denken und sich so verhalten, daß er solcher Ehre würdig ist.

¹⁵Sooft sich die Brüder begegnen, bittet der jüngere den älteren um den Segen. ¹⁶Wenn ein Oberer vorübergeht, steht der Untergebene auf und bietet den Platz zum Sitzen an. Der jüngere Bruder darf sich nicht erlauben, sich neben den älteren zu setzen, ehe ihn dieser dazu aufgefordert hat. ¹⁷So handelt man nach dem Schriftwort: *Übertrefft einander in gegenseitiger Achtung!*

¹⁸Die kleinen und heranwachsenden Knaben halten im Oratorium und bei Tisch ihre Rangordnung ein. ¹⁹Draußen aber und überall, wo sie sind, stehen sie unter Aufsicht und Leitung, bis sie zum verständigen Alter gelangen.

Die Einsetzung des Abtes

KAPITEL

64

¹Bei der Einsetzung des Abtes gelte immer der Grundsatz, daß der bestellt wird, den sich die ganze Klostergemeinde einmütig, in der Furcht Gottes, oder ein auch noch so kleiner Teil der Klostergemeinde nach besserer Einsicht wählt. ²Man soll aber den wählen und einsetzen, der verdienstvolles Leben und Lehrweisheit verbindet, wenn er auch in der Rangordnung der Klostergemeinde der Letzte wäre.

³Wählt nun aber die ganze Klostergemeinde – was Gott verhüte – durch einhelligen Beschluß einen Mann, der mit ihren Fehlern einverstanden ist, ⁴und kämen diese schlimmen Zustände dem Bischof, zu dessen Sprengel jener Ort gehört, oder den Äbten und Christen der Nachbarschaft irgendwie zur Kenntnis, ⁵dann sollen sie verhindern, daß sich der Beschluß der Bösen durchsetzt, und dem Haus Gottes einen würdi-

16 cf. Lev 19,32   17 Rom 12,10   19 aetatem, cf. RB 70,4; RM 14,79–81
    LXIV cf. RM 92–93   1 sibi . . . elegerit, cf. Ps 32,12; 131,13; 134,4; cf. Pelagii I, Ep. 28 (P. Gassó-C. Batlle)   constituatur, cf. RB 64,5; 65,3   2 elegatur, cf. RB 21,4   5 domui, cf. Ps 104,21; Lc 12,42; RB 31,19; 53,22

dispensatorem, 6scientes pro hoc se recepturos mercedem bonam, si illud caste et zelo Dei faciant, sicut e diverso peccatum si neglegant.

7Ordinatus autem abba cogitet semper, quale onus suscepit et cui *redditurus est rationem vilicationis* suae, 8sciatque sibi oportere *prodesse* magis *quam praeesse.*

9Oportet ergo eum esse doctum Lege divina, ut sciat et sit unde *proferat nova et vetera,* castum, *sobrium,* misericordem, 10et semper *superexaltet misericordiam iudicio,* ut idem ipse consequatur.

11*Oderit vitia, diligat* fratres. 12In ipsa autem correptione prudenter agat et *ne quid nimis,* ne dum nimis eradere cupit aeruginem frangatur vas. 13Suamque fragilitatem semper suspectus sit, memineritque *calamum quassatum non conterendum.* 14In quibus non dicimus ut permittat nutriri vitia, sed prudenter et cum caritate ea amputet, ut viderit cuique expedire sicut iam diximus, 15*et* studeat *plus amari quam timeri.*

16*Non* sit *turbulentus* et anxius, non sit nimius et obstinatus, non sit zelotipus et nimis suspiciosus, quia numquam requiescit; 17in ipsis imperiis suis providus et consideratus, et sive secundum Deum sive secundum saeculum sit opera quam iniungit, discernat et temperet, 18cogitans discretionem sancti Iacob dicentis: *Si greges* meos *plus in ambulando fecero laborare, morientur cuncti una die.*

19Haec ergo aliaque testimonia discretionis matris virtutum sumens, sic omnia temperet ut sit et fortes quod cupiant et infirmi non refugiant.

20Et praecipue ut praesentem Regulam in omnibus conservet, 21ut dum bene ministraverit audiat a Domino quod servus bonus qui erogavit triticum conservis suis in tempore suo: 22*Amen dico vobis,* ait, *super omnia bona sua constituit eum.*

6 faciant: fiat *O*   7 suscipit *O*   10 idem: eadem *O*   14 nutrire *O*   17 suis: sit *add. O*   19 ut et forte sit *O*   20 hanc regulam *O*   21 erogabit *O*   cum servis *O*

7 rationem, cf. Lc 16,2; August., Reg. 15,200–201   8 prodesse, cf. August., Serm. 340,1; Civ. 19,19   9 doctum, cf. Mt 13,52; RM 15,35   sobrium, cf. 1 Tim 3,2   10 Iac 2,13   11 oderit, cf. August., Serm. 49,5; Civ. 14,6; Reg. 11,114–115   12 nimis, cf. RM 27,25; Hieron., Ep. 60,7; 130,11   13 calamum, cf. Is 42,4; Mt 12,20;

gen Verwalter bestellen. ⁶Sie seien überzeugt, daß sie dafür einen guten Lohn empfangen werden, wenn sie es in reiner Absicht und aus Eifer für Gott tun, wie sie anderseits eine Sünde begehen, wenn sie es unterlassen. ⁷Der eingesetzte Abt bedenke immer, welche Last er übernommen hat und wem er über seine *Verwaltung Rechenschaft ablegen muß*. ⁸Er soll wissen, daß er mehr zum Helfen als zum Befehlen da ist.

⁹Er muß sich also im göttlichen Gesetz auskennen, damit er das nötige Wissen hat, um daraus *Neues und Altes hervorzuholen*. Er muß keusch, *nüchtern*, barmherzig sein. ¹⁰Und immer *soll er lieber Erbarmen walten lassen als strenges Gericht*, damit ihm selbst das gleiche zuteil werde.

¹¹Er hasse das Böse und liebe die Brüder. ¹²Muß er zurechtweisen, handle er klug und gehe nie zu weit, damit das Gefäß nicht zerbricht, wenn er es allzu sauber vom Rost reinigen will. ¹³Er schaue immer mit Mißtrauen auf seine eigene Gebrechlichkeit und denke daran, daß man *das geknickte Rohr nicht vollends zerbrechen darf.* ¹⁴Damit wollen wir nicht sagen, er dürfe Fehler wuchern lassen. Im Gegenteil: Er rotte sie, wie wir schon sagten, klug und liebevoll aus, wie er es für jeden zuträglich hält. ¹⁵Und er suche mehr geliebt als gefürchtet zu werden.

¹⁶Er sei *nicht aufgeregt* und überängstlich, nicht maßlos und eigensinnig; nicht eifersüchtig und nicht argwöhnisch, sonst kommt er ja nie zur Ruhe. ¹⁷Bei seinen Befehlen sei er umsichtig und überlegt; und mag der Auftrag, den er gibt, Göttliches oder Weltliches betreffen: Immer wisse er zu unterscheiden und Maß zu halten, ¹⁸eingedenk der weisen Mäßigung des heiligen Jakob, der sagte: *Wenn ich* meine *Herden auf dem Marsch überanstrenge, gehen sie alle an einem einzigen Tag zugrunde.*

¹⁹Er achte auf diese und andere Schriftworte von der weisen Mäßigung, der Mutter der Tugenden, und ordne alles so maßvoll an, daß die Starken angezogen und die Schwachen nicht abgeschreckt werden.

²⁰Vor allem muß er diese vorliegende Regel in allen Punkten beobachten, ²¹damit er nach guter Verwaltung aus dem Mund des Herrn das Wort hört, das zum guten Knecht gesagt wurde, der seinen Mitknechten den Weizen zur rechten Zeit zugeteilt hat: ²²*Amen, ich sage euch*, heißt es, *er wird ihn zum Verwalter seines ganzen Vermögens machen.*

Cass., Conl. 2,13.10   **14** amputet, cf. RB 2,26; 33,1; 55,11.18   **15** amari, cf. August., Reg. 15,199–200   **16** turbulentus, cf. Is 42,3; RB 31,1   **18** cogitans, cf. RB 2,34; 55,22; 63,3.14; 64,7; 65,22   morientur, cf. Gen 33,13   **19** discretionis, cf. Cass., Conl. 2,4.4; RB 41,5   **21** servus, cf. 1 Tim 3,13; Mt 24,45; 25,21   **22** Mt 24,47

LXV

¹Saepius quidem contigit, ut per ordinationem praepositi scandala gravia in monasteriis oriantur, ²dum sint aliqui maligno spiritu superbiae inflati et aestimantes se secundos esse abbates, adsumentes sibi tyrannidem, scandala nutriunt et dissensiones in congregationes faciunt, ³et maxime in illis locis ubi ab eodem sacerdote vel ab eis abbatibus qui abbatem ordinant, ab ipsis etiam et praepositus ordinatur. ⁴Quod quam sit absurdum facile advertitur, quia ab ipso initio ordinationis materia ei datur superbiendi, ⁵dum ei suggeritur a cogitationibus suis exutum eum esse a potestate abbatis sui, ⁶quia ab ipsis es et tu ordinatus a quibus et abbas. ⁷Hinc suscitantur invidiae, rixae, detractiones, aemulationes, dissensiones, exordinationes, ⁸ut dum contraria sibi abbas praepositusque sentiunt, et ipsorum necesse est sub hanc dissensionem animas periclitari, ⁹et hii qui sub ipsis sunt, dum adulantur partibus, eunt in perditionem. ¹⁰Cuius periculi malum illos respicit in capite qui talius inordinationis se fecerunt auctores.

¹¹Ideo nos vidimus expedire propter pacis caritatisque custodiam in abbatis pendere arbitrio ordinationem monasterii sui. ¹²Et si potest fieri per decanos ordinetur, ut ante disposuimus, omnis utilitas monasterii, prout abbas disposuerit, ¹³ut dum pluribus committitur, unus non superbiat. ¹⁴Quod si aut locus expetit aut congregatio petierit rationabiliter cum humilitate et abbas iudicaverit expedire, ¹⁵quemcumque elegerit abbas cum consilio fratrum timentium Deum ordinet ipse sibi praepositum.

¹⁶Qui tamen praepositus illa agat cum reverentia quae ab abbate suo ei iniuncta fuerint, nihil contra abbatis voluntatem aut ordina-

---

LXV 1 in *om. O*   **2** aliquo *O*   aestimantes: existimant *O*   dissentiones in congregatione *O*   **6** es et tu: est *AO*   **8** sibi: invicem *add. A*   dissensione *O*   **9** adolantur *O*   **10** talibus in ordinatione *O*   **11** praevidimus *O*

LXV cf. RM 92–93   **3** ordinant, cf. RB 64,3–4   **7** invidiae, cf. 2 Cor 12,20; Gal 5,20–21   **12** decanos, cf. RB 21,1–4   **13** superbiat, cf. RM 92,2.37.46; 93,47–61.

[1] Es kommt öfters vor, daß die Einsetzung des Priors* in den Klöstern zu schweren Konflikten führt; [2] denn es gibt Leute, die sich, vom bösen Geist des Stolzes aufgebläht, einbilden, sie seien zweite Äbte. Sie maßen sich willkürlich die Macht an, schüren Konflikte und stiften Zwietracht in den Klostergemeinden. [3] Das kommt besonders dort vor, wo der gleiche Bischof oder die gleichen Äbte, die den Abt einsetzen, auch den Prior einsetzen. [4] Wie unsinnig das ist, sieht man leicht ein; denn gleich vom ersten Tag an, da der Prior eingesetzt ist, wird ihm Anlaß zum Stolz gegeben. [5] Seine Gedanken flüstern ihm ein, er sei der Gewalt seines Abtes entzogen; [6] sie sagen zu ihm: »Du bist ja von denselben eingesetzt, die den Abt eingesetzt haben«. [7] Daraus entstehen Neid, Streitereien, Verleumdungen, Eifersüchteleien, Zwietracht und Unordnung. [8] Denn wenn Abt und Prior gegensätzlicher Meinung sind, bringt dieser Zwiespalt notwendig ihre eigene Seele in Gefahr, [9] und auch ihre Untergebenen stürzen ins Verderben, wenn sie den Parteien schmeicheln. [10] Die Verantwortung für diesen gefährlichen Mißstand trifft in erster Linie jene, die eine solche Unordnung verursacht haben.

[11] Wir halten es deshalb zur Sicherung des Friedens und der Liebe für besser, daß der Abt die Ämter in seinem Kloster nach freiem Ermessen besetzt. [12] Wie wir schon früher bestimmten, sollen womöglich für alle Geschäfte des Klosters nach der Anordnung des Abtes die Dekane zuständig sein. [13] Auf diese Weise kann ein einzelner nicht stolz werden, da ja mehrere beauftragt werden. [14] Wenn die örtlichen Verhältnisse es erfordern oder die Klostergemeinde mit guten Gründen und demütig darum bittet, und wenn der Abt es für gut findet, bestellt der Abt selbst den zum Prior, [15] den er mit dem Rat gottesfürchtiger Brüder dazu ersehen hat.

[16] Der Prior soll aber in Ehrfurcht das ausführen, was ihm sein Abt aufträgt, und er soll nichts gegen den Willen oder die Anordnung des

---

74–87   **15** consilio, cf. Reg. orient. 3   **16-17** qui tamen, cf. RM 93,51–52.69–70; Pachom., Reg., praec. et inst. 17

*65,1 Praepositus (davon »Propst«) bedeutet eigentlich »Vorgesetzter«, Vorstand. Seit dem 10. Jh. kam die Bezeichnung »Prior« (Stellvertreter des Abtes) auf.

tionem faciens, [17]quia quantum praelatus est ceteris, ita eum oportet sollicitius observare praecepta Regulae.

[18]Qui praepositus si repertus fuerit vitiosus aut elatione deceptus superbire, aut contemptor sanctae Regulae fuerit conprobatus, admoneatur verbis usque quater. [19]Si non emendaverit, adhibeatur ei correptio disciplinae regularis. [20]Quod si neque sic correxerit, tunc deiciatur de ordine praepositurae et alius qui dignus est in loco eius subrogetur. [21]Quod si et postea in congregatione quietus et oboediens non fuerit, etiam de monasterio pellatur. [22]Cogitet tamen abbas se de omnibus iudiciis suis Deo reddere rationem, ne forte invidiae aut zeli flamma urat animam.

CAPUT
LXVI
De hostiariis monasterii

[1]Ad portam monasterii ponatur senes sapiens, qui sciat accipere responsum et reddere, et cuius maturitas eum non sinat vacari. [2]Qui portarius cellam debebit habere iuxta portam, ut venientes semper praesentem inveniant a quo responsum accipiant. [3]Et mox ut aliquis pulsaverit aut pauper clamaverit, »Deo gratias« respondeat aut »Benedic«, [4]et cum omni mansuetudine timoris Dei reddat responsum festinanter cum fervore caritatis. [5]Qui portarius si indiget solacio iuniorem fratrem accipiat.

[6]Monasterium autem, si possit fieri, ita debet constitui ut omnia necessaria, id est aqua, molendinum, hortum vel artes diversas intra monasterium exerceantur, [7]ut non sit necessitas monachis vagandi foris, quia omnino non expedit animabus eorum.

[8]Hanc autem Regulam saepius volumus in congregatione legi, ne quis fratrum se de ignorantia excuset.

17 sollicite *O*   **18** superbiae *O*   verbis: semel *O*   **19** correctio *O*
LXVI 1 senex *O*   reddere: et *om. O*   vagare *O*   **2** debet *O*   **3** benedicat *A*
benedicet *O*   **5** solacium *O*   **6** molendino *O*   pistrino *add. O*   orto *O*

18 quater, cf. RB 23,2; 21,5   **21** pellatur, cf. RB 62,10

Abtes tun; [17]denn je höher er über den anderen steht, desto gewissenhafter muß er die Vorschriften der Regel beobachten.

[18]Wenn es sich herausstellt, daß der Prior voller Fehler ist, wenn er stolz und überheblich wird oder sich als Verächter der Heiligen Regel erweist, dann werde er bis zu vier Malen zurechtgewiesen. [19]Bessert er sich nicht, so trifft ihn die in der Regel vorgesehene Strafe. [20]Geht er auch jetzt nicht in sich, dann wird er seines Amtes als Prior enthoben, und ein anderer, der würdig ist, wird an seine Stelle gesetzt. [21]Wenn er auch nachher in der Klostergemeinde nicht ruhig und gehorsam ist, so werde er sogar aus dem Kloster fortgeschickt. [22]Doch soll der Abt bedenken, daß er über alle seine Entscheidungen vor Gott Rechenschaft ablegen muß; sonst könnte in seiner Seele die Flamme des Neides und der Eifersucht brennen.

Die Pförtner des Klosters

[1]An die Pforte des Klosters stellt man einen erfahrenen älteren Bruder, der Bescheid zu empfangen und zu geben weiß und den die Reife seines Charakters vor dem Herumschweifen bewahrt. [2]Der Pförtner soll seine Wohnung neben der Pforte haben, damit die Besucher ihn immer dort antreffen und Auskunft erhalten. [3]Sobald jemand klopft oder sich ein Armer meldet, antworte er: »Gott sei Dank« oder »Segne mich«. [4]In aller Freundlichkeit, wie sie ihm die Gottesfurcht eingibt, und beseelt vom Eifer der Liebe, gebe er sogleich Auskunft. [5]Braucht der Pförtner einen Gehilfen, so erhält er einen jüngeren Bruder.

[6]Das Kloster soll womöglich so angelegt sein, daß sich alles Notwendige innerhalb der Klostermauern befindet, nämlich Wasser, Mühle, Garten und die verschiedenen Werkstätten, in denen gearbeitet wird. [7]So brauchen die Mönche nicht draußen herumlaufen, was ihren Seelen ja durchaus nicht zuträglich wäre.

[8]Wir wollen, daß diese Regel öfters in der Klostergemeinde vorgelesen wird, damit sich kein Bruder mit Unkenntnis entschuldigen kann.

LXVI RM 95   1 senes, cf. Hist. mon. 17; Cass., Inst. 4,7   2 portarius, cf. RB 66,5; cf. T   3 gratias, cf. RM 23,2; 24,39; 54,5; 89,2   benedic, cf. RM 27,8   5 solacio, cf. RB 35,3   6-7 constitui, cf. RM 95,17-21; Hist. mon. 17 2   8 legi, cf. RM 24,15.26-27.31-33

De fratribus in viam directis

LXVII

¹Dirigendi fratres in via omnium fratrum vel abbatis se orationi conmendent, ²et semper ad orationem ultimam Operis Dei commemoratio omnium absentum fiat.

³Revertentes autem de via fratres ipso die quo redeunt per omnes canonicas Horas, dum expletur Opus Dei, prostrati solo oratorii ⁴ab omnibus petant orationem propter excessos, ne qui forte subripuerint in via visus aut auditus malae rei aut otiosi sermonis. ⁵Nec praesumat quisquam referre alio quaecumque foris monasterium viderit aut audierit, quia plurima destructio est.

⁶Quod si quis praesumpserit, vindictae regulari subiaceat. ⁷Similiter et qui praesumpserit claustra monasterii egredi vel quocumque ire vel quippiam quamvis parvum sine iussione abbatis facere.

CAPUT *Si fratri inpossibilia iniungantur*

LXVIII

¹Si cui fratri aliqua forte gravia aut inpossibilia iniunguntur, suscipiat quidem iubentis imperium cum omni mansuetudine et oboedientia. ²Quod si omnino virium suarum mensuram viderit pondus oneris excedere, inpossibilitatis suae causas ei qui sibi praeest patienter et oportune suggerat, ³non superbiendo aut resistendo vel contradicendo. ⁴Quod si post suggestionem suam in sua sen-

---

LXVII 1 viam *O*　　2 absentium *O*　　3 solo oratorii: loco orationis *O*　　4 quis . . . subripuerit *O*　　5 nec: ne *O*　　foras monasterio *O*　　destructio: discretio *O*　　7 parbum *A*　　parum *O*

LXVIII 2 quod: aut *O*　　honeris *O*　　suae *om. O*

LXVII cf. RM 66-67　　1 dirigendi, cf. RM 66,1-4; 28,27　　2 absentum, cf. RM 20,1-13　　3-4 revertentes, cf. RM 66,5-7; 67,1-5　　5 foris, cf. Pachom., Reg., praec. 57 86　　7 egredi, cf. Pachom., Reg., praec. 84; RM 90,66　　sine iussione, cf. RM 74,2

Die Brüder, die auf Reisen geschickt werden KAPITEL
67

¹ Die Brüder, die auf Reisen geschickt werden, sollen sich dem Gebet aller Brüder und des Abtes empfehlen. ² Beim letzten Gebet des Gottesdienstes gedenkt man immer aller Abwesenden.

³ Von der Reise zurückgekehrt, werfen sich die Brüder am Tag der Rückkehr bei der jeweils nächsten pflichtmäßigen Gebetszeit am Schluß des Gottesdienstes im Oratorium nieder ⁴ und bitten alle um das Gebet wegen der Fehler, die sie vielleicht auf der Reise begangen haben; denn es kann sein, daß sie etwas Böses gesehen und gehört oder durch unnützes Reden gesündigt haben. ⁵ Keiner darf sich erlauben, einem anderen alles zu berichten, was er außerhalb des Klosters gesehen oder gehört hat; denn das richtet großen Schaden an.

⁶ Wer es aber zu tun wagt, verfällt der Strafe der Regel. ⁷ Das gleiche gilt von dem, der eigenmächtig den klösterlichen Bezirk verläßt, um irgendwohin zu gehen oder irgend etwas noch so Geringfügiges ohne Erlaubnis des Abtes zu tun.

Wenn einem Bruder Unmögliches aufgetragen wird KAPITEL
68

¹ Wird einem Bruder etwas Schweres oder Unmögliches* aufgetragen, so nehme er den Befehl des Vorgesetzten gelassen und gehorsam an. ² Wenn er aber sieht, daß die auferlegte Last das Maß seiner Kräfte durchaus übersteigt, dann soll er dem Oberen geduldig und bescheiden darlegen, warum er den Auftrag nicht ausführen kann, ³ ohne Stolz oder Widerstand oder Widerrede. ⁴ Bleibt es nach seiner Darlegung beim Entscheid und Befehl seines Vorgesetzten, so wisse der Untergebene, daß es so für

LXVIII 1-3 inpossibilia, cf. Basil., Reg. 69; Ps. Basil., Admon. 6; Cass., Inst. 4,10; Caes., Serm. 233,7 (G. Morin)   2 suggerat, cf. RB 5,1: sine mora

*68,1 Es handelt sich nicht um einen »Gewissensfall«, sondern um einen Auftrag, dem der Mönch nach seinem *subjektiven* Urteil, das ihm die RB, über Kap. 5 hinaus, hier einräumt, irgendwie nicht gewachsen zu sein meint. Basilius d. Gr. dagegen redet, sich auf Apg 5,29 berufend, öfters vom eigentlichen »Gewissensfall« (Reg. brev. 114; 303 u. ö.).

tentia prioris imperium perduraverit, sciat iunior ita sibi expedire, [5]et ex caritate, confidens de adiutorio Dei, oboediat.

CAPUT

LXIX

Ut in monasterio non praesumat alter alterum defendere

[1]Praecavendum est ne quavis occasione praesumat alter alium defendere monachum in monasterio aut quasi tueri, [2]etiam si qualivis consanguinitatis propinquitate iungantur. [3]Nec quolibet modo id a monachis praesumatur, quia exinde gravissima occasio scandalorum oriri potest. [4]Quod si quis haec transgressus fuerit, acrius coerceatur.

CAPUT

LXX

Ut non praesumat passim aliquis caedere

[1]Vitetur in monasterio omnis praesumptionis occasio; [2]atque constituimus ut nulli liceat quemquam fratrum suorum excommunicare aut caedere, nisi cui potestas ab abbate data fuerit. [3]*Peccantes* autem *coram omnibus arguantur ut ceteri metum habeant.* [4]Infantum vero usque quindecim annorum aetates disciplinae diligentia ab omnibus et custodia sit; [5]sed et hoc cum omni mensura et ratione.

[6]Nam in fortiori aetate qui praesumit aliquatenus sine praecepto abbatis vel in ipsis infantibus sine discretione exarserit, disciplinae regulari subiaceat, [7]quia scriptum est: *Quod tibi non vis fieri, alio ne feceris.*

LXIX 2 qualivis: quavis *O*   iungatur *O*   4 coherceatur *AO*
LXX T cedere *AO*   1 vetetur *O*   2 fratruum *O*   suorum: aut *add. O*   4 infantes *O*   aetatem *O*

ihn gut ist, [5]und er gehorche aus Liebe, im Vertrauen auf die Hilfe Gottes.

Im Kloster darf sich keiner erlauben, einen anderen zu verteidigen

KAPITEL
69

[1]Man sorge vor, daß sich im Kloster keiner erlaubt, aus irgendeinem Grund einen anderen zu verteidigen oder sich gleichsam als dessen Vormund aufzuspielen, [2]auch wenn beide noch so eng durch Blutsverwandtschaft verbunden sind. [3]Auf keinen Fall darf sich ein Mönch so etwas erlauben; denn es kann Anlaß zu sehr schweren Konflikten sein. [4]Wenn einer diese Vorschrift übertritt, werde er besonders streng bestraft.

Keiner darf sich erlauben, eigenmächtig einen anderen zu schlagen

KAPITEL
70

[1]Im Kloster soll jeder Gelegenheit zu eigenmächtigem Handeln vorgebeugt werden. [2]Deshalb bestimmen wir, daß es niemand erlaubt sein soll, einen seiner Brüder auszuschließen oder zu schlagen, außer der Abt hätte ihn dazu ermächtigt. [3]*Wer sich dagegen verfehlt, werde in Gegenwart aller zurechtgewiesen, damit die anderen sich fürchten.* [4]Knaben bis zu fünfzehn Jahren sollen von allen gewissenhaft in Zucht gehalten und beaufsichtigt werden. [5]Doch soll auch das maßvoll und vernünftig geschehen.

[6]Wer sich aber ohne Erlaubnis des Abtes irgend etwas gegen einen Erwachsenen herausnimmt oder sich gegen Kinder unbeherrscht zum Zorn hinreißen läßt, verfällt der Strafe der Regel; [7]denn es heißt in der Schrift: *Was du selbst nicht leiden willst, das tu auch einem anderen nicht an.*

LXIX 1 defendere, cf. Pachom., Reg., praec. atque iud. 16; Horsies., Liber 24; Basil., Reg. 26
LXX 2 potestas, cf. Pachom., Reg., praec. et inst. 5   3 1 Tim 5,20   4 infantum, cf. RB 63,9.19; RM 14,79   7 Tob 4,16; Mt 7,12; cf. RB 4,9; 61,14

CAPUT

Ut oboedientes sibi sint invicem

LXXI

¹Oboedientiae bonum non solum abbati exhibendum est ab omnibus, sed etiam sibi invicem ita oboediant fratres, ²scientes per hanc oboedientiae viam se ituros ad Deum.

³Praemisso ergo abbatis aut praepositorum qui ab eo constituuntur imperio, cui non permittimus privata imperia praeponi, ⁴de cetero omnes iuniores prioribus suis omni caritate et sollicitudine oboediant. ⁵Quod si quis contentiosus repperitur, corripiatur.

⁶Si quis autem frater pro quavis minima causa ab abbate vel a quocumque priore suo corripitur quolibet modo, ⁷vel si leviter senserit animos prioris cuiuscumque contra se iratos vel commotos quamvis modice, ⁸mox sine mora tamdiu prostratus in terra ante pedes eius iaceat satisfaciens, usque dum benedictione sanetur illa commotio. ⁹Quod qui contempserit facere, aut corporali vindictae subiaceat aut, si contumax fuerit, de monasterio expellatur.

CAPUT

De zelo bono quod debent monachi habere

LXXII

¹Sicut est zelus amaritudinis malus qui separat a Deo et ducit ad infernum, ²ita est zelus bonus qui separat a vitia et ducit ad Deum et ad vitam aeternam.

³Hunc ergo zelum ferventissimo amore exerceant monachi, ⁴id est ut *honore se invicem praeveniant*, ⁵infirmitates suas sive corporum

LXXI 3 praemiso *O*   4 caetero *O*   6 ab abbate *om. O*   7 animum ... iratum vel commotum *O*   9 quis *O*
LXXII 1 seperat *A*   2 vitiis *O*

LXXI 1 bonum, cf. Cass., Inst. 4,30.1; 12,31   5 contentiosus, cf. RB 3,9; 4,68; 1 Cor 11,16   7-8 prostratus, cf. RB 44,1-10; Cass., Inst. 4,16.1; Conl. 16,16

Daß man sich gegenseitig gehorchen soll

¹Die Tugend des Gehorsams soll nicht nur dem Abt gegenüber von allen geübt werden, sondern die Brüder sollen sich auch gegenseitig gehorchen, ²in der Überzeugung, daß sie auf diesem Weg des Gehorsams zu Gott gelangen.

³Ein Befehl des Abtes oder des von ihm eingesetzten Priors muß immer den Vorrang haben, und wir gestatten nicht, daß private Befehle vorgehen; ⁴im übrigen aber sollen alle jüngeren Brüder den älteren in aller Liebe und Bereitwilligkeit gehorchen. ⁵Erweist sich einer als streitsüchtig, so werde er zurechtgewiesen.

⁶Wenn aber ein Bruder vom Abt oder von irgendeinem Älteren aus einem noch so geringfügigen Grund irgendwie zurechtgewiesen wird ⁷oder spürt, daß irgendein Älterer im Herzen gegen ihn leicht erzürnt oder auch nur ein wenig aufgebracht ist, ⁸so werfe er sich sogleich ohne Zögern auf den Boden nieder, bleibe zu seinen Füßen liegen und leiste solang Genugtuung, bis sich die Erregung durch den Segensspruch gelegt hat. ⁹Wer sich aus Verachtung weigert, das zu tun, werde körperlich gezüchtigt oder, wenn er widerspenstig ist, aus dem Kloster gestoßen.

Der gute Eifer, den die Mönche haben sollen

¹Wie es einen bösen und bitteren Eifer gibt, der von Gott trennt und zur Hölle führt, ²so gibt es auch einen guten Eifer, der von der Sünde trennt und zum ewigen Leben führt.

³Das ist der Eifer, den die Mönche in glühender Liebe betätigen sollen: ⁴*Sie sollen einander in gegenseitiger Achtung übertreffen.* ⁵Sie sollen ihre leiblichen und charakterlichen Schwächen in großer Geduld aneinander

---

9 corporali, cf. RB 23,1.5   expellatur, cf. RB 62,10–11; 65,21
    LXXII cf. RM 92,51.71: ex zelo boni   **1-2** ducit, cf. Mt 7,13–14; Gal 4,17–18
1 zelus, cf. Iac 3,14; Clemens Rom., Ep. ad Cor. 9   3 amore, cf. RB 66,4   4 Rom
12,10; cf. RB 63,17

sive morum patientissime tolerent, 6 oboedientiam sibi certatim inpendant; 7 nullus quod sibi utile iudicat sequatur, sed quod magis alio; 8 caritatem fraternitatis caste inpendant.

9 Amore Deum timeant.

10 Abbatem suum sincera et humili caritate diligant.

11 *Christo omnino nihil praeponant,* 12 qui nos pariter ad vitam aeternam perducat.

CAPUT
LXXIII

De hoc quod non omnis iustitiae observatio in hac sit Regula constituta

1 Regulam autem hanc descripsimus, ut hanc observantes in monasteriis aliquatenus vel honestatem morum aut initium conversationis nos demonstremus habere.

2 Ceterum ad perfectionem conversationis qui festinat, sunt doctrinae sanctorum Patrum, quarum observatio perducat hominem ad celsitudinem perfectionis. 3 Quae enim pagina aut qui sermo divinae auctoritatis Veteris ac Novi Testamenti non est rectissima norma vitae humanae? 4 Aut quis liber sanctorum catholicorum Patrum hoc non resonat ut recto cursu perveniamus ad Creatorem nostrum? 5 Necnon et Collationes Patrum et Instituta et Vitas eorum, sed et Regula sancti Patris nostri Basilii, 6 quid aliud sunt nisi bene viventium et oboedientium monachorum instrumenta virtutum? 7 Nobis autem desidiosis et male viventibus atque neglegentibus rubor confusionis est.

8 Quisquis ergo ad patriam caelestem festinas, hanc minimam in-

---

5 tollerent *O*   8 casto i. amore *O*   10 humili caritate: humilitate *O*

LXXIII 1 in hac observationem monasterii *O*   nos: nostrae *O*   demonstraremus haberi *O*   2 patruum *O*   observa: *hic desinit O cuius folium ultimum periit*   3 vitae *om. A*   umanae *A*   7 rubur *A*

---

5 tolerent, cf. RB 36,5; Cass., Inst. 12,33.1; Conl. 6,3.5; 19,9.1   6 oboedientiam, cf. RB 71,1   certatim, cf. RM 22,19; 55,10; 84,4; 92,2.49.71   7 sibi utile, cf. 1 Cor 10,24.33; 13,5; Phil 2,4; Cass., Conl. 16,22.4; 17,19.7   8 caritatem, cf. Rom 12,10;

ertragen. ⁶Sie sollen sich in gegenseitigem Gehorsam zu überbieten suchen. ⁷Keiner soll den eigenen Vorteil suchen, sondern mehr den des anderen. ⁸Sie sollen einander selbstlos die brüderliche Liebe erweisen. ⁹Gott sollen sie in Liebe fürchten. ¹⁰Ihrem Abt seien sie in aufrichtiger und demütiger Liebe zugetan. ¹¹Sie sollen nichts höher stellen als Christus, ¹²der uns alle zum ewigen Leben führen möge.

Darüber, daß in dieser Regel nicht alles enthalten ist, was zur Beobachtung der vollen Gerechtigkeit gehört   KAPITEL 73

¹Diese Regel haben wir geschrieben, damit wir durch ihre Beobachtung im Kloster eine gewisse unserem Stand entsprechende Tugend bekunden und einen Anfang im klösterlichen Leben machen.

²Wer aber im klösterlichen Leben rasch zur Vollkommenheit gelangen will, den verweisen wir auf die Lehren der heiligen Väter, deren Beobachtung den Menschen bis zur Höhe der Vollkommenheit führt. ³Ist denn nicht jede Seite und jedes von Gott beglaubigte Wort des Alten und Neuen Testamentes eine gerade Richtschnur für das menschliche Leben? ⁴Oder welches Buch der heiligen katholischen Väter redet nicht laut davon, wie wir geradeaus zu unserem Schöpfer gelangen können? ⁵Aber auch die »Unterredungen« der Väter, ihre »Einrichtungen« und »Lebensbeschreibungen« sowie die »Regel« unseres heiligen Vaters Basilius ⁶sind doch nichts anderes als Anweisungen für gute und gehorsame Mönche. ⁷Wir aber sind träge, schlechte und nachlässige Mönche und müssen vor Scham erröten.

⁸Darum sage ich zu jedem, der rasch zum himmlischen Vaterland ge-

1 Thess 4,9; 1 Petr 1,22; Hebr 13,1   9 amore, cf. 1 Petr 2,17; Cass., Conl. 11,13; Cypr., Or. 15   10 diligant, cf. RB 64, 15; 63,13   11 Cypr., Or. 15; cf. RB 4,21 vitam, cf. RB 72,2
   LXXIII T cf. Mt 3,15   1 initium, cf. Cass., Inst. 4,39.1; Conl. 21,10; Hist. mon. 31; Vitae Patr. 5,10.19; 5,10.110; 5,11.29; 7,43.2   2 festinat, cf. Cass., Conl. 21,5.4 celsitudinem, cf. Cass., Conl. 20,3; Inst. 4,8   3-4 pagina, cf. RB 9,8   3 norma, cf. Cass., Conl. 1,4.4   5-6 collationes, cf. RB 42,3.5   6 instrumenta, cf. Cass., Conl. 6,10.3; 24,24.3   7 desidiosis, cf. Cass., Conl. 12,16.3   rubor, cf. Is 45,16; 61,7 8 festinas, cf. Hebr 4,11; 11,14–15

choationis Regulam descriptam adiuvante Christo perfice; [9]et tunc demum ad maiora, quae supra commemoravimus, doctrinae virtutumque culmina Deo protegente pervenies. Amen.

[Explicit Regula]

9 culmina, cf. Cass., Inst. 4,23; Conl. 18,15

langen will: Befolge mit der Hilfe Christi zunächst diese bescheidene
Regel, die wir für Anfänger geschrieben haben. [9]Dann wirst du schließ-
lich unter Gottes Schutz die oben erwähnten Höhen der Lehre und der
Tugend erreichen. Amen.

[Schließt die Regel]

CAPITULA REGULAE

[Incipiunt Capitula]

I. De generibus vel vita monachorum
II. Qualis debeat esse abbas
III. De adhibendis ad consilium fratribus
IV. Quae sunt instrumenta bonorum operum
V. De oboedientia discipulorum qualis sit
VI. De taciturnitate
VII. De humilitate
VIII. De Officiis divinis in noctibus
IX. Quanti psalmi dicendi sunt nocturnis Horis
X. Qualiter aestatis tempore agatur nocturna Laus
XI. Qualiter dominicis diebus Vigiliae agantur
XII. Qualiter Matutinorum sollemnitas agatur
XIII. Privatis diebus qualiter Matutini agantur
XIV. In natale Sanctorum qualiter Vigiliae agantur
XV. Alleluia quibus temporibus dicatur
XVI. Qualiter divina Opera per diem agantur
XVII. Quanti psalmi per easdem Horas dicendi sunt
XVIII. Quo ordine psalmi dicendi sunt
XIX. De disciplina psallendi
XX. De reverentia orationis
XXI. Decani monasterii quales debeant esse
XXII. Quomodo dormiant monachi
XXIII. De excommunicatione culparum
XXIV. Qualis debeat esse modus excommunicationis
XXV. De gravioribus culpis
XXVI. De his qui sine iussione iunguntur excommunicatis

VERZEICHNIS DER REGELKAPITEL

1. Die Arten und das Leben der Mönche
2. Die Eigenschaften des Abtes
3. Die Berufung der Brüder zum Rat
4. Die Instrumente der guten Werke
5. Die Eigenschaft des Gehorsams der Jünger
6. Die Schweigsamkeit
7. Die Demut
8. Der Gottesdienst in der Nacht
9. Die Zahl der Psalmen beim Nachtgottesdienst
10. Die Feier des nächtlichen Lobes zur Sommerzeit
11. Die Feier der Vigilien am Sonntag
12. Die Morgenfeier
13. Die Morgenfeier an den gewöhnlichen Tagen
14. Die Vigilien an den Festtagen der Heiligen
15. Die Zeiten des Alleluia-Gesangs
16. Der Gottesdienst unter Tags
17. Die Zahl der Psalmen bei diesen Gottesdiensten
18. Die Reihenfolge, in der die Psalmen zu singen sind
19. Das Verhalten beim Psalmensingen
20. Von der Ehrfurcht beim Gebet
21. Die Eigenschaften der Dekane des Klosters
22. Vom Schlaf der Mönche
23. Die Ausschließung bei Verfehlungen
24. Die Art der Ausschließung
25. Schwere Verfehlungen
26. Von Brüdern, die ohne Erlaubnis mit Ausgeschlossenen verkehren

XXVII. Qualiter debeat abba sollicitus esse circa excommunicatos

XXVIII. De his qui saepius correpti emendare noluerint

XXIX. Si debeant iterum recipi fratres exeuntes de monasterio

XXX. Pueri minore aetate qualiter corripiantur

XXXI. Qualis debeat esse cellararius monasterii

XXXII. De ferramentis vel rebus monasterii

XXXIII. Si quid debeant monachi proprium habere

XXXIV. Si omnes aequaliter debeant necessaria accipere

XXXV. De septimanariis coquinae

XXXVI. De infirmis fratribus

XXXVII. De senibus vel infantibus

XXXVIII. De ebdomadario lectore

XXXIX. De mensura cibi

XL. De mensura potus

XLI. Quibus horis oportet reficere fratres

XLII. Ut post Conpletorium nemo loquatur

XLIII. De his qui ad Opus Dei vel ad mensam tarde occurrunt

XLIV. De his qui excommunicantur, quomodo satisfaciant

XLV. De his qui falluntur in oratorio

XLVI. De his qui in aliis quibuslibet rebus delinquunt

XLVII. De significanda hora Operis Dei

XLVIII. De opera manuum cotidiana

XLIX. De Quadragesimae observatione

L. De fratres qui longe ab oratorio operantur

LI. De fratres qui non satis longe proficiscuntur

LII. De oratorio monasterii

LIII. De hospitibus suscipiendis

LIV. Ut non debeat monachus litteras vel eulogias suscipere

LV. De vestiariis vel calciariis fratrum

LVI. De mensa abbatis

LVII. De artificibus monasterii

LVIII. De ordine suscipiendorum fratrum

LIX. De filiis nobilium vel pauperum

27. Die Art und Weise, wie der Abt für die Ausgeschlossenen Sorge tragen soll

28. Von denen, die sich trotz öfterer Zurechtweisung nicht bessern wollen

29. Über die Wiederaufnahme von Brüdern, die aus dem Kloster gehen

30. Die Bestrafung minderjähriger Knaben

31. Die Eigenschaften des Cellerars des Klosters

32. Die Werkzeuge und die Habe des Klosters

33. Ob die Mönche Eigentum haben dürfen

34. Ob alle in gleichem Maß das Notwendige erhalten sollen

35. Der Wochendienst in der Küche

36. Die kranken Brüder

37. Die Greise und Kinder

38. Der Wochendienst des Lesers

39. Das Maß der Speise

40. Das Maß des Getränks

41. Die Zeiten für das Essen

42. Das Stillschweigen nach der Komplet

43. Von denen, die zum Gottesdienst oder zu Tisch zu spät kommen

44. Wie die Ausgeschlossenen Genugtuung leisten

45. Von denen, die im Oratorium Fehler machen

46. Von denen, die sich sonstwie verfehlen

47. Das Zeichen zum Gottesdienst

48. Die tägliche Handarbeit

49. Die Beobachtung der Fastenzeit

50. Die Brüder, die weit entfernt vom Oratorium arbeiten

51. Die Brüder, die sich nicht sehr weit entfernen

52. Das Oratorium des Klosters

53. Die Aufnahme der Gäste

54. Ob der Mönch Briefe oder Eulogien annehmen darf

55. Die Kleidung und das Schuhwerk der Brüder

56. Der Tisch des Abtes

57. Die Handwerker des Klosters

58. Das Verfahren bei der Aufnahme der Brüder

59. Die Söhne der Vornehmen und Armen

LX. De sacerdotibus qui in monasterio habitare voluerint
LXI. De monachis peregrinis
LXII. De sacerdotibus monasterii
LXIII. De ordine congregationis
LXIV. De abbate ordinando
LXV. De praeposito
LXVI. De hostiariis monasterii
LXVII. De fratribus in viam directis
LXVIII. Si fratri inpossibilia a priore iubeantur
LXIX. Ut in monasterio non praesumat alter alium defendere
LXX. Ut non praesumat quisquam alium caedere
LXXI. Ut oboedientes sibi sint invicem
LXXII. De zelo bono quod debent monachi habere
LXXIII. De hoc quod non omnis observatio iustitiae in hac sit
Regula constituta

[Expliciunt Capitula]

60. Die Priester, die im Kloster bleiben wollen
61. Die fremden Mönche
62. Die Priester des Klosters
63. Die Rangordnung in der Klostergemeinde
64. Die Einsetzung des Abtes
65. Der Prior
66. Die Pförtner des Klosters
67. Die Brüder, die auf Reisen geschickt werden
68. Wenn einem Bruder vom Oberen Unmögliches aufgetragen wird
69. Im Kloster darf sich keiner erlauben, einen anderen zu verteidigen
70. Keiner darf sich erlauben, einen anderen zu schlagen
71. Daß man sich gegenseitig gehorchen soll
72. Der gute Eifer, den die Mönche haben sollen
73. Darüber, daß in dieser Regel nicht alles enthalten ist, was zur Beobachtung der vollen Gerechtigkeit gehört

Diese Kapitelüberschriften finden sich in den RB-Handschriften zwischen Vorwort und Kapitel 1. Ihr Text weicht bisweilen von den Überschriften innerhalb der Regel ab.

I. NAMENVERZEICHNIS ZUR EINLEITUNG

Die Zahlen beziehen sich auf die Seiten der Einleitung (S. 1–52)

Amun 14
Antonius 13
Athanasius 13
Augustin 12 15ff 24 26 28f 51 Ordo monast. 16
Balthasar, H. U. von 17
Basilius 14 16 19 51 Admonitio 19 51
Bauer, J. B. 17
Benedikt von Aniane 21 24 36 51 s. Codex Regularum
Brechter, H. S. 23 42
Buddenborg, P. 31 52
Butler, C. 13 40
Caesarius 20 51
Chrodegang 40
Codex Fuldensis 47
Codex Oxoniensis 35 39 41–50
Codex Regularum 51
Codex Sangallensis 35–50
Condat 23
Cyprian 16
Donatus 40
Eucherius 23
Eugendus 23
Eugippius 11f 24
Evagrius Pontikus 17
Froger, J. 13
Genestout, A. 20
Gregor, Papst 7 12 43 51
Grimald 37
Hallinger, K. 11 52
Haneberg, D. 35
Hanslik, R. 37f 48
Heito 37 42
Hieronymus 16 19 24
Hildemar 40
Holsten, L. s. Codex Regularum 51

Horsiese 14–16 51
Jaspert, B. 21 50 52
Jordanis 9
Juliani passio 20 52
Juraklöster 12 23 51 s. Lérins
Kassian Joh. 17–20 24 27 31 51
Leo, Papst 16
Leo von Ostia 42f
Lérins 12 17 20 23
Linderbauer, B. 41f 46f
Lupicinus 23
Magister 20ff
Manasse oratio 15 52
Manning, E. 22ff 27 43f 48 52
Masai, F. 22–27 43 48 50–52
Mauriner 34
Mohrmann, Ch. 37 43
Morin, G. 38 48 51
Mundó, A. 51f
Origenes 17f
Pachomius 8 14 16 19 24 28 51
Paringer, B. 42
Paulus Diaconus 36 42f
Pelagius, Diakon 9 19
Petronax 36 43
Plenkers, H. 35
Prokopius 9
Reginbert 37
Reichenau 37 42
Romanus 23
Rufin 19 51
Ruppert, F. 52 s. Pachomius
Sabinus 8 12
Schmidt, E. 11 35 41
Simplicius 41f
Sueton 46
Tatto 37

Totila 8
Traube, L. 11 22 35–41 43ff 49
Victor 47
Vinzenz von Lérins 18
Vogüé, A. de 15 21–25 40 51

Völker, W. 17 52
Willibald 43f 52
Wölfflin, E. 11 35 38 41 44
Zacharias, Papst 36
Zumkeller, A. 52

II. SACHVERZEICHNIS ZUR REGEL

Die Zahlen beziehen sich auf Kapitel und Vers; Vw = Vorwort

Abendfeier s. Vesper
Absetzung s. Strafe
Abt Namen 2,1ff.11.30; 63,13
  Anrede 2,2.11.30; 63,13
  entspricht dem Bischof 5,6.15
  Hierarchie klösterl.
  Stellvertreter Christi 2,2f; 5,6.15; 63,13
  geistl. Lehrer 2,4ff.11ff.23; 5,6.15; 64,
  2.9
  und Vater 2,3.24; 4,50; 7,44; 49,9
  s. Ältere
  Hirt 1,8; 2,7ff.32.39; 27,5.8; 63,2;
  64,18
  Arzt 27,2; 28,2ff; 30,3; 46,5f
  Seelsorger, Erzieher 2,29–37; 27,6; 28,
  5; 41,5; 46,5f; 57,6; 66,7
  Diener 2,31; 64,8
  Vorbild 2,1.12f; 4,61; 7,55; 64,2
  Hausvater (zeitl. Verwalter) 2,33ff;
  22,2; 31,4.15; 32; 33,5; 34,1; 64,17
  neuer Moses 21,1ff
  alleinige Befehlsgewalt 3,2.5.11f; 4,61;
  5,8f; 21,2; 22,2; 31,4.15; 33,1f; 49,9f;
  51,2; 54,1ff; 55,3.8; 57,1ff; 62,3; 63,1f;
  65,11ff.16
  einziger Richter 24,2; 25,5; 26,1; 27–28;
  43–44; 69–70
  unter der Regel 3,7.11; 7,55; 37,1; 64,20
  ihr Deuter 3,7; 39,6; 40,5; 41,5; 54,3;
  55,3; 56,2
  äbtl. Grundtugend Discretio 64,17ff;
  41,5
  Verantwortung 2,6.9.34ff; 3,11; 55,22;
  64,7; 65,10.22
  Rat der Brüder 3; 61,4; 65,15
  Liturgie Rolle des Abtes 9,5; 11,6ff;
  13,12; 47,2; 60,4

Wahl (Vorschlag durch die Brüder)
  64,1ff
  Bischof entscheidet 64,4; 65,3
  Eigenschaften 2; 64; 65,2
  kein Heli 2,28
  kein Tyrann 27,6; 63,2.13; 64,11
  s. Rücksicht
  Schwere des Amts 2,31; 64,7
  selbst schwach 2,14f; 4,61; 64,10.13f;
  65,22
  s. Liebe
  s. Barmherzigkeit
  s. Christus
  s. Gehorsam
  s. Bürde
  s. Würdigkeit
Äbte 64,4; 65,3
Abtötung innere 1,8; 5,12; 7,31ff; 48,1ff
  äußere 4,11.13; 40,6; 48,5ff
  s. Eigenwille
  s. Fasten
Abwesende 67,2
Acedia 48,18
Alleluia 9,9; 11,6; 12,2; 15,1ff
Almosen 59,4 s. Arme
Altar 31,10; 58,20.29; 59,2
Ältere senior 3,12; 4,50.70; 22,3.7; 23,1;
  27,2; 46,5; 48,17; 56,3; 58,6; 63,16
  s. Prior
Ambrosianum 9,4; 12,4; 13,11; 17,8
  s. Hymnus
Ämter im Kloster
  s. Abt
  s. Prior
  s. Dekan
  s. Novizenmeister
  s. Cellerar

s. Gerätewart
s. Krankenbruder
s. Gastbruder
s. Pförtner
s. Gehilfen
Anachoret Eremit 1,3ff s. Einsiedler
Analphabet 48,23; 58,20
Anmaßung s. Herausnehmen sich
Anrede s. Abt s. Bruder
Antiphon 9,3; 11,4; 12,1; 13,2; 14,2;
  15,3; 17,7.9; 43,4; 45,1 s. Pausen
Apokryphe Schriften 9,8 s. Visio Pauli
Arbeit körperl. 7,63; 35,13; 39,6; 40,5;
  41,2; 46,1; 57,1; 66,6
  Sinn Zeit 48,1ff s. Mühe
Ärgernis scandalum 13,12; 31,16; 65,1f;
  69,3
  s. Streit
Arme 4,14; 31,9; 53,15; 55,9; 58,24;
  59,7; 66,3
Armut 48,7 s. Sparsamkeit
  s. Profeß
Arzt s. Abt
  s. Christus
Askese s. Abtötung
Aufnahme Erwachsene 58 Kinder 59
  Priester 60 Fremde 61
Aufstieg geistl. 7,5ff.67; 73,9
  s. Demut s. Weg
Ausschließung s. Strafe
Ausstoßung s. Strafe
Austritt 29,1ff; 58,15.28

Bäckerei 46,1
Bad 36,8
Barmherzigkeit Gott 4,74; 7,46; 53,14
  Abt 34,4; 64,10
Basilius 73,5
Bedürfen 8,3; 34,3f; 38,6; 41,8; 53,18.20;
  55,2.21; 66,5 s. Gehilfen
Beharrlichkeit Vw 50; 7,36; 58,3.9
Beicht s. Bekenntnis
Beispiel 2,12ff; 7,34.55; 27,8; 60,5; 61,9
Bekehren sich Vw 38; 2,18; 7,30; 63,7
  convertere 2,18; 63,7 s. Eintritt
Bekenntnis Vw 28; 4,50; 7,44ff; 46,1ff.5
Bereitschaft innere 22,6; 48,12
Berücksichtigen s. Rücksicht
  s. Abt
Berufung Vw 1ff.21; 7,9
Beschäftigen sich 35,1.5; 42,7; 43,8; 48;

53,18.20 s. Arbeit
Beschauung Vw 21; 73,9
Bescheidenheit s. Demut
Besitz klösterl. 2,35; 31,10ff; 32,1; 57,6;
  58,26; 59,3ff s. Armut
  s. Eigenbesitz
Besserung Vw 36. 47; 2,40; 29,1; 43,16
Beständigkeit s. Profeß
Betrüben Vw 5; 31,6f.19; 34,3f; 48,7;
  54,4 s. Traurigkeit
Bett 22,1.7; 48,5; 53,22; 55,15f
Bevormunden 69,1
Bewirtung s. Humanitas
Beziehung vertikal Abt-Brüder 2; 64,
  11ff; 72,10
  horizontal Brüder zueinander 63,4ff.
  10ff; 64,1; 69–72; 4,70f
  s. Liebe
  s. Gehorsam
  s. Ordnung
Bibliothek 48,15
Bildung s. Bibliothek 48,10ff.22f; 58,20
Bischof setzt den Abt ein 64,4; 65,3
Bitturkunde s. Profeß
Blutsverwandtschaft 69,2
Briefe 54,1; 61,13
Brot Maß 35,12; 39,4
Bruder Anrede 63,10ff s. Mönch
  s. Beziehung
Bürde äbtl. 2,31; 21,3; 64,7
  s. Unmögliches 68
Buße Vw 37; 25,3
  s. Tränen
  s. Zerknirschung

Cellerar 31,1ff; 35,5f.10f
  (nach dem äbtl.) wichtigstes Amt 31,1.
  3.9.15
  Vater 31,2
  Erzieher 31,6f.13f
  entspricht dem Diakon 31,8
  s. Gehilfen
Cena s. Mahlzeit
Charakter 2,31; 32,1; 72,5; 73,1 s. Mores
Chor Chorraum 11,2; 43,11; 44,5; 47,2
  s. Oratorium
Chorgebet s. Gottesdienst
Chorgesang s. Gesang
Christen 64,4
Christus eigentl. Abt 2,2; 63,13
  Lehrer 2,4.12; 5,6.15

s. Abt
Herr Vw 7; 61,10; 63,13
Vater Vw 10
König Vw 3; 61,10
Hausvater (Eigentümer) 2,7
Hirt 1,8; 27,8
Arzt 27,1f
Endziel Vw 2
Richter 2,7. 9. 14. 38
Fels Vw 28; 4,50
Führer 72,12
über alles zu lieben 4,21; 5,2; 7,69; 72,11
Nachfolge 4,10; 5,13; 7,23.34
Teilnahme am Leiden Vw 50; 7,38 ff
s. Gehorsam
an der Herrlichkeit Vw 7
am Reich Vw 21f. 50
im Abt 2,2; 63,13
im Kranken 36,1
Gast 53,1
Fremden 53,15
Armen 53,15
im Mönch Vw 30
»Gott« kann immer von Christus verstanden werden
Congregatio s. Gemeinschaft
Conlationes 42,3; 73,5
Cönobit dient 1,2 s. Dienst
s. Mönch
Cönobium 5,12 s. Kloster
Consideratio considerare s. Rücksicht
Conversatio s. Leben klösterl.
Conversatio morum 58,17 s. Profeß

Decani 21,1ff; 65,7.12
Vorbild im Alten Testament
und Diakon 21,1ff dem Prior gegenüber
bevorzugt 65,12
Demut Grundhaltung Gott gegenüber
20,1f; 2,21
ihre Äußerungen, dargestellt im Aufstieg einer Leiter von 12 Sprossen 7,1–70
als Leben in Furcht und Hoffnung
(Stufe 1) 7,10–30
als Gehorsam Gott und dem Abt gegenüber (Stufe 2–5) 7,31–48
als Bescheidenheit (Stufe 6–7) 7,49–54
in der äußeren Haltung (Stufe 8–12)
7,55–66
Vollendung in der vollkommenen Liebe
7,67–70

der demütige Mönch 3,4; 5,1ff; 6,7;
27,3; 29,2; 31,7.13; 34,4; 45,1ff; 47,4;
53,6; 57,1.3; 58,7; 60,5; 61,4; 65,14
s. Gehorsam
s. Liebe
Deuteronomium 13,9
Devotio 18,24; 20,2
Diakon 62,1 s. Cellerar
s. Decani
Dienst militia militare Vw 3. 40; 1,2;
2,20; 58,10; 61,18
servire 1,11; 2,31; 19,3; 35,1.6.13; 36,1.
4; 53,18; 61,10
servitium Vw 45; 2,18; 5,3; 18,24
servitus 2,20; 16,2; 49,5; 50,4
Diligentia s. Sorge
Diözese 64,4
Disciplina 2,14.22; 7,9; 19; 24,1; 34,7;
55,17; 56,3; 58; 60,2; 62,4; 63,9.18f;
70,4. 6
regularis 3,10; 32,5; 54,5; 60,5; 65,19;
70,6; vgl. 48,20; 67,2
Discipulus s. Mönch
Discretio 64,17ff; 70,6 s. Abt
Dreifaltigkeit 9,7; 11,3
Gloria Patri 9,2; 11,3; 18,1; 58,22

Ehrfurcht vor dem Obern 6,7; 60,7; 63,
10ff; 64,15; 65,16; 72,4
vor dem Priester 60,7
vor dem Bruder 63,8.10ff.15ff; 72,4
s. Christus
s. Nonnus
Eifer guter bitterer 72,1ff; 4,66
des Novizen 1,3; 58,7
des Pförtners 66,4
zum Gottesdienst 18,24; 20,2; 43,1.3;
58,7
Eifersucht 65,22 s. Neid
Eigenart persönl. 2,12.24.31ff; 3,3; 68,2
s. Charakter
Eigenbesitz Verzicht 33; 55,16ff; 58,24ff
s. Schenkung
Eigenwille Verzicht Vw 3; 1,11; 3,8; 4,
60.71; 5,13; 7,12.19.21.31; 33,4; 49,6
s. Gehorsam
Einkleidung s. Profeß
Einsiedler kämpft 1,4f
Eintracht 19,7; 64,1 s. Zwietracht
Eintritt s. Postulant
Eltern 54,1; 59,1

Endziel s. Christus
s. Leben
s. Liebe
s. Weg
s. Gemeinschaft
s. Gehorsam
Engel 7,6ff; 19,5f
Enthalten sich 36,9; 39,11; 40,4; 49,4f
Entsagen Vw 3; 4,20
s. Eigenwille
s. Eigenbesitz
Entschuldigen sich 22,8; 35,1.5; 55,19; 66,8
Erbauen 6,3; 38,8.12; 42,3; 47,3; 53,9
Erfahrung persönl. 1,6; 40,6; 59,6; 65,1
Ernst s. Gravitas
Essen s. Mahlzeit
Eucharistie s. Kommunion
Eulogien 54,1
Evangelium Vw 21 Lesung 11,9; 12,4; 13,11; 17,8; 18,18
vom Abt gelesen 11,9
s. Schrift Hl.
Exkommunikation s. Strafe

Fasten asket. Übung 4,13; 35,12; 38,10; 41,2; 42,2.5; 53,10f
Opfer 49
s. Strafe 30,3
Fastenzeit 15,12f; 41,6ff; 48,14ff; 49,1ff
Fehler s. Sünde
Feindschaften 13,12; 65,2.7; 69,3
Ärgernis scandalum
Festtage s. Jahr
s. Ostern
s. Pfingsten
Fleischgenuß 36,9; 39,11
Fortschritt geistl. Vw 49; 2,25; 7,67ff; 62,4; 73,2.8f
Freigeboren 2,18.20 s. Sklave
Fremde s. Pilger
Freude 5,16; 7,39; 49,6f
Friede Vw 17; 4,73; 34,5; 65,11
Friedenskuß 4,25; 53,4f; 63,4
Furcht vor Gott Motiv Vw 7.12.29; 2, 36.39; 3,11; 4,44; 5,3.9; 7,10f.67ff; 11, 9; 19,3; 53,21; 64,1.4
gottesfürchtig 31,2; 36,7; 65,15
Fußwaschung 35,9; 53,13

Garten 7,63; 46,1; 66,6

Gast 53; 1,10; 31,9; 42,10; 55,21; 56,1f; 58,4; 61,1
Christus 55,1.7
Abt 56,1; 53,16
Vorbild 61,9
Gastbruder 53,21
Gastzelle 53,21; 58,4
Gastfreundschaft 53,9
Gebet s. Opus Dei
s. Herrengebet
s. Schlußgebete
Ehrfurcht 19–20; 52,1ff; 9,7; 11,3
Privatgebet 20; 52,4
stilles Gebet 20,3; 50,3; 52,4
reines Gebet 20,4; 52,4
liturg. Segensgebet 9,5; 11,7.10; 17,10
s. Tränen
Bitte ums Gebet 28,4; 35,15; 38,2; 44,4; 58,23; 67,17ff
Gebetszeiten liturgische s. Nachtwachen
s. Laudes
s. Prim
s. Terz
s. Sext
s. Non
s. Vesper
s. Komplet
Gedanken Vw 28; 4,50; 7,12ff.44ff; 65,5
s. Bekenntnis
Geduld Vw 37.50; 4,3; 7,35.42; 36,5; 58,3.11; 68,2; 72,5
Gegenwart Gottes 7,10–30; 19,1ff
Gehilfen 31,7; 32; 35,3f; 53,18ff; 66,5
Gehorsam vorzüglichste Äußerung der Demut 5,1
s. Demut
Thema des Vw
Weg zum Endziel Vw 2.20.24.48f
s. Weg
hat Sinn in sich als Nachfolge Christi 7,34
als tägl. Martyrium 7,35ff; 5,15; 68,5; 72,6
die Tugend des Cönobiten Vw 3.40.50; 2,6.17.25; 3,5f; 7,31–48; 53,20; 58,7.17; 62,4.11; 68,1.5; 71; 72,6
Motive Furcht Vw 7; 5,3; 7,10.68
Hoffnung Vw 6; 5,3
Liebe Vw 5; 5,2.10; 7,34.67ff; 68,5; 71,4
Mühe Vw 2.48f; 7,68; 58,8

Eigenschaften 5,1.8 ff.16
gegenseitiger Gehorsam der Brüder 63,16f; 71; 72,6
s. Murren
s. Eigenwillen
Geist Hl. Vw 11; 2,3; 7,70; 49,6
Geiz 31,12; 57,7
s. Armut
Gelegenheit 38,8; 43,8; 54,4; 59,3; 62,4; 69,1.3; 70,1
Gelübde s. Profeß
Gemeinschaft congregatio 3,1; 4,78; 17, 6; 21,1; 31,1f.17; 35,4f; 46,3; 53,13; 58,14.22f; 61,8; 62,6; 63; 64,1ff; 65,2. 14.21; 66,8 s. Beziehung
nicht Selbstzweck, sondern Mittel zum Endziel
Vorbilder
Schule Vw 45; 5,5f
Werkstatt 4,78
Schlachtreihe 1,5
Herde 1,8; 2,8.32; 27,9; 28,8; 63,2; 64,18
Haus Gottes 31,19; 53,22; 64,5
Leib 61,6
apostol. Kirche Vw 50; 33,6; 34,1; 55,20
Israel in der Wüste 21,1ff
s. Hierarchie
s. Ordnung
s. Gehorsam
s. Liebe
Gemüse 39,3
Genugtuung s. Satisfactio
s. Strafe
Gerätewart 32
Gericht 2,6.9.38; 3,11; 4,44.76; 7,64; 16,5; 31,9; 55,22; 63,3; 65,22
Gesang 9,3.5f; 11,2f; 18,2; 38,12; 47,3
s. Antiphon
s. Hymnus
Fehler 45
s. Pausen
s. Responsorium
s. Zuspätkommen
Rangordnung 47,2
Geschenke 54,1
Gesetz Hl. Schrift 53,9; 64,9
Regel 58,10.15
Zerrbild 1,8
Gewissenhaftigkeit s. Sorge

Gewissenseröffnung s. Bekenntnis
Gewohnheit 7,68
Glaube Vw 21.49; 2,2; 7,23; 19,1f; 63,13
Gleichheit in Christus 2,20ff
Gloria Patri s. Dreifaltigkeit
Gnade Vw 4.29ff.41; 1,37; 4,12f; 20,4; 28,5; 71,12; 73,8
Gott suchen 7,27
vom Novizen 58,7
Gott sucht Vw 14; 27,8
Gottesdienst Opus Dei 7,63; 22,6.8; 43, 1.3–10; 44,1.7; 47,1; 50,3; 52,2.5; 58,7; 67,12f
nichts vorziehen 43,3
s. Gebetszeiten
gemeinsam 8–18
s. Gebet
Gottesfurcht s. Furcht
Gottesliebe s. Liebe
Gottvertrauen 4,41.77; 68,5
Gravitas 6,3; 7,60; 22,6; 42,11; 43,2; 47,4
s. Ernst
Greise 37,1ff; 66,1
Griffel 33,3; 55,19
Gruß 53,6.24; 63,15; 66,3
Gürtel schmaler 22,5
breiter 55,19
Gyrovagen 1,10ff; 61,1
s. Profeß

Haartracht s. Tonsur
Habsucht s. Geiz
Handarbeit s. Arbeit
Handwaschung 53,12
Handwerk geistl. 4,75
körperl. 46,1; 48,24; 57; 66,6
Handwerker 57
s. Arbeit
Haus Gottes s. Gemeinschaft
Hebdomadare s. Wochendienst
Heil Weg Vw 48
der Seelen 2,33; 28,5
Heli 2,26 s. Abt
Hemina Weinmaß 40,3
s. Wein
Heptateuch 42,4
s. Schrift Hl.
Herausnehmen sich s. Praesumere
Herde 2,8.32; 27,9; 28,8; 63,2; 64,18
s. Gemeinschaft

Herrengebet 7,20; 13,12ff; 17,8
Herrentag s. Sonntag
Hierarchie klösterl.
  ihre Entsprechung in der kirchl.
  s. Abt
  s. Cellerar
  s. Dekan
  s. Praepositus
Hilfe Gottes Vw 41; 1,13; 17,3; 18,1;
  35,16f; 73,8
  s. Gnade
Hirt 1,8; 2,7
  s. Christus
  s. Abt
Hochmut s. Stolz
Hoffnung 4,41; 7,39
Hölle Vw 7.42; 2,10; 4,45; 5,3; 7,11.69;
  72,1
Honestas morum 73,1; vgl. 58,17; 60,9
Horen s. Gebetszeiten
Humanitas Bewirtung
  s. Gast 53,9
Hymnus 11,8.10; 17,3.5; 18,1.10.18
  s. Ambrosianum

Iden Monatsmitte 41,6
Instrument s. Werkzeug

Jahr Einteilung
  November-Ostern 8,1; 9,1; 10,1
  Ostern-November 8,4
  Ostern-Pfingsten 15,1; 41,1
  Pfingsten-Fastenzeit 15,2
  Pfingsten-14. Sept. 41,6
  Oktober-Fastenzeit 48,10
  Fastenzeit-Oktober 48,3
  s. Fastenzeit
  s. Winter
  s. Sommer
Jakobsleiter 7,6
  s. Demut
Jünger discipulus 2,5f.11ff; 5,9.16f; 6,3.
  6.8; 36,10
  s. Schüler
Junior 3,3; 4,71; 63,8.10.12.15f; 66,5;
  68,4; 71,4

Kalenden Monatsanfang 8,1; 10,1; 48,3.
  10
Kampf Einsiedler 1,4f
Kapuze s. Kukulle

Katholisch 9,8; 73,4
Kauf 57,4ff
Keusch castus 4,64; 64,6.9; 72,8
  s. Selbstlos
Kinder s. Knaben
Kirche röm. 13,10
  s. Gemeinschaft
  s. Hierarchie
Kirchenväter s. Vater
Klausur 4,78; 66,6; 67,7
Kleider 55
  Hosen 55,13
  s. Gürtel
  s. Kukulle
  Sandalen 55,6.19
  s. Schuhe
  s. Tunika
  s. Skapulier
Kleiderkammer 55,9; 58,27
Kleriker 60,8; 61,2; 62
Klima 55,2
Kloster Anlage
  s. Bäckerei
  s. Bibliothek
  s. Garten
  s. Gastzelle
  s. Klausur
  s. Kleiderkammer
  s. Krankenzelle
  s. Küche
  s. Mühle
  s. Novizen
  s. Oratorium
  s. Schlafsaal
  s. Vorratskammer
  s. Werkstatt
Klostergemeinde s. Gemeinschaft
Klugheit äbtl. Grundtugend 61,4; 64,12.
  14
  s. Discretio
Knaben 22,7; 30; 31,9; 37; 39,10; 45,3;
  59,1.6; 63,6.18
  überwacht von den Erwachsenen 63,9.
  18f; 70,4ff
  wahre Mönche 59
  der Wille der Eltern entscheidet
Kniebeuge 50,3
Kommunion 38,2.10; 63,4
Komplet 16,2.5; 17,9; 18,19; 42,8
Kranke leibl. 4,16; 31,9; 35,1; 36; 37,2;
  48,24

sittl. 27,6; 28,5; 40,3; 42,4; 48,24f;
64,19
Krankenzelle 36,7
Krankenbruder 36,7.10
s. Schwache
Kriegsdienst Vw 3; 1,4f
s. Dienst
Küche 35,1.5; 38,11; 46,1
Abt Gäste 53,17
Brüder 35; 38,11
Kukulle 55,4f.10.14.19
s. Kapuze
Kunst geistl. 4, 75
s. Handwerk
Kyrie eleison 9,10; 17,4f.10
s. Litaneigebete

Labor Vw 2; 7,68; 35,13; 39,6; 40,5;
41,2; 46,1; 48,1.24; 50,1
s. Arbeit
s. Mühe
Lachen 4,53f; 6,8; 7,59f
s. Scherzen
Laien 64,4; 57,8
Laudes 8,4; 11,10; 12,13; 15,3; 16,2; 35,
15
s. Morgenfeier
Laufen Vw 13.22.44.49; 73,8
s. Weg
Leben Endziel Vw 13.15.17.20.42; 4,46;
5,3.10f; 6,5; 7,11; 72,2.12
s. Hoffnung
Leben klösterl. conversatio Vw 49; 1,3.
12; 21,1; 22,2; 58,1.17; 63,1; 73,1f
Lectio divina s. Lesung
Lehre Christi Vw 50; 2,4f.11.23; 73,9
Lehrer s. Christus Abt
Lehrweisheit Dekan 21,4
Abt 64,2
Leib Vw 40.43; 2,28; 4,11; 7,9.62; 49,7;
53,7; 57,5; 72,5
Verfügungsrecht 33,4; 58,25
Kloster 61,6
Leiden s. Geduld
Leiter s. Jakobsleiter
s. Demut
Lesung im Chor 9–11
auswendig 9,10; 10,2; 12,4; 13,11
untertags 48,1.4.10.13ff
vor der Komplet 42,3
bei Tisch 38

am Herrentag 48,22
während der Mittagsruhe 48,5
in der Fastenzeit 48,14ff; 49,4
mit den Gästen 53,9
der Regel 66,8
im Noviziat 58,9f.12f
s. Schrift Hl.
Licht göttl. Vw 9
Tageslicht 8,4; 41,8f
Lampenlicht 22,4; 41,8
Liebe Gottes zum Menschen 5,16; 7,39
des Mönchs zu Gott (Christus) 4,1.72;
5,2.10; 7,34.67.69; 63,13; 68,5
zur Tugend Vw 47; 4,13.26.52.64.68;
7,31; 35,2; 65,11
des Abts zum Mönch 2,17.22.24; 27,4;
64,12.14f
des Mönchs zum Abt 63,13; 64,15; 72,10
der Brüder zueinander 72; 4,2.71f; 27,4;
35,6; 63,10ff; 71,4
zum Gast 53,3; 61,4; 66,4
Liebe der Furcht 72,9
höchstes Ziel im geistl. Aufstieg Vw 49;
5,2; 7,67ff
Seele des klösterl. Lebens Vw 47; 5,10;
7,34; 35,6; 53,3; 61,4; 64,64; 65,11;
71,4; 72
s. Christus
s. Gehorsam
s. Demut
s. Beziehung
Litaneigebete 9,10; 12,4; 13,11; 17,8
s. Kyrie eleison
Lohn 4,76; 35,2; 36,5; 40,4; 49,9; 59,4;
64,6

Magister-Regel s. Einleitung
Magnificat 17,8; 18,18
Mahlzeit einzige (refectio) 41,2.4.6
Mittwoch und Freitag 41,2.4
nach der Vesper 41,7
prandium mittags 39,4; 41,4; 42,3f
cena abends 39,4f; 41,1.4; 42,3f
s. Fastenzeit
Maior s. Oberer
Martyrium s. Gehorsam
s. Geduld
Maßhalten (zwischen zwei Extremen)
s. Discretio Abt
Zeit des Aufstehens 8,4
Cellerar 31,12

Tagesschluß 41,9
Speise 39; 49,6
Getränk 40,2.8
Kleidung 55,8
Strafe 24,1; 25,5
Kräfte 30,1; 68,2
Überwachung 70,5
Arbeit 48,9 s. Gehilfen
Matutin s. Morgenfeier
Meditatio Üben 8,3; 48,23; 58,5
Messer 22,5
Metten s. Nachtwachen
Militia s. Dienst
  s. Cönobit
Mischwein 38,10
Missae s. Schlußgebete
Mittagsruhe 48,5
Mönch discipulus (Jünger, Schüler) 2,5f.
11ff; 3,6; 5,9.16f; 6,3.6.8; 36,10
  vier Arten 1,1ff
  monachus fast immer in der RB
  Ehrenname
  s. Dienst
  s. Abt
  s. Christus
  s. Gehorsam
  s. Regel
Mores s. Charakter 31,1; 58,17
  s. Conversatio
  s. Tugendstreben
Morgenfeier 8,4; 11,10; 12,13; 15,3; 16,2;
35,15
  s. Matutin
Mühe sittl. Vw 2; 7,68
  s. Arbeit
  s. Labor
Mühle 66,6
Murren 4,39; 5,14.17ff; 23,1; 34,6; 35,13;
40,8; 53,18
  begründetes 41,5
Müßiggang 48,1.18.24

Nachahmung 5,13; 7,32.34; 28,8
  s. Christus
Nachfolge s. Christus
Nachlässig neglegens 2,25; 7,22; 11,13;
31,11; 35,5; 36,10; 43,5; 48,23; 50,4;
64,6; 73,7
Nacht 8,1f; 10,2; 15,2; 16,4; 18,20f; 47,1;
55,10
Nachtwachen s. Vigilien

Nahrung s. Speisen
  s. Mahlzeit
Natur Vw 41; 7,68; 37,1
  s. Gnade
Neid 4,67; 55,21
  s. Eifersucht
Nonnus 63,12
  s. Bruder
Novize 58,5.11.20ff
  Eifer 1,3; 58,7
  Noviziat Sinn 58,5ff.14
  Novizenmeister 58,6
  s. Postulant
Nüchternheit eucharist. 38,10

Oberer allg. prior 6,7; 7,41; 13,12; 20,5;
38,9; 40,5; 43,9; 53,3.8.10; 63,10.12.
15; 68,4; 71,4.6f
  s. Senior Ältere
  maior 2,1; 5,4.15; 7,34.55; 63,16
  s. Abt
  s. Prior
  s. Dekane
  s. Hierarchie
Oblation 59
  s. Knaben
Officium s. Gottesdienst
Opfer s. Profeß
  s. Fasten
Opus Dei s. Gottesdienst
Oratorium 52; 7,63; 11,13; 24,4; 25,1;
35,15; 38,3; 43,8; 44,1f.6.9; 45; 50,1;
58,17.26; 63,18; 67,3
Ordnung s. Rangordnung
Ostern 8,1.4; 10,1; 15,1.4; 41,7; 48,3;
49,7
  s. Jahr

Pädagogik des Abtes 2,6.11ff.16ff.23ff.
31ff; 3,2f.6; 27–28; 63,2; 64,8ff.22
Parteien im Kloster 65,7ff
Parteilichkeit 2,16ff
Paulus Vw 31; 7,43
Pausen 9,3
  s. Antiphon
Pensum 49,5; 50,4
  s. Dienst
Persönlichkeit s. Abt
  s. Cellerar
  s. Eigenart

s. Reife
Petitio s. Profeßurkunde
Pfingsten 15,1ff; 41,1f;
s. Jahr
Pförtner 66
Pfund 39,4f
Pilger peregrinus 53,2.15; 56,1; 61
s. Fremder
Postulant Prüfung 58,1ff
Praepositus s. Prior
Praesumere 3,4.9f; 20,1; 26,1; 31,15;
33,2.6; 38,8; 43,8.11; 44,6; 47,3; 49,9;
51,1; 54,2.5; 57,4; 60,5; 62,3.8; 63,16;
67,5ff; 69,1.3; 70,1.6
Prandium s. Mahlzeit
Priester 60; 61,12; 62
s. Kleriker
Prim 15,3; 16,2.5; 17,2; 18,4f; 48,3
Prior 65; 21,7; 62,7; 71,3
s. Praepositus
Profeß Ritus 58,17ff
keine Formel, sondern (Inhalt) Rubrik
58,17
Versprechen (Gelübde) 58,9.14.17; 59,
3; 60,9
örtl. Beständigkeit 58,17; 4,78; 60,9;
61,5
s. (klösterl.) Leben (conversatio)
verwirklicht in der Beobachtung der
Regel 73,1; 60,9
s. Gehorsam Urkunde (petitio) 58,19f.
29; 59,1.8
Opfercharakter 58,19f; 59,2
s. Martyrium
Einkleidung 58,26
Armut 58,24
s. Eigenbesitz
s. Aufnahme
Prostratio prosternere 44,1; 53,7; 58,23;
67,3; 71,8
Psalmen wöchentlich alle 18,23f
Verteilung 10–18
Vortrag 24,4; 44,6; 45,1; 47,2; 63,4
s. Devotio
s. Meditatio
Pult 9,5
Pünktlichkeit 5,4.8; 22,6; 42,5; 43,1;
66,3

Quadragesima s. Fastenzeit
Quellen s. RB

Rangordnung s. Abt
s. Prior
s. Dekane
s. Priester
s. Kleriker
entscheidend die Zeit des Eintritts 2,19;
63,1.4.7ff; 64,2
und der Wille des Abtes 63,1.4.7; 2,19;
22,2
Kinder 63,18
Aufsicht über die Knaben 70,4f
im Chor 11,2; 47,2
Ausnahmen 21,4; 22,7; 38,12; 43,4;
64,2
Rat der Brüder 3; 65,15
der Älteren 3,12
des Fremden 61,4
Ratio s. Vernünftigkeit
Reden 4,52f; 6,3; 7,56f.60; 42; 48,18;
49,7
Regel Benedikts s. Einleitung
oberstes Gesetz 3,7.11
s. Schrift Hl.
heilig 23,1; 65,18
Abt 3,11; 37,1f; 64,20
Prior 65,17f
Mönch 3,7; 60,9; 73,1.8
Lesung 66,8
Noviziat 58,9.12f.15f
Priestermönch 60,2.9; 62,4.7.11
Regel allgemein 1,6; 42,9; 62,7
Reich Endziel Vw 21f.50; 2,35
Reinlichkeit 32,4; 35,8f; 55,10.13
Reisen 7,63; 50,4; 51; 55,13f; 67
Reliquien 58,19
Responsorium 9,5f.9; 10,2; 11,2ff.8.12;
12,4; 13,11; 15,1.4; 17,8; 18,18
Reue s. Buße
s. Tränen
Römische Kirche 13,10
Rücksicht consideratio 8,1; 34,2; 37,3;
53,19; 55,3; 64,17
considerare 19,6; 36,4; 37,2; 40,5; 48,
25; 55,20f; 64,1
s. Kranke
s. Schwache

Sarabaiten 1,6.11
Satisfactio 5,19; 24,4.7; 27,3; 43,6.11.16;
44,8; 45,1
satisfacere 11,13; 43,12; 44; 46,3; 71,8

Die Textgeschichte der RB 34
    Codex Sangallensis 914 (= A) 37
    Die Sichtung der RB-Handschriften 38
    Übersicht der RB-Handschriften-Klassen (A. de Vogüé) 40
    Erste und zweite Redaktion der RB? 41

Die Sprache der RB 45

Der Text dieser Regelausgabe 48
Quellen- und Literaturhinweise 51

Regeltext und deutsche Übersetzung 53
Verzeichnis der Regelkapitel 190
Namenverzeichnis zur Einleitung 196
Sachverzeichnis zur Regel 198

Die Textgeschichte der LH
Folgeprobleme der Texte
Das Schema der RNH-Bildchen
Dona Nueva RN-Textgestalt und die Anordnung der Vorlagen
Ein spätes neue Schlußkapitel der LH

II. Bildteile (S. 61)

Exkurs über Datierung, sky
Ordnung und Unterordnung der
...
Regeln zur deutschen Umschreibung
der seltenen Ornamentik und
Namen... emendatio von Eigennamen
Sachverzeichnis... regen

Scandalum s. Streit
Schenkung 58,24; 59,4
s. Eigenbesitz
Scherzen 6,8; 43,2.8; 49,7
s. Lachen
Schlaf 4,37; 22,5.8; 49,7
Schlafraum 22,3; 36,7; 48,5; 53,21f;
58,5
Schlußgebete Missae Gottesdienst 17,4f.
8.10; 38,2; 60,4
Tisch 35,14
Schrift Hl. eigentl. Regel Vw 21; 2,4
göttl. Autorität 9,8; 73,3
Grundlage des geistl. Lebens Vw 8.21.
33; 7,1.19.21.25.33.36.40.45.57; 73,3
der äbtl. Lehre 2,4; 21,2; 28,3; 64,9
offenbart den Willen Gottes 2,4; 4,63;
7,42; 21,2; 23,2
Lesung 4,55; 9,8; 53,9
Teile s. Bibliothek 48,15
Schuhe 55,6.12.19
Schuld 2,7; 23; 24,1f; 25,1; 28,1; 44,1.9;
45,3; 62,10
Schule s. Gemeinschaft
Schüler s. Mönch
Schwache 35,3; 37,2; 40,3; 42,4; 48,25
s. Kranke
s. Rücksicht
Schweigsamkeit Tugend 6; 7,35.56; 42,9;
49,7
Stillschweigen 38,5; 42; 48,5; 52,2
Seele Wert 2,33; 48,1; 57,6
s. Abt Seelsorger Sorge um die eigene
Seele 2,23.38f; 64,13
Cellerar 31,8
Novize 58,6
Seelenführung s. Abt
Seelsorge s. Seele
Segen allgemein 4,32; 7,43; 25,6; 44,10;
53,24; 63,15; 66,3; 71,8
Tischdiener 35,17f
Leser 38,4
Reise 67,1f.4
s. Gebet
s. Schlußgebete
Selbsterhöhung s. Stolz
Selbsterniedrigung s. Demut
Selbstlos s. keusch
Senior s. Ältere
Senpekten 27,2
Servitus s. Dienst 16,2f

Sext 15,3; 16,2.5; 17,5; 18,7.9
Sieben 16,2f
Skapulier Arbeitsschürze 55,6 Anm.
Sklave s. Dienst
Solacium s. Gehilfen
Soldat s. Dienst
Sollicitudo s. Sorge
Sonderbesitz s. Eigenbesitz
Sonntag 13,4; 15,3; 18,2.5f.10f; 35,15;
38,1; 48,22
Sorge cura 2,8.10.38; 27,1.6; 31,3.9.15;
36,1.6.10; 47,1; 53,15
sollicitudo 2,33; 21,2; 27,2.5; 31,9;
58,7; 71,4
sollicitus 2,39; 7,18; 22,3; 27; 36,7;
47,1; 53,15; 58,7
diligentia 2,8; 70,4
Sparsamkeit 39,12; 40,6; 55,7
Stabilitas s. Profeß
Stillschweigen s. Schweigsamkeit
Stolz Vw 29; 2,28; 4,34.42.69; 7,2f;
21,5; 23,1; 28,2; 31,1; 34,4; 57,2; 62,2;
65,2.4.13.18; 68,3
Strafe göttliche Vw 5f; 2,13f.26; 5,18f;
7,11.21.29f.68f; 27,7; 58,18
klösterliche
Richter s. Abt
s. Disciplina regularis
öftere mündliche Rüge
geheim 23,2
öffentlich 23,3
zweimal 2,27; 23,2; 43,14; 48,18f
dreimal 2,24ff
viermal Prior 65,18
Fasten 30,3
Sonderplatz im Chor 43,5.10
bei Tisch 43,16ff
Entzug von Wein 43,16
körperliche Züchtigung 2,28; 23,5;
28,1.3; 30,3; 45,3; 71,9
Ausschließung 23–27; 28,3; 51,3; 70,2
kleine (vom Tisch und aktiver Teilnahme am Chorgebet) 25,1; 44,1
große (vom Tisch und Chor), 25,1; 44,1
Behandlung 2,24ff; 27–28; 64,10ff
Wiederversöhnung s.
Ausstoßung 28,6; 61,8; 62,10; 65,21;
71,9
Absetzung 21,5; 57,3; 63,7; 65,20
Austritt 29
Sonderfälle Dekan 21,5f

Prior 65,18ff; 21,7
Kinder 30; 70,4
Priestermönch 62
Murrer 23,1
s. Praesumere
s. Senpekten
Streit 3,9; 4,68; 65,7; 71,5
scandalum 13,12; 31,16; 65,1f; 69,3
Stufen s. Demut
Sühne s. Satisfactio
Sünde Vw 49; 1,5; 2,40; 7,12.70; 13,13;
33; 49,4; 55,18; 64,3ff.11.14; 72,2

Tagesordnung 48
Aufstehen 8,1
s. Gottesdienst
s. Mahlzeit
Taufe Vw 5
Te decet laus 11,10
Te Deum laudamus 11,8
Terz 16,2.5; 17,5; 18,3.7.9
Teufel Vw 28; 1,4; 43,8; 53,5; 54,4; 58,
28; 65,2
Tisch s. Küche
Abt Gast 56; 53,16
Kinder 63,18
Dienst 35
Leser 38
s. Mahlzeit
s. Strafe
Tod Vw 13.38.50; 2,10.26.29; 4,47; 6,5;
7,24.34.38; 57,5
Tonsur 1,7
Tradition s. Überlieferung
Trägheit Vw 2; 4,38; 48,23; 73,7
s. Traurigkeit
Tränen 4,57; 20,3; 49,4; 52,4
Traurigkeit 27,3; 31,6.7.19; 34,3; 35,3;
48,7
s. Betrüben
Trinken 40; 43,16
Trost 1,5; 4,19; 27,3; 31,13f; 35,16
s. Gehilfen
Tugend s. Glaube
s. Hoffnung
s. Liebe
s. Gehorsam
s. Schweigsamkeit
s. Demut
s. Discretio
Tugendstreben mores 2,31; 31,1; 32,1;

58,17; 72,5; 73,1
Tugendwandel s. Leben klösterl.
s. Profeß
Tunika 7,42; 55,4.10.14f
Tyrann 27,6; 63,2; 65,2
s. Abt

Üben s. Meditatio
Überlieferung 7,55; 13,3.10; 53,11; 61,2
Ungehorsam Vw 2; 2,8.10.28; 23,1
s. Gehorsam
Unmögliches 68
Unterredungen s. Conlationes
Unterscheidungsgabe s. Discretio
Urkunde s. Profeß
s. Schenkung

Vater s. Christus
s. Abt
s. Cellerar
geistl. 49,8
s. Ältere
Kirchenväter 9,8; 73,4
Mönchsväter 42,3; 48,8; 73,5
Väter-Sprüche 18,25; 40,6
Vaterunser s. Herrengebet
Verachten 2,9.25; 7,11; 23,1; 31,7; 65,18;
71,9
s. Vergessen
Verba Patrum s. Väter-Sprüche
Verdienst 2,22; 21,4; 62,6; 63,1; 64,2
s. Lohn
Vergessen 7,10; 62,4
s. Verachten
Verkauf 47,4ff
Verneigung 7,63; 53,7
Vernünftigkeit ratio rationalis Vw 47;
2,18; 3,6; 7,60; 8,1; 31,7; 61,4; 65,14;
70,5
Versprechen 4,76; 58,9.14.17; 59,3; 60,9
s. Profeß
Versuchung Vw 28; 4,50; 58,28
s. Gelegenheit
Verwalter s. Abt
s. Cellerar
Verzeihen 4,73; 13,12ff
Verzicht s. Entsagen
Vesper 13,12; 15,3; 16,2.5; 17,7; 18,12.
15.18; 41,7f; 42,5; 48,6
Vestiar s. Kleider
Vigilien 8,3f; 9,8.11; 10,3; 11,1f.11; 14;

15,2; 16,4; 17,1; 18,6.20.23
Visio Pauli 7,10.13.28
Vollkommenheit 5,9; 6,3; 7,67; 73,2
 s. Liebe
Vorratskammer 46,1

Wagen s. Praesumere
Wandel klösterl. s. Leben klösterl.
 s. Profeß
Waschen s. Reinlichkeit
Wasser 53,12; 66,6
Weg zum Leben Vw 20
 Zelt Vw 24
 zu Christus Vw 2; 58,8; 71,2
 zum Heil Vw 48
 der Gebote Vw 49
 eng Vw 48; 5,11
 zur Hölle 7,21
Weihe Priester Diakon 62,1
Wein 4,35; 40,3.6f; 43,16
 s. Mischwein
Weisheit Vw 33; 7,61; 19,4; 27,2; 28,2;
 40,7; 53,22
 Abt 64,2
 Dekane 21,4
 Pförtner 66,1
 Cellerar 31,1
Welt diesseitige 1,7; 4,20; 7,8; 64,17
 und Kloster
 s. Gast
 s. Kauf
 s. Reisen
 s. Almosen
Werke gute Vw 21f; 2,17.21; 4; 7,6.28
Werkstatt 4,78
Werkzeuge 4; 4,74; 32,1; 73,6
Wettstreit 72,6

Widerspenstig 23,1; 62,11; 71,9
Wille Gottes 5,13; 7,19; 62,11; 71,9
 s. Abt
 s. Eigenwille
 s. Schrift Hl.
Winter 8,1; 9,1; 11,11; 55,5
Woche liturg. 18,23ff
Wochendienst 35; 38
Würdigkeit Abt 2,1.30; 63,14; 64,5
 Dekane 21,6
 Prior 65,20
 Priestermönch 62,1
 Cellerar 31,1f

Zeichen Gottesdienst 20,5; 22,6; 43,1;
 47,1f; 48,12
 Tisch 38,7
 Unterschrift 58,20
Zelle Kloster 1,10
 Schlafraum 22,4
 Kranke 36,7
 Gäste 53,2; 58,4
 Novizen 58,5
 Pförtner 66,2
Zelt Vw 22ff. 39
Zerknirschung 20,3; 49,4
 s. Tränen
Zögern 5,1.4; 22,6; 31,16; 71,8
Zorn 4,22f
 Gottes Vw 6
 Obern 71,7
Zucht klösterliche s. Disciplina
Züchtigung körperliche s. Strafe
Zurechtweisung s. Strafe
Zuspätkommen 43; 9,3
Zwietracht 4,73; 65,7f
 s. Eintracht

INHALTSVERZEICHNIS

Vorwort 5

Einleitung 7
Das Leben St. Benedikts 7
Die Regel St. Benedikts (RB) 9

Die Quellen der RB 13
Die Hl. Schrift 13
Die Kirchenväter. Augustin † 430 15
Origenes † 254 17
Monastische Schriftsteller. Abt Johannes
Kassian † 430/35 19
Mönchs-Regeln 19

Die Regel Benedikts und die Regula Magistri (RM) . . 20
Heimat, Verfasser, Abfassungszeit und Redaktionen
der RM 22
Die handschriftliche Überlieferung der RM 24
Codex E 24
Codex P 25
RM 1–10 = RB 1–7 25
Der Aufbau der RM nach P 27
Die Eigenart der RM und RB 27
Der Aufbau der RB 30
Plan der RB 31